NOUVELLE BIBLIOTHÈQUE LITTÉRAIRE

JULES LEMAITRE
DE L'ACADÉMIE FRANÇAISE

IMPRESSIONS DE THÉATRE

Huitième Série

CORNEILLE — SCARRON — MOLIÈRE — RACINE
SOPHOCLE — CASIMIR DELAVIGNE — ALEXANDRE DUMAS
IBSEN — BIŒRNSON — GERHART
HAUPTMANN — MÆTERLINCK — HENRY FOUQUIER
VICTORIEN SARDOU — PIERRE LOTI
PAILLERON — BRIEUX — COURTELINE — BOUCHOR

PARIS
SOCIÉTÉ FRANÇAISE D'IMPRIMERIE ET DE LIBRAIRIE
ANCIENNE LIBRAIRIE LECÈNE, OUDIN ET Cⁱᵉ
15, RUE DE CLUNY, 15

Tout droit de traduction et de reproduction réservé.

IMPRESSIONS DE THÉATRE

HUITIÈME SÉRIE

EN VENTE A LA MÊME LIBRAIRIE

DU MÊME AUTEUR

Les Contemporains. Etudes et portraits littéraires. *Sept séries.* Chaque série forme un vol. in-18 jésus, br.   3 50
  Ouvrage couronné par l'Académie française
  Chaque volume se vend séparément,

Impressions de Théâtre. *Dix séries.* Chaque série forme un vol. in-18 jésus, broché. 3 50
  Chaque volume se vend séparément.

Dix Contes. Un superbe volume grand in-8º jésus, illustré par Luc-Olivier Merson, Georges Clairin, Lucas, Cornillier, Loévy, couverture artistique dessinée par Grasset, édition de grand luxe sur vélin, broché. . . . .   20 »

Myrrha, vierge et martyre, un volume in-16 jésus, sous couverture illustrée, septième édition, broché. . . .   3 50

En marge des vieux livres, Contes et légendes, *Première série.* Un vol. in-16 jésus, sous couverture illustrée, broché, *dixième mille*. 3 50

En marge des vieux livres, Contes et légendes, *Deuxième série.* Un vol. in-16 jésus, sous couverture illustrée, broché, *sixième mille.* 3 50

Opinions à répandre, 4e édition, revue et augmentée. Un volume in-18 jésus, broché. 3 50

Théories et Impressions, un volume in-18 jésus, broché 3 50

Quatre discours, Racine et Port-Royal, les Prix de vertu, la Réponse à M. Berthelot, les Femmes du monde. Un joli volume in-18 jésus, broché. . . . . . .   2 »

Discours de réception à l'Académie française et réponse de M. Gréard. Une brochure in-18 jésus. 1 50

Discours de réception de M. M. Berthelot à l'Académie française, avec réponse de M. Jules Lemaitre. Une brochure in-18 jésus. 1 50

Corneille et la poétique d'Aristote, une brochure in-18 jésus. 1 50

IMPRESSIONS
DE THÉATRE

HÉRONDAS

Les Mimes d'Hérondas, traduction française précédée d'une introduction par M. Georges Dalmeyda.

30 juillet 1893.

Un papyrus découvert en Egypte, acheté par le Bristish Museum et publié en 1891 par M. Kenyon, nous avait rendu sept *mimes* ou *mimïambes* d'Hérondas. Un jeune professeur, M. Dalmeyda, vient de les traduire en français. Il a illustré sa traduction d'une minutieuse et agréable étude où, — comme il est naturel, et même inévitable, et par conséquent légitime, — il nous surfait peut-être par endroits les mérites et l'originalité de son auteur. Mais, au reste, Hérondas, tel qu'il est, vous amusera sûrement.

Tout recommence, vous ne l'ignorez point ; et comment tout ne recommencerait-il pas ? Certains dialogues de la *Vie parisienne*, du *Journal* ou de l'*Écho de Paris* vous donnent une idée fort exacte de ce que furent les *mimes* grecs. Épicharme, Sophron, Hipponax et Hérondas signent aujourd'hui : Gyp, Lavedan, Donnay et Courteline. Seulement, je ne vous cacherai point que je leur trouve aujourd'hui beaucoup plus d'esprit qu'il y a deux mille ans.

Or, sachez que les *mimes* d'Hérondas sont écrits en vers colïambes, c'est-à-dire en vers trimètres ïambiques scazons, autrement dit en vers ïambiques allongés d'une syllabe et, par conséquent, terminés par un spondée : vers très faciles à faire, d'un bon gros rythme rapide et peu compliqué, et assez pareils, en somme, à de la prose cadencée. Sachez aussi qu'Hérondas vécut probablement à la même époque que Théocrite (troisième siècle avant l'ère chrétienne), et, selon toute apparence, dans l'île de Cos. Sachez encore que les anciens faisaient cas de lui et qu'il est notamment cité avec éloge par Pline le Jeune ; que nous n'avions jusqu'à présent, en fait de mimes, que trois morceaux de Théocrite (entre autres *les Syracusaines*), et que la découverte de quelques-uns des mimes d'Hérondas est donc une aventure deux fois heureuse... Et maintenant vous êtes aussi savants que moi, si vous ne l'étiez déjà auparavant.

La plus remarquable de ces saynètes, et de beaucoup, c'est *le Pornoboscos*, en latin *Leno*, en français... mettons *le Marchand d'esclaves*. Cet industriel habite Cos, en qualité d'étranger domicilié. Il demande justice contre un certain Thalès qui est venu de nuit forcer la porte de sa maison, et a voulu lui enlever une de ses pensionnaires. Hérondas nous donne le réquisitoire de l'honorable plaignant.

C'est un morceau de haut goût, violemment plaisant par le contraste que font la dignité du langage, la majesté des arguments et l'élévation des pensées avec l'objet de la plainte et la condition de l'orateur. C'est déjà le comique d'*Un Vénérable*, de Richepin, ou de quelques-unes de ces chansons de café-concert où sont peintes, avec une ironie si bienveillante, pour l'éjouissement des bourgeois parisiens, les mœurs amoureuses des boulevards extérieurs.

Notre homme s'appelle Battaros. Son discours, imité des maîtres du barreau, est d'un sérieux et d'une solennité imperturbables avec, çà et là, une subite précision de termes et certaines familiarités de vocabulaire qui me rendent les citations assez difficiles. La grande idée de justice plane sur toute cette noble harangue. Il semble qu'on voie surgir, de chaque côté de l'orateur, les statues de bronze des Lois, des « justes Lois, » qui le protègent de leur glaive et de leur bras tendu. Si le crime de Thalès demeure impuni, « c'en est fait de la sécurité de la ville, citoyens; et cette liberté dont vous êtes

si fiers, Thalès va l'anéantir. » Voilà qui s'appelle
« élargir une cause. » Il invoque la loi de Chairondas sur les sévices ; il admire les beautés de ce texte,
puis, avec un dédain d'homme supérieur :

« C'est que Chairondas habitait une cité, Thalès ;
mais toi, tu ignores ce que c'est qu'une cité et comment une cité s'administre. » Ce Thalès est, en
effet, un homme sans domicile, — et sans lettres
ni politesse : au lieu que lui, Battaros, est un homme
bien posé, bien élevé, et qui a des lumières...

« Bref, citoyens, reprend-il, j'ai été roué de
coups ; la porte de ma maison a été défoncée (et je
paye le tiers du loyer), le linteau a été roussi... »
Mais, *segnius irritant animos,* etc... Battaros se souvient tout à coup du procédé pathétique recommandé par les rhéteurs anciens et dont Racine se
servira dans *les Plaideurs.* Il fait paraître sa pensionnaire Myrtalé, la victime de Thalès : « Ici, Myrtalé, viens à ton tour, montre-toi, n'aie pas de
honte : regarde les juges que voici comme des pères
ou des frères. » (Que dites-vous de ce dernier trait ?
Est-il beau !) « Voyez-la, citoyens, comme elle est
ravagée du haut en bas : il ne lui reste plus un
poil grâce à cet infâme qui l'a traînée et violentée.
O Vieillesse, il te doit un fier sacrifice : sans toi, il
eût vomi tout son sang comme Philisteus à Samos...
Tu ris ? Eh bien ! oui, je suis un *pornoboscos,* je ne
le nie pas. Battaros est mon nom, mon aïeul était
Sisymbros ; mon père était Sisymbriscos, et tous

trafiquaient de ma marchandise... » Telle, dans la romance célèbre, « la famille Alphons' du Gros-Caillou. »

Après ce mouvement de fierté filiale et professionnelle, la bonhomie a son tour : « Voyons, Thalès, tu es amoureux de Myrtalé, n'est-ce pas ? Il n'y a pas de mal. Paye, et tu l'auras, etc... » Puis, la péroraison : « Songez, citoyens, que vous jugez aujourd'hui la cause, non de Battaros, le marchand d'esclaves, mais de tous les étrangers domiciliés dans cette ville. » Et enfin, selon l'usage, l'évocation de toutes les divinités locales : « Et, maintenant, montrez-vous les dignes fils de Cos et de Mérops ; songez quelle fut la gloire de Thessalos et d'Héraklès, comment Asklépios vint de Trikka dans cette île, et pourquoi Phœbé donna ici le jour à Latone. Rappelez-vous toutes ces gloires, et que la justice guide votre arrêt ! »

Tout cela n'est point mal. Ce mime du *Leno* est, comme je vous disais, le plus comique des sept. La « traduction » en est déjà plaisante. La « transposition » complète, moderne et parisienne, telle que la pourrait essayer un Courteline, en serait sans doute impayable. Le *Leno* fait *presque* rire ; et c'est là un effet que les œuvres de l'antiquité classique produisent bien rarement. C'est que, de toutes ces petites scènes de comédie, le *Leno* est la seule qui soit ironique, qui nous mette en joie par quelque chose qui n'est pas directement exprimé dans le texte. Les autres mimes d'Hérondas sont simplement et parfois assez platement « réalistes, » et, comme vous savez, le réalisme pur exclut l'ironie. Ils ne font rien entendre au delà de ce qu'ils disent. L'observation y semble exacte, mais inutile, sans nulle arrière-pensée qui lui donne du prix. Voyez *l'Entremetteuse* (mime I) et comparez la Macette de Régnier. Voyez *Chez le cordonnier* (mime VII). Vraiment « ça nous est égal. » Oserai-je ajouter que j'en dis autant de ces fameuses *Syracusaines* de Théocrite? M. Dalmeyda me paraît admirer démesurément ce bavardage plausible, mais parfaitement quelconque, de deux bourgeoises qui vont voir passer un cortège.

Je reconnais d'ailleurs que le réalisme qui ne signifie rien du tout est bien le vrai réalisme. Et je crois que les anciens surtout l'ont connu. Les modernes, peu ; car toujours ils y ajoutent ou de l'ironie, ou de la misanthropie, ou du pessimisme, ou une recherche morose du laid (G. Flaubert ou Zola). Le réalisme d'Hérondas est, sauf dans le *Leno*, tout court, tout rond, tout naïf. Il a une sorte d'innocence et de puérilité. Il lui arrive de nous montrer des choses abominables sans nul étonnement et, par conséquent, sans insistance. L'impudeur des anciens est toujours directe et tranquille. Elle va fort loin, mais elle détaille peu ; car tout lui semble naturel. L'impureté moderne, avec ses détours, ses inquiétudes et ses feintes, a un bien autre aiguillon.

J'ai rappelé, à propos des mimïambes d'Hérondas, les dialogues de la *Vie parisienne* et de nos journaux « littéraires. » Il va sans dire que, si le genre est le même, la matière et aussi l'art qui la façonne diffèrent étrangement.

Les personnages qu'Hérondas met en scène sont des hommes et des femmes, — des femmes surtout, — de la classe moyenne d'une petite ville grecque d'il y a deux mille deux cents ans et de la campagne environnante.

Mœurs assez simples, avec des dehors qui ont de l'élégance : bourgeois et ruraux parlent une jolie langue ; et, dans les temples de cette petite ville, les paysannes peuvent admirer des tableaux d'Apelle et des statues ciselées par les propres fils de Praxitèle (*Au temple d'Asklépios*, mime IV). Statues et tableaux nullement solennels, rien n'étant moins académique que l'art grec : c'est un enfant qui regarde une pomme, un autre qui étrangle une oie, un troisième qui fait griller des viandes, et un taureau conduit au sacrifice par deux hommes « dont l'un a le nez camus, l'autre le nez retroussé. »

Mais il apparaît (et les mimes d'Hérondas ont par là leur intérêt documentaire) que cette délicieuse humanité grecque du temps des Philadelphe et des Evergète, à la fois très artiste et assez près de la nature, nous dépassait notablement, quoi qu'on dise et quelque ingénuité qu'elle y mît, en obscénité et en brutalité foncières. Cela est d'autant plus frappant que l'excellent Hérondas n'a guère l'air d'un détracteur de l'espèce humaine, et que son indifférence est pour le moins égale à celle de notre Alain Lesage. — Lisez *le Maître d'école* (mime III). Une femme du peuple, Métrotimé, vient trouver le maître d'école Lampriscos pour qu'il mette à la raison son garnement de fils, Kottalos, dont elle lui raconte les méfaits. Lampriscos appelle quatre écoliers (de bons sujets, sans doute, élevés au grade de moniteurs) ; il leur donne l'ordre de charger Kottalos sur leurs épaules, et déchire le dos de l'enfant à coups de nerf de bœuf. Quand il juge la correction suffisante : « Lâchez-le, » dit-il ; mais la mère : « Non, ne t'arrête pas, Lampriscos ; écorche-le jusqu'au coucher du soleil. — Mais son corps est plus tacheté qu'une hydre. — Donne-lui encore une vingtaine de coups, ça lui fera du bien. » C'est tout. Voilà certes une mère sans faiblesse. Et voici une bourgeoise sans préjugés (*la Jalouse*, mime V). Bitinna a pris pour amant un de ses esclaves. Mais elle soupçonne ce beau gars de lui être infidèle et l'accuse en termes cyniques. Lui, se défend comme il peut, reproche à la patronne de « lui boire son sang jour et nuit. » Sur quoi, la dame écumante et hurlante fait attacher l'esclave, commande de serrer les cordes jusqu'à ce qu'elles entrent dans la chair, dit qu'il recevra mille coups sur le dos et mille sur le ventre, et qu'il sera marqué au poinçon après avoir été fustigé... A ce moment, une petite servante qu'elle aime lui demande la grâce du coupable, et, brusquement, Bitinna pardonne. C'est tout. Hérondas ne nous dit point quelle image s'est soudainement dressée dans la mémoire de cette personne capricieuse et ardente, vraiment remarquable par la franchise entière de ses impressions et de ses discours. — Et je ne puis même vous indiquer de quoi causent entre elle *les Deux Amies en visite* (mime VI), car c'est pire encore que ce que vous supposez... Et tout cela, si bonhomme, si tranquille, si peu étonné ou troublé, si clairement de l'autre côté de la Croix !...

CORNEILLE

Anniversaire de la naissance de Corneille. — Odéon : *La Mort de Corneille*, un acte, en vers, de M. Gaston-Alphonse Guérin.

11 juin 1893.

L' « à-propos » de M. Gaston-Alphonse Guérin est fort ingénieux ; d'une ingéniosité qui sent peut-être un peu l'exercice scolaire, mais qui a fait tout de même grand plaisir. Il y a là-dedans du centon, de trop visibles artifices pour amener des citations, pour mêler à la trame du dialogue les propres vers du vieux poète. Mais on y sent une émotion, un respect sincère. C'est comme qui dirait des vers latins écrits en français avec du cœur.

Corneille, pauvre et malade, vit dans son modeste logement de la rue d'Argenteuil. Il a auprès de lui deux anciens comédiens, Firmin et Catherine, qui, par affection, sont devenus ses serviteurs, et qui, le soir, l'humble table desservie, charment leur veillée en se remémorant les triomphes d'autrefois, et en se récitant des tirades de ce glorieux *Cid*, où ils ont joué Rodrigue et Chimène. Et le vieux poète a aussi son Antigone : une jeune nièce, Marie, fille de son frère Thomas, qui soigne le vieillard et lui recopie ses manuscrits. Car Pierre Corneille, de plus en plus dévot avec l'âge, est devenu grand traducteur d'*hymnes* et de *psaumes* ; et c'est dans ces exercices que son génie fatigué cherche encore l'illusion de la production poétique, en même temps que son âme meurtrie y trouve un religieux réconfort.

Or, ce soir-là, Boileau vient rendre visite à Corneille. Il s'étonne du dénûment du grand homme et lui promet de faire rétablir sa pension par le roi.

Et vous savez que ceci n'est point une légende ; que Boileau indigné alla en effet trouver Louis XIV, et offrit de sacrifier sa propre pension. « Action très véritable, dit Louis Racine, que m'a racontée un témoin encore vivant ; on a eu tort de la révoquer en doute, puisque Boursault, qui ne devait pas être disposé à louer Boileau, la rapporte dans ses lettres. » (*Mémoires sur la vie de Jean Racine.*) Ce Boileau était décidément un brave homme.

Celui que M. Guérin nous a montré manque un peu de relief et d'accent ; mais passons.

La scène qui suit est assurément la meilleure de 'ouvrage. L'auteur nous y entr'ouvre le cœur douloureux du vieux poète. Pierre Corneille achève la traduction d'un psaume. Il lit à sa nièce Marie les strophes qu'il vient d'écrire et qui expriment la vanité des choses terrestres et que l'homme ne trouve son repos et sa joie qu'en Dieu... L'Angelus sonne : le poète interrompt son travail, et prie. Il est calme et résigné ; mais sa résignation est étrangement mélancolique. On devine dans ce cœur héroïque des plaies non fermées.

Quelles plaies ? La première est, comme vous l'avez vu, la pauvreté.

A quoi en était réduit Corneille à soixante-treize ans (il faut dire qu'il avait élevé quatre fils et deux filles), une lettre souvent citée d'un bourgeois rouennais nous l'apprend : « J'ai vu hier M. Corneille, notre parent et ami... Nous sommes sortis ensemble après le dîner et, en passant par la rue de la Parcheminerie, il est entré dans une boutique pour faire raccommoder sa chaussure qui était décousue. Il s'est assis sur une planche, et moi auprès de lui ; et, lorsque l'ouvrier eut refait, il lui a donné trois pièces qu'il avait dans sa poche... J'ai pleuré qu'un si grand génie fût réduit à cet excès de misère. »

Il est vrai que feu Emile Gaillard, qui a publié cette lettre dans le *Précis analytique des travaux de l'Académie de Rouen* (1834), ne nous dit point où en est l'original, ni quel en est l'auteur, ni à qui elle est adressée ; que, d'ailleurs, l'anecdote qu'elle raconte n'est point nécessairement significative d'une réelle indigence et qu'elle pourrait, à la rigueur, indiquer seulement chez Pierre Corneille une grande bonhomie et simplicité de mœurs. Mais nous avons d'autres preuves, et nombreuses, et indiscutables, du dénûment de ses dernières années ; et ce dénûment vaut la peine d'être expliqué.

Du temps de Hardy, on payait les pièces de théâtre quelques écus. « Hardy put vivre en faisant huit cents pièces, » dit Scudéry. Nous ne savons pas ce qu'on paya *le Cid* ; nous ne savons pas ce que gagna Thomas Corneille avec son *Timocrate* et Lasserre avec sa tragédie en prose de *Thomas Morus*, deux des plus grands succès du siècle. Mais nous savons que l'*Andromaque* de Racine lui rapporta cent écus. Nous savons aussi que Corneille reçut de la troupe de Molière deux mille livres pour *Tite et Bérénice* et autant pour *Attila*, et que c'étaient là les plus gros prix.

Les poètes ne pouvaient donc pas vivre du théâtre. Trois ressources leur restaient : une pension de Richelieu ou de Louis XIV ; la domesticité chez les grands ; les petites pièces et les dédicaces.

Heureux ceux qui tournaient bien les quatrains et les madrigaux ! C'est par là que Benserade se soutint jusqu'à l'âge de quatre-vingts ans. Mais les petits vers n'étaient guère le fait de Corneille. Il ne pouvait donc compter que sur le placement des dédicaces de ses pièces.

Vous savez que ces hommages se payaient : c'était convenu, c'était dans les mœurs du temps. Quand

Scudéry dédia son *Alaric* à la reine Christine, il savait d'avance qu'il recevrait pour sa peine une chaîne d'or de mille pistoles.

Or, le bon Corneille a la main lourde dans la dédicace. Celle de *Cinna*, au financier Montauron, le Turcaret du temps, fut fâcheusement célèbre. Corneille y comparait Montauron à l'empereur Auguste; cela parut un peu fort. On en fit un proverbe : « C'est une dédicace à la Montauron. » Tout fut à la Montauron, jusqu'aux petits pains au lait... Très philosophe, Corneille, après la déconfiture du financier, retira sa dédicace aussi tranquillement qu'il l'avait écrite.

Ce qui a tant choqué les contemporains laisse la postérité indifférente et ne fait point descendre Corneille dans son estime. Il ne savait pas louer parce qu'il n'avait pas d'esprit : il n'avait que la subtilité du Normand. Ou peut-être exagérait-il quelquefois la louange pour qu'il parût mieux qu'elle était à ses yeux de pure convention.

Son impuissance à louer les autres éclate partout. En 1647, reçu à l'Académie à la place de Maynard, il a recours, pour peindre sa reconnaissance, aux moyens les plus étranges : il emploie le langage de Tartufe ; il parle d'« épanouissement du cœur, » de « liquéfaction intérieure. » Est-ce de l'ironie ? Elle serait bien lourde. En 1672, il publie un poème sur les *Victoires du roi*, où il commence par injurier les « Bataves ; » mais, vers la fin, par la volte-face la plus imprévue, il reproche aux Hollandais leur mollesse, en vrai républicain : mouvement sublime en lui-même, absurde en sa place.

A mesure que ses requêtes et placets vont se multipliant, Corneille, solliciteur, prend un caractère de plus en plus triste. Il est des dédicaces où il tend la main. Il en est d'autres où il vous désarme par la bonhomie suppliante de ses vers. Dans la belle épître *au Roi*, de 1676, après avoir très noblement parlé des services de deux de ses fils, il finit brusquement sur cette chute singulière :

Sire, un bon mot, de grâce, au Père de La Chaise.

(Il attendait de ce jésuite un canonicat.)

C'est que Corneille resta toujours un provincial. Au fond, cette lourdeur dans l'éloge et cette gaucherie tiennent à « ce mélange d'humilité et d'orgueil, de timidité et d'indépendance, » dont parle Fontenelle. Il eût pu dire, comme le Damon de Boileau :

Je suis rustique et fier, et j'ai l'âme grossière.

Mais enfin, quand la gêne se faisait sentir, il fallait bien recourir aux dédicaces et aux épîtres : qui oserait le lui reprocher ?

Cette gêne, il la connut de bonne heure. Sans doute, il fit partie, avec L'Estoile, Colletet, Rotrou, Boisrobert, de la petite brigade de poètes par qui

Richelieu faisait mettre en vers ses plans de tragédie. Mais Voltaire nous dit « qu'il y était subordonné aux autres, qui lui étaient supérieurs par la fortune et la faveur. »

L'Estoile avait le plus grand de tous les mérites: il acceptait docilement les plans du cardinal et les suivait avec soumission. — Colletet était une espèce de bohème bourgeois, connu pour ses amours ancillaires. Il avait parfois des velléités d'indépendance. Dans l'une de ses descriptions on voyait

Le canard *s'humecter* dans la bourbe de l'eau.

Le cardinal eût préféré « barboter, » comme plus juste et plus expressif: Colletet maintint « s'humecter, » comme plus noble. Mais il ne chicanait sur un mot que pour mieux faire apprécier sa soumission dans tout le reste, et c'est pourquoi il put épouser sa troisième servante, qui lui donna la belle Claudine. — Rotrou était charmant : une grande habitude du monde, une mine haute et fière. Joueur effréné, souvent endetté, quand il avait de l'argent, il le jetait derrière les fagots de son grenier, pour s'obliger à le venir ramasser pièce par pièce et le faire durer un peu plus longtemps. Ami vrai et loyal, tout dévoué au génie de Corneille, grand admirateur du *Cid* malgré Richelieu, on aimait « ce garçon d'un si beau naturel, » comme l'appelle Chapelain. — Quant à Boisrobert, son grand art auprès de Richelieu fut de s'insinuer, de se faire valoir, de se rendre nécessaire : sorte de Figaro sous la robe de Basile. Beaucoup d'esprit, mais un esprit à la fois d'insolence et de bassesse. On l'appelait « l'abbé Mondory, » du nom d'un comédien à la mode.

On conçoit que Corneille ait fait pauvre figure parmi ses collaborateurs. Il n'était ni amusant ni brillant, — ni docile. Quand on lui donna à versifier le troisième acte de la comédie des *Tuileries*, il se mit en tête d'y faire des changements. Le cardinal disait : « Il manque d'esprit de suite. »

Il en manquait en effet. Après sa querelle avec le cardinal, son peu de fortune le force à rentrer à Rouen. Il se marie entre 1640 et 1642. Ses charges augmentent. Fallait-il se faire domestique d'un grand ? Mais comment se serait-il fait agréer avec son humeur timide et brusque ? Il vit tant mal que bien, des charges peu productives qu'il exerce dans sa ville, des libéralités des Condé et des Séguier. « Je n'ai jamais été homme à demander la charité, mais les présents des hommes riches et généreux me sont agréables, » écrit-il sans soupçonner peut-être le comique de la phrase.

En 1650, il fait argent de sa charge d'avocat. En 1658, la générosité de Fouquet et le succès d'*Œdipe* le raniment. En 1662, désigné par Colbert à la munificence royale, il eut une pension de deux mille livres. Que cette pension lui ait été supprimée, on n'en peut malheureusement pas douter. Ce fut sans doute en 1674. On la lui resservit en 1678. Mais après la mort de Colbert, en 1683, on ne la lui paya plus. Sa pénurie devint telle qu'il vendit sa maison de Rouen. Louis XIV finit par lâcher deux cents louis pour l'aider à mourir.

Et voilà, en abrégé, l'histoire financière de Corneille.

Sa vie fut une lutte contre la médiocrité ou la misère. Lutte morose. Un jour qu'on le félicitait du succès de son œuvre : « Je suis, dit-il, soûl de gloire et affamé d'argent. » (*Défense du grand Corneille*, par le P. Tournemine.) Il obtint quelquefois des sommes assez considérables, mais c'était vite englouti : il eût fallu que sa pension fût régulière et augmentât avec ses charges, et qu'un ami s'occupât de ses affaires. La vraie cause de sa pauvreté fut son incurie, son inexpérience, son enfance inimaginable. (Cf. le cas, analogue en quelques points, de Dumas père et de Balzac.) Et ainsi s'expliquent son indifférence pour l'argent quand il en avait, sa vivacité à en demander quand il n'en avait pas.

Deux ou trois fois cette vivacité a assez d'allure En 1665, comme on lui fait trop attendre le payement de sa pension, il adresse au roi le sixain connu qui se termine par ces trois vers :

> Puissiez-vous dans cent ans donner encor des lois,
> Et puissent tous vos ans être de quinze mois,
> Comme vos commis font les nôtres !

Dans un autre placet, en 1675, il dit au roi tout de gô

Qu'un grand roi ne promet que ce qu'il veut tenir.

Ce qui est d'une assez belle hardiesse. Puisqu'il ne pouvait faire autrement que de tendre la main, on aimerait qu'il l'eût plus souvent tendue de cette air-là...

Vous voulez savoir d'où me vient aujourd'hui tant d'érudition ? Je ne vous cacherai point que j'ai trouvé ça (et si j'avais tout recueilli, j'aurais pu, de la pauvreté de Corneille, faire la richesse de deux feuilletons) dans les vieilles notes prises par moi il y a vingt ans au cours de mon excellent maître, M. de la Coulonche, pour qui mes jeunes camarades se sont montrés naguère si incroyablement durs. Ils ont grand tort : ils verront comme ça devient utile et commode, le cours de « Coulonche, » quand on est professeur de rhétorique.

Rien n'empêche, au reste, de rectifier ces notes. Et, par exemple, je demanderai à mon maître si tout n'est que lourd artifice, et de parti pris, dans les dédicaces, placets et remerciements de Corneille... J'ai relu son discours de réception à l'Académie. C'est pesant, c'est baroque, c'est inepte : je crois que c'est sincère et qu'il y a mis son cœur. Corneille semble réellement ravi d'être académicien et peut-être principalement parce que c'est « une situation officielle. » Oui, il était fort candide. Cet homme, qui passe pour avoir été le poète par excellence des grandeurs morales, subit de bonne heure la fascination des grandeurs matérielles. C'est ce que la seconde moitié de son théâtre nous montre en plein. Ses plus chères héroïnes ne veulent plus épouser que des rois, et sacrifient continuellement leurs amants à ce grossier orgueil. On pourrait presque dire que Corneille, poète tragique, ayant commencé par la manie de la grandeur, a fini par la manie des grandeurs. On voit ce snobisme superbe croître avec son indigence. C'était comme une revanche de son imagination sur l'étroitesse de sa vie privée. Plus il est mal dans ses affaires, et plus il prend plaisir, dans son théâtre, à discuter le sort du monde, à partager les empires, à peindre des orgueils absurdes et inhumains...

L'autre plaie du vieux poète (la première étant la pauvreté), c'est la douleur de survivre à ses succès, de se voir passé de mode et remplacé par une génération d'écrivains qui n'ont pas le cerveau fait comme lui. Presque tous les grands écrivains qui ont oublié de mourir jeunes ont connu cela plus ou moins. Si Hugo échappa à cette loi, c'est que, par un privilège inouï, ce fut entre cinquante et soixante ans qu'il eut le plus de génie. Encore est-il que, avec tout ce génie, il demeura romantique alors que les nouveaux venus ne l'étaient guère, et qu'il parut, dans le temps de la littérature parnassienne et na-

turaliste, comme un prodigieux et sublime revenant.
Et peut-être en eût-il souffert quand même, s'il n'y
avait eu, autour de sa vieillesse, comme une entente
publique pour le laisser jouir paisiblement de son
énorme gloire... Mais vous connaissez les dernières
années de Lamartine, et l'on ne peut songer sans
horreur au petit vieillard suranné que serait peut-
être aujourd'hui le divin Musset, s'il avait vécu.
Pour éviter cette tristesse de voir les générations
neuves se retirer de lui, un grand écrivain n'a que
que deux partis à prendre : mourir vers la soixan-
taine ou devenir, à cet âge, le plus détaché des
philosophes. Un autre parti serait de vivre cent ou
cent cinquante ans, — le temps d'attendre les justes
retours des jugements des hommes.

L'épine au cœur de Corneille s'appelle Jean
Racine. — Les analogies abondent entre l'évolution
littéraire du dix-septième siècle et l'évolution du
nôtre. Vous savez comment la littérature, héroïque et romanesque avec d'Urfé, Corneille et les
grandes précieuses, revint, vers 1660, à plus de
vérité, et, par suite, d'objectivité et, par conséquent, d'impersonnalité, avec Racine, Molière et
Boileau. Tel, de notre temps, le naturalisme succéda
au lyrisme romantique.

On pourrait pousser le parallèle; noter, par exemple, que, dans les pièces de Corneille et de Rotrou,
et dans les romans de Mlle de Scudéry d'une part,
— et dans les drames et romans de Hugo, de Sand

et de Dumas d'autre part, — presque tous les personnages se ressemblent entre eux, comme étant tous fils de la pure imagination, et de l'imagination propre à toute une époque : au lieu que la variété commence avec la vérité, d'une part chez Racine et Molière, de l'autre chez nos dramaturges et romanciers naturalistes...

Pauvre vieux Corneille ! Désempanachée, la littérature lui parut avilie. Il souffrit d'autant plus de son abandon et de l'affaiblissement de son esprit. Ma veine, dit-il dans une épître *au Roi*, de 1667,

> N'est plus qu'un vieux torrent, qu'ont tari douze lustres ;
> Et ce serait en vain qu'aux miracles du temps
> Je voudrais opposer l'acquis de quarante ans.
> Au bout d'une carrière et si longue et si rude,
> On a trop peu d'haleine et trop de lassitude :
> A force de vieillir un auteur perd son rang ;
> On croit ses vers glacés par la froideur du sang ;
> Leur dureté rebute, et leur poids incommode,
> Et la seule tendresse est toujours à la mode.

Ces deux douleurs, pauvreté et délaissement, M. Alphonse Guérin a voulu que Corneille en parût triompher, à force de piété et de foi. Mais le vieillard est mis à une plus rude et suprême épreuve. Son fils Pierre, dangereusement blessé dans un assaut, vient de mourir. Comment annoncer cette nouvelle au père ? Firmin et sa femme, pour l'y préparer, lui récitent une scène d'*Horace*. (C'est une des distractions du bonhomme de se faire redire des morceaux de son répertoire.) Puis la gentille Marie imagine une histoire, conte que le jeune officier, chargé d'un message secret par son général, a été pris par l'ennemi ; qu'il pouvait sauver sa vie en livrant la dépêche. Elle ajoute : « Que vouliez-vous qu'il fît ? » Le « Qu'il mourût ! » échappe aux lèvres du père, qui, brisé par ce coup, s'affaisse et ne tarde point à expirer doucement. Sur quoi, revient Boileau, trop tard, avec les deux cents louis du roi,

Il y a de bons vers dans cette petite pièce ; il y en a d'autres aussi. Les métaphores et les images y sont un peu faciles. Puis je voudrais bien que, dans ces à-propos où l'on met en scène des écrivains classiques, on ne s'éloignât pas trop de leur langue, on s'abstînt du vocabulaire romantique ou parnassien... Ceci ne s'adresse pas seulement à M. Guérin dont le début m'a paru distingué et intéressant.

UN SUJET « D'À-PROPOS » POUR LE PROCHAIN ANNIVERSAIRE
DE PIERRE CORNEILLE.

25 juin 1893.

Je vous ai dit que, feuilletant les « poésies diverses » de Pierre Corneille, j'y avais noté un fort joli sujet « d'à-propos » pour quelque anniversaire du grand poète, et je vous ai promis de revenir là-dessus. Je ne me flatte point que cette promesse vous ait autrement excités. Mais, puisqu'il n'y a rien eu au théâtre cette semaine, pourquoi ne la tiendrais-je pas? et quel mal verriez-vous à nous arrêter un peu au dernier amour de Corneille et au petit roman de son été de la Saint-Martin?

C'était après *Pertharite*, dont vous savez le mauvais succès. Elle est pourtant curieuse, cette tragédie; c'est une des plus éperdument « cornéliennes » du théâtre de Corneille. On y voit une mère, Rodelinde, et une très bonne mère, et qui aime son fils, mais qui n'en imagine pas moins de le faire tuer par le roi Grimoald, afin de rendre ce tyran odieux. Visiblement, Corneille trouve cette conduite admirable. On a reproché à certains poètes et romanciers de notre temps de nous montrer de si beaux scélérats ou des héros d'une vertu si indépendante et si hardie, et de nous les développer avec tant de complaisance, que de pareilles imaginations risquent fort d'altérer en nous la conscience morale et le sentiment du devoir. Eh bien ! je vous jure que, si Corneille n'était pas vieux de deux siècles, et si on lisait tout son théâtre, et si on savait le lire, ce bonhomme austère et naïf encourrait en plein le même reproche.

Pourtant, *Pertharite* réussit mal. C'est que c'était déjà le déclin de la période romanesque du dix-septième siècle, de celle qui est marquée, dans la littérature et ailleurs, par le triomphe de l'héroïsme orgueilleux et des conceptions particulières et extravagantes du devoir : période que devait clore définitivement l'avènement personnel du jeune roi Louis XIV. Déjà l'on pressentait, l'on attendait Racine, qui, en effet, réintroduisit au théâtre la morale commune ou, pour l'appeler d'un nom qui paraît plus noble, la morale universelle, — et cela sans jamais moraliser directement ni paraître même se préoccuper de la morale...

Or il y a toujours eu, semble-t-il, une constante relation entre les mésaventures publiques de Corneille et les progrès de sa piété. Le poète normand n'est point, en cela, une exception. Quand les gens d'alors se trouvaient un peu trop ballottés dans leurs affaires temporelles, régulièrement, ils diminuaient le câble, et se tenaient ferme à l'ancre, qui était la foi chrétienne. Donc, après *Pertharite*, Corneille était très dévot, et même d'une pratique minutieuse ; d'ailleurs marguillier de sa paroisse, l'église de Saint-Sauveur à Rouen. Il avait commencé, pour faire plaisir à ses amis les Pères jésuites, la traduction en vers de l'*Imitation de Jésus-Christ* ; il la continua avec ardeur.

Bientôt les *Louanges de la Vierge*, de saint Bonaventure, et l'*Office de la Sainte Vierge*, et les *Sept Psaumes pénitentiaux*, et les *Vêpres du Dimanche* et *les Complies*, et toutes les *Hymnes* du bréviaire romain y passèrent. Il traduisait, traduisait, traduisait...

Sa traduction en vers de l'*Imitation* n'est pas amusante, oh ! non. Mais l'impression qu'elle donne est des plus étranges. Jamais, je ne pense, on ne vit plus formidable écart entre l'esprit ou le tempérament d'un écrivain et celui de son traducteur. J'ai toujours eu envie de mettre pour épigraphe à ce divin petit livre la phrase de Quincey : « O juste, subtil et puissant opium !... tu possèdes les clefs du paradis ! » De cette sorte de *népenthès* mystique qu'insinue en nous, goutte par goutte, verset par verset, le charme monotone de ces murmurantes leçons de détachement, de déliement, d'oubli du monde, de vie solitaire en soi et en Dieu, rien absolument n'est resté dans les vers drus, robustes, musclés et ronflants du superbe poète. Ces vers mènent un bruit effroyable, ils forcent le lecteur à ouvrir la bouche toute grande. Ce qui manque le plus à cette traduction pour être fidèle, c'est, si je puis dire, le silence : car la musique de l'*Imitation* est comme un silence modulé. Le contraste est presque blessant entre la discrétion de cette musique, entre le repliement, le renoncement humble et doux de l'âme pieuse d'où elle s'exhale, et l'orgueilleux tintamarre de rhétorique, l'expansion sonore, l'étalage carré des strophes martelées par l'auteur de *Cinna* et de *Rodogune*. On dirait les soliloques et oraisons de Rodrigue, l'*Imitation de Jésus-Christ* par le Cid. Cela devait être : il y a, dans ce grand diable de vers alexandrin, — tel du moins que le pratique Corneille, avec l'immuable coup de gong de la césure et de la rime, et sans rien qui le détende, qui en varie la coupe, qui en éteigne ou en amortisse le fracas trop symétrique, — je ne sais quoi qui n'est pas contrit, qui n'est pas intime, et qui offense déjà en quelque façon la modestie chrétienne.

Si vous en voulez des exemples, feuilletez vous-même, au hasard. Mais, comme je ne suis pas ici pour faire du chagrin à Corneille, je choisirai, au contraire, quelques passages où, sans arriver à l'onction, sa rhétorique espagnole reste pourtant assez respectueuse du texte et, bien que cette traduction soit toujours une « amplification, » n'altère pas trop le caractère propre des délicieux versets latins. Ainsi, dans le chapitre *Du chemin royal de la sainte croix* :

> La croix donc en tous lieux est toujours préparée ;
> La croix t'attend partout et partout suit tes pas :
> Fuis-la de tous côtés, et cours où tu voudras,
> Tu n'éviteras point sa rencontre assurée.
> Tel est notre destin, telles en sont les lois ;
> Tout homme pour lui-même est une vive croix,
> Pesante d'autant plus que plus lui-même il s'aime ;
> Et, comme il n'est en soi que misère et qu'ennui,
> En quelque lieu qu'il aille, il se porte lui-même
> Et rencontre la croix qu'il y porte avec lui...

Cela, pour « traduire » trois lignes du texte, sans plus.

> Porte-la de bon cœur, cette croix salutaire
> Que tu vois attachée à ton infirmité ;
> Fais un hommage à Dieu d'une nécessité,
> Et d'un mal infaillible un tribut volontaire..

Ces quatre vers « traduisent » quatre mots : *Si libenter crucem portas...* Ce sont d'ailleurs de bons vers, bien nets, bien solides, consciencieusement menuisés ; il n'y manque évidemment que ce qui surabonde dans l'ardent et mystique dialogue en sonnets « mal faits, » que M. Paul Verlaine eut un jour avec le Crucifié. — Et voici maintenant quelques strophes, où sont amplifiés trois versets du chapitre *De l'amour de la solitude et du silence*, de ce chapitre que j'aime tant et qui est un si grand chef-d'œuvre de sagesse et de suavité. Le saint auteur vient d'interdire aux religieux les sorties hors du cloître, à cause de la « dispersion d'âme » et du trouble qu'on en rapporte :

> Ainsi celle qu'on fait avec le plus de joie
> Souvent avec douleur au cloître nous renvoie :
> *Les délices du soir ont un triste matin ;*
>   Ainsi la douceur sensuelle
>   Nous cache sa pointe mortelle
> Qui nous flatte à l'entrée et nous tue à la fin.
>
> Ne vois-tu pas ici le feu, l'air, l'eau, la terre,
> Leur éternelle amour, leur éternelle guerre ?
> N'y vois-tu pas le ciel à tes yeux exposé ?
>   Qu'est-ce qu'ailleurs tu te proposes ?
>   N'est-ce pas bien voir toutes choses
> Que voir les éléments dont tout est composé ?
>
> Que peux-tu voir ailleurs qui soit longtemps durable ?
> Crois-tu rassasier ton cœur insatiable
> En promenant partout tes yeux avidement ?
>   Et quand d'une seule ouverture
>   Ils verraient toute la nature,
> Que serait-ce pour toi qu'un vain amusement ?...

J'arrive enfin à mon sujet d' « à-propos » odéonien. Donc Corneille avait passé la cinquantaine et ne songeait plus qu'à son salut. Il traduisait infatigablement des psaumes, des hymnes, — et d'interminables poèmes latins de bons Pères jésuites sur les victoires du roi ; et, depuis six ans, il avait entièrement renoncé au théâtre, lorsque la troupe nomade de Molière vint à Rouen. C'était en 1658, vers Pâques, et elle y resta jusqu'au mois d'octobre.

Elle y joua plusieurs tragédies de Corneille, et notamment *Nicomède*. L'auteur avait beau être marguillier et saint homme : il ne put s'empêcher d'y aller voir. Et c'est ainsi qu'il fit la connaissance de Molière et de Mlle du Parc. Et voilà les deux points sur lesquels devrait porter l'effort du poème odéonien.

La première rencontre de Corneille et de Molière au foyer des artistes (y en avait-il un ?) du théâtre de Rouen, pendant un entr'acte de la représentation de *Nicomède* ! N'y a-t-il pas là de quoi tenter l'ardeur généreuse d'un jeune homme nourri de bonnes lettres ? Corneille a cinquante-trois ans, Molière en a trente-six. Corneille est illustre, Molière à peu près inconnu ; toutefois il avait déjà fait *l'Etourdi* et *le Dépit amoureux*. Verriez-vous quelque inconvénient à ce que le bonhomme Corneille devinât le génie de son jeune confrère et lui dît tranquillement : « J'ai écrit *Mélite* et *le Menteur*, tu écriras *l'Ecole des Femmes* et *le Misanthrope*, c'est clair comme le jour, et tu fonderas la vraie comédie que je n'ai pu que pressentir. »

Admirable matière à mettre en vers latins !

Et le bon Molière montrerait à son illustre ami le respect le plus affectueux. (De fait, il paraît l'avoir aimé beaucoup et fut excellent pour lui : il joua plusieurs des dernières tragédies de Corneille, sans peut-être avoir de grandes illusions sur leur valeur, et il les paya le plus largement qu'il put ; et enfin ce fut lui qui, en 1671, demanda au vieux maître de l'aider à écrire *Psyché*.) Donc, pour en revenir à notre scénario, ce sympathique Molière dirait au grand homme les choses les plus flatteuses et les plus réconfortantes, et il le supplierait de sortir de sa retraite prématurée, de donner au public de nouveaux chefs-d'œuvre. Et Corneille résisterait à ses prières et peut-être (qu'en pensez-vous ?) le « collerait »-il de quelque verset traduit de l'*Imitation*.

Mais voici venir l'étoile de la troupe, celle qui joue, ce soir-là, le rôle de Laodice, celle que ses camarades ont surnommée « Marquise, » la belle et charmante Duparc. Corneille lui ferait son compliment. Elle joindrait ses instances à celles de son directeur ; elle dirait à Corneille : « Puisque je vous plais, faites-moi un rôle. » Et Molière, pas bête, les laisserait tous deux ensemble. Et Marquise, alors, combattrait par de gentilles paroles, et par de doux regards et d'enjôleuses mines, le découragement du « cher maître, » et aussi ses scrupules religieux. Elle serait coquette, décemment, pour l'amour de l'art, et Corneille, peu à peu troublé (l'atmosphère du théâtre a d'ailleurs fait son œuvre, et

Le vieux coursier a senti l'aiguillon),

finirait par promettre une tragédie pour la saison prochaine.

Je vous assure que les développements pourraient être jolis, encore que d'un agrément un peu scolaire. Si je n'avais que vingt ans, j'écrirais ça.

Remarquez que j'invente à peine, que les choses ont dû se passer ainsi, et qu'en tout cas, fort peu de temps après avoir rencontré Marquise, le pauvre Corneille inaugurait, avec *Œdipe*, une nouvelle série de tragédies, pas bien bonnes, hélas! qui pour la plupart réussirent mal, et dont il ressentit très cruellement l'insuccès. En sorte que le surcroît d'amertume dont fut abreuvée sa vieillesse eut pour origine un sourire de femme et quelques clins d'yeux.

En réalité, Corneille semble en avoir tenu très fort pour cette charmante Duparc, — qui, vous vous en souvenez, fut extrêmement aimée aussi de Molière, de Racine, de Thomas Corneille, de La Fontaine et de beaucoup d'autres. De cette tardive aventure de cœur de Corneille, il nous reste cinq petites pièces de vers, tout à fait intéressantes. Les sentiments de l'amoureux quinquagénaire furent complexes et, finalement, son attitude originale. Il commença, hypocritement, par se railler lui-même. De la plume qui venait de traduire l'*Imitation*, il écrivait avec désinvolture :

> Tête chauve et barbe grise
> Ne sont pas viande pour vous.
> Quand j'aurais l'heur de vous plaire,

> Ce serait perdre du temps.
> Iris, que pourriez-vous faire
> D'un galant de cinquante ans ?

Lisez toute cette petite *Chanson*, elle est d'une franchise drue et gaillarde. Mlle Duparc dut répondre : « Hé ! hé ! qui sait ? » par politesse, par bonté d'âme, et pour ne pas éloigner un soupirant qui lui faisait tant d'honneur. J'imagine que Corneille, encouragé, poussa sa pointe. Sur quoi Marquise, comme font les femmes en pareil cas, dut lui offrir son amitié, « une bonne amitié, bien franche, bien sincère...; » vous connaissez la phrase. Mais je suppose que Corneille insista, et que c'est bien à la Duparc, — ici « Aminte, » ailleurs « Iris, » — que s'adressaient certaines « stances » où il déclare tout de gô que l'amitié ne fait point son affaire.

> Vous me recevez sans mépris,
> Je vous parle, je vous écris,
> Je vous vois quand j'en ai l'envie :
> Ces bonheurs sont pour moi des bonheurs superflus ;
> Et si quelque autre y trouve une assez douce vie,
> Il me faut pour aimer quelque chose de plus.

Et il ajoutait, avec quelque lourdeur :

> Je suis de ces amants grossiers
> Qui n'aiment pas fort volontiers
> Sans aucun prix de leurs services...

Là-dessus, je le présume, explication et brouille. Corneille s'éloigne fièrement. Un peu avant de quitter Rouen, Marquise le rappelle. Il se figure ou qu'elle va tomber dans ses bras ou qu'elle va l'accabler de reproches. Ni l'un ni l'autre : elle est souriante, paisible, indulgente, amicale... Le vieil amoureux n'en revient pas :

> Quoi ! vous me revoyez sans vous plaindre de rien ?
> Je trouve même accueil avec même entretien ?
> Hélas ! et j'espérais que votre humeur altière
> M'ouvrirait les chemins à la révolte entière ;
> Ce cœur, que la raison ne peut plus secourir,
> Cherchait dans votre orgueil un aide à se guérir ;
> Mais vous lui refusez un moment de colère ;
> Vous m'enviez le bien d'avoir pu vous déplaire ;
> Vous dédaignez de voir quels sont mes attentats,
> Et m'en punissez mieux ne m'en punissant pas.

J'appelle cela des concetti mélancoliques. Le poète n'y sourit que par pudeur. Il affecte de parler encore de ses cheveux gris, et il ajoute, — mauvais argument, c'est sûr, mais touchant à force d'être mauvais :

> Je connais mes défauts, mais après tout je pense
> Etre pour vous encore un captif d'importance ;
> Car vous aimez la gloire, et vous savez qu'un roi
> Ne vous en peut jamais assurer tant que moi.

Il me paraît que, dans cette entrevue, Marquise offrit de nouveau son amitié à Corneille et eut, cette fois, l'art de la lui faire accepter pour un temps. Elle dut lui dire ce qu'on dit : « J'ai pour vous beaucoup de sympathie et d'estime, et je crois que j'en mérite un peu. Estimez-moi, estimons-nous ; oh ! de l'estime la plus affectueuse, la plus confiante, la plus tendre... » Marché conclu. Mais, quelques jours après sans doute, Corneille écrivait le sonnet délicieux, vraiment ému sous l'air de badinage :

> Je vous estime, Iris, et crois pouvoir sans crime
> Permettre à mon respect un aveu si charmant ;
>   Il est vrai qu'à chaque moment
>   Je songe que je vous estime.
>
> Cette agréable idée, où ma raison s'abîme,
> Tyrannise mes sens jusqu'à l'accablement, etc.

N'est-ce pas exquis ? Et voici le trait, la « pointe » finale, pointe de mots, mais aussi pointe au cœur :

> J'en aime le chagrin, le trouble m'en est doux.
>   Hélas ! que ne m'estimez-vous
>   Avec la même inquiétude !

Puis, cette inquiétude grandit, et le désir, et la passion, et la colère. Etre le grand Corneille, avoir écrit dix chefs-d'œuvre, et ne pouvoir obtenir d'une coquine ce qu'elle donne sans doute au moindre cabotin ! Cela est-il tolérable ?... Et de là les fameuses *Stances* à Marquise, si peu « galantes » et si belles, d'une fierté si absurde et si noble, d'une brutalité si hautaine et d'un si grand tour... Je ne

vous rappellerai que le premier quatrain, et l'avant-
dernier.

> Marquise, si mon visage
> A quelques traits un peu vieux,
> Souvenez-vous qu'à mon âge
> Vous ne vaudrez guère mieux.
> . . . .
> Chez cette race nouvelle
> Où j'aurai quelque crédit,
> Vous ne passerez pour belle
> Qu'autant que je l'aurai dit.

A quoi l'innocente Marquise eût pu répondre :
« Hé ! Monsieur, qu'est-ce que cela me fait ? Quand
nous serons morts tous deux, que l'on sache ou non
que je fus belle, mes cendres légères n'en seront même
pas remuées, — ni les vôtres. Votre silence ne saurait m'être un châtiment, ni à vous une vengeance, puisque ni vous ni moi n'en verrons les effets. Je suis une créature frivole et qui se contente d'une gloire viagère. Et puis, quel rapport y a-t-il, je vous prie, entre ce que vous m'alléguez et ce qui fait qu'on aime ? Prouvez-moi donc que, de ce que vous avez écrit *le Cid*, *Polyeucte* et *Nicomède*, il s'ensuit que je dois vous aimer d'amour ? Aime-t-on par respect ? par admiration ? Aime-t-on nécessairement par vanité ? Heureusement non, car les hommes de génie auraient alors trop d'avantages sur les autres, et cela serait tout à fait injuste. Ignorez-vous la nature de l'amour ? On le croirait, car, dans votre

dur théâtre, vous l'avez toujours subordonné à d'autres sentiments, et notamment à l'ambition et à l'orgueil. Dans quatorze ans d'ici, votre Pulchérie, exprimant tout votre idéal en amour, dira au jeune Léon :

> Je vous aime, et non point de cette folle ardeur
> Que les yeux éblouis font maîtresse du cœur...
> Ma passion pour vous, généreuse et solide,
> A la vertu pour âme et la raison pour guide,
> La gloire pour objet, et veut sous votre loi
> Mettre en ce jour illustre et l'univers et moi.

Or cela, Monsieur, ce n'est pas l'amour ; et même ce n'est pas du tout celui que vous dites avoir pour moi, mon pauvre ami... »

Regretterons-nous que, tout en pensant ainsi, Marquise n'ait point été assez bonne fille pour faire plaisir à l'illustre marguillier de Saint-Sauveur ?... De nos jours, cela eût paru tout simple, car il semble bien que la seule chose qui ait empêché la comédienne et le grand homme de s'entendre, ce soit l'âge de celui-ci. Or, aujourd'hui, cinquante-trois ans, ce ne serait plus un obstacle : c'est l'âge des jolis cheveux gris en brosse et des moustaches plus noires que nature... Mais que vouliez-vous que le pauvre homme espérât dans un temps où les mœurs étaient encore si primitives et si conformes à la nature que Molière trouve Arnolphe ridicule parce qu'il s'avise d'aimer à quarante-trois ans ?...

Donc, Corneille se résigna. Il refit des tragédies ; il connut « la série noire », et l'abandon, et la pauvreté, et la gloire odieuse du jeune Racine. Il vieillit dans une tristesse et une amertume intérieures, d'où la poésie lyrique personnelle eût pu jaillir, — qui sait ? — cent cinquante ans avant Lamartine, si Corneille n'avait pas été un chrétien très exact et très fervent. Mais, étant pieux, même dévot, l'expression des sentiments qui l'agitaient et surtout de ceux qu'il voulait avoir lui semblait toute trouvée d'avance : il se remit donc à traduire mécaniquement des hymnes et des psaumes. Il a laissé de vingt à vingt-cinq mille vers traduits soit du latin liturgique, soit du latin de l'*Imitation*. C'est un chiffre.

SCARRON

Comédie-Française : Reprise de *Don Japhet d'Arménie*, comédie en cinq actes, en vers, de Scarron.

20 février 1893.

Comme on s'amuse parfois aux vieilles estampes de Callot, on peut trouver plaisir à ce *Don Japhet d'Arménie*, que la Comédie-Française a eu le caprice de nous rendre. Si vous êtes bienveillant, si vous savez vous mettre dans l'obligeante disposition d'esprit des amateurs de curiosités et de bric-à-brac, vous goûterez cette vieille chose, vous vous appliquerez même à vous la surfaire. Et vous serez ravi à la fois par la simplicité toute rudimentaire et grossière des inventions facétieuses, et, dans les bons endroits, par la fantaisie savante et vraiment « artiste », l'éclat, la couleur déjà banvillesque de la forme dont ces inventions sont revêtues.

Oh ! non, le fond n'a rien de rare. C'est emprunté à Tirso de Molina. Ce sont gentillesses de même force que celles de *Lazarille de Tormes*, si vous voulez. C'est d'un comique épais et rude, et que Cluny même ou Déjazet dédaignerait. Don Japhet d'Arménie, ancien fou de l'empereur Charles-Quint, est un Tartarin qu'on berne fort lourdement. Il vient, en grande pompe, chez le commandeur de Consuègre pour lui demander la main de sa nièce Léonore. Le commandeur, pour se divertir de cet original, lui a préparé toute une série de « brimades » énormes. Quand don Japhet fait son entrée, tout le monde se met à lui parler à la fois, et à tue-tête, sous prétexte de le complimenter, et on lui tire un coup d'arquebuse à l'oreille. Alors, pour lui faire croire qu'il est sourd, les gens font semblant de parler, ouvrent la bouche et remuent les lèvres sans prononcer un mot. Sur quoi, don Japhet s'écrie :

> Hélas ! on s'égosille, et je n'entends non plus
> Que si l'on me voulait emprunter mes écus.

Puis, tout à coup, les gens se remettent à parler réellement, en sorte qu'il croit avoir recouvré l'ouïe.

Et le reste est à l'avenant. On lui fait entendre que l'empereur l'a nommé marquis; puis Léonore lui donne rendez-vous pour la nuit suivante sous son balcon. Il s'y rend, muni d'une échelle de soie. Il est d'abord bâtonné dans l'ombre par deux inconnus. Puis, lorsqu'il s'est hissé sur le balcon, Léonore rentre dans sa chambre et lui ferme sa fenêtre au nez ; le commandeur et ses amis accourent ; ils feignent de le prendre pour un voleur et de vouloir tirer sur lui. Don Japhet leur explique qu'il n'est pas un voleur, mais un amant; qu'au surplus il vient dejà d'être bâtonné ; et il ajoute fort judicieusement :

Si frais battu, Messieurs, est-il juste qu'on meure ?

On se rend à ce raisonnement ; mais on l'oblige du moins à ôter tous ses habits ; et, quand il est en chemise, tout grelottant sur le balcon, une duègne lui vide sur la tête un pot d'urine...
Je ne vous rappellerai pas les autres mésaventures de don Japhet : je pense vous avoir suffisamment rafraîchi la mémoire sur la qualité de la fable comique. Mais, comme je disais, la forme est souvent des plus savoureuses. En plus d'un endroit, les propos de don Japhet d'Arménie égalent assurément, par la truculence et la gaieté pittoresque de l'expression, par l'allégresse, la plénitude du rythme, et une sorte de sonorité hilarante, les plus célèbres discours de don César de Bazan et les plus beaux passages des *Odes funambulesques*. Je laisse le mirifique récit du mariage de don Japhet avec la belle Azatèque, fille du cacique Uriquis, et son inimitable apostrophe à ses laquais :

Holà ! ho, Foucaral !
Don Roc Zurdacaci ! Don Zapata Pascal !
Ou Pascal Zapata, car il n'importe guère
Que Pascal soit devant ou Pascal soit derrière.

> Holà ! mes gens ! mon train ! oh ! les doubles coquins,
> Les gredins, les bourreaux, les traîtres, les faquins !
> Sachent tous mes valets que ma bonté se lasse !
> Sachent les malheureux qu'aujourd'hui je les casse !
> Je m'en vais tant crier, qu'ils viendront, les marauds !

Mais que dites-vous encore de ce petit morceau ? Don Japhet surprend don Alphonse... (tenez-vous absolument à ce que je vous explique pourquoi ce jeune seigneur s'est fait valet du matamore ? Non, n'est-ce pas ?) ; don Japhet s'aperçoit donc que don Alphonse fait sa cour à Léonore, et sa colère éclate en ces alexandrins dignes d'être mis auprès des plus beaux du quatrième acte de *Ruy Blas* :

> Je t'y prends, grand pendard ! tu baises donc sa main !
> Aujourd'hui tu mourras, ou pour le moins demain.
> Quoi ! ta bouche à tabac, de ses moites moustaches,
> A cette main d'ivoire ose faire des taches ?

(Est-il étonnant, ce dernier distique !)

> Icare audacieux, téméraire Ixion !
> Je te juge et condamne à décollation.
>   (*A Léonore.*)
>
> Et toi, de qui je tiens la main très inquinée,
> Je t'exclus de l'honneur d'un futur hyménée.

Elle n'est pas ennuyeuse, bien qu'elle n'ait ni queue ni tête, et qu'elle soit souvent écrite à la diable, cette bouffonnerie du cul-de-jatte. Ce vieux type du matamore, du tranche-montagne, contemporain des origines mêmes du théâtre, qui a commencé par s'appeler *miles gloriosus* et qui a fini par s'appeler Tartarin de Tarascon, est resté gai, invinciblement. C'est l'éternelle gaieté de la naïve hyperbole, perceptible même aux tout petits enfants. Quand, des enfants parlant d'un gros chien, l'un dit : « Il est haut comme une maison », et que le plus imaginatif ajoute : « Il est haut comme la lune », ils sont très contents d'eux, et trouvent ces façons de s'exprimer infiniment plaisantes. Ce comique-là est sûr, et si rafraîchissant ! Prises au sérieux, ces imaginations-là ont créé l'épopée. Elles sont un témoignage du noble inassouvissement qui est dans la nature humaine, une confirmation indirecte, vieille comme l'humanité, de ce mot solennel du poète, que « l'homme est un dieu tombé qui se souvient des cieux. » L'hyperbole lyrique tantôt exprime le héros latent et tantôt raille, avec une ironie indulgente, le Tartarin que nous portons en nous. Et c'est pourquoi le personnage du matamore nous plaira toujours.

Mais, en outre, les don Japhet d'Arménie, les Artaban et autres spaccamonte qui ont abondé chez nous dans la première moitié du dix-septième siècle, ont une signification et un intérêt historiques. Leur étrange pullulement répond à celui des merveilleux héros de d'Urfé, de Corneille et de Mlle de Scudéry, et le succès de la caricature confirme, ici, le succès de l'original. Toutes ces attitudes, ces allures, ces

emphases, j'appelle cela « le genre Louis XIII »,
qui est, en littérature, l'expression attardée déjà
et le prolongement de l'héroïsme du seizième siècle,
de cet âge privilégié de l'orgueil et de l'énergie humaine, de cet âge où apparurent les merveilles les
plus étonnantes du libre développement individuel.
Cette ivresse de vie indomptable, cette superbe et
ce panache, l'époque de Louis XIII, s'en souvient
encore (et quand je dis l'époque de Louis XIII, j'entends aussi par là celle de la minorité de Louis XIV).
Certes, les poètes de cette époque-là sont inégaux
et incomplets; beaucoup débordent au hasard, et
leur écoulement est bourbeux; ils manquent totalement de goût; ils sont difficiles à lire. Mais on les
trouve parfois délicieusement déraisonnables. Ils
ont de la sève, un je ne sais quoi d'emporté et de
fou. Plusieurs d'entre eux sont, d'ailleurs, de francs
« originaux. » La littérature de ce temps-là est
pleine d'individus bizarres, de bohèmes effré-
nés, auprès desquels les Musset même, les Balzac
ou les Gautier semblent les plus réguliers des bourgeois. Et, parmi leur platitude, leur pédantisme
ingénu et leur galimatias, ils ont tout à coup des
poussées de verve franche, de belle fantaisie, de
poésie éclatante et libre, et, notamment, des morceaux pittoresques tels qu'on n'en retrouvera plus
guère l'équivalent lorsque Boileau, Racine et
Louis XIV auront « pacifié » la littérature. Seule,
peut-être, l'anarchie littéraire de notre temps rendra

possible, deux siècles après, des libertés et des
« bonheurs » analogues, quoique, à vrai dire, la
littérature d'aujourd'hui demeure peut-être moins
folle, moins trouble, moins aventureuse, moins indisciplinée que celle de cette benoîte époque de
Louis XIII. Car ce dix-septième siècle est, dans son
ensemble, un des plus bizarres entre les siècles, en
dépit de la légende qui l'a défiguré en le momifiant.

J'ai relu *Don Japhet d'Arménie* dans un volume
utile et curieux, publié il y a quelques années par
M. Tancrède Martel chez l'éditeur Savine, et qui
contient aussi *les Visionnaires*, de Desmarets de
Saint-Sorlin; *la Sœur*, de Rotrou; *le Pédant joué*, de
Cyrano de Bergerac, et *la Mère coquette*, de Quinault. Je n'ai pu m'empêcher de parcourir de nouveau cette baroque comédie des *Visionnaires*, que
j'ai toujours aimée. Encore un fou, ce Desmarets.
Après une vie des moins édifiantes, il donne dans
la dévotion, puis dans la monomanie religieuse. En
1666, il se fait prophète. Il part en guerre contre
« la fausse Eglise des jansénistes. » Il déclare avoir
la clef de l'Apocalypse et annonce une armée de
144,000 hommes qui, sous la conduite de Louis XIV,
rétablira la vraie religion. Il affirme que Dieu luimême lui a dicté les derniers chants de son poème
épique de *Clovis*. Et c'est enfin ce toqué, qui, par
son *Traité des poètes grecs et latins*, allume le premier cette illustre « querelle des anciens et des
modernes », reprise plus tard par Perrault, puis

par Fontenelle et La Motte, et qui est, pour ainsi parler, d'une actualité éternelle.

Les personnages des *Visionnaires*, c'est Artabaze, capitan, visionnaire de gloire ; Amidor, poète ronsardisant, visionnaire de beauté ; Filidan, « amoureux en idée », visionnaire d'amour ; Phalante, « riche imaginaire », visionnaire de décors opulents ; Mélisse, « amoureuse d'Alexandre le Grand » ; Hespérie, « qui croit que chacun l'aime » et dont Molière a fait sa Bélise ; Sestiane, « amoureuse de la comédie » ; Alcidon, père de Sestiane, d'Hespérie et de Mélisse, visionnaire par bienveillance et sympathie, dont la manie consiste à abonder véhémentement dans le sens de chacun de ses interlocuteurs et, par suite, à promettre successivement la main de ses filles à tous ceux qui lui en font la demande. Bref, une mêlée de poètes « lyriques » des deux sexes. L'excellent Banville devait, j'en suis sûr, goûter fort cette folle comédie. Les vers colorés et bien sonnants, les vers d'artiste, y fourmillent. Artabaze vaut presque le matamore de *l'Illusion comique.* « J'aurais, dit-il quelque part, dépeuplé la terre de mortels. »

    Mais voyant qu'à me plaire un sexe s'évertue,
    J'en refais par pitié tout autant que j'en tue.

Et que dites-vous de cette vision ronsardienne d'une bacchanale :

    ... Je vois ce cuisse-né, suivi du bon Silène,
    Qui du gosier exhale une vineuse haleine ;

> Et son âne fuyant parmi les mimallons,
> Qui, le bras enthyrsé, courent par les vallons ;

ou de cette description d'une fin de tempête :

> Le calme qui revient aux ondes marinières
> Chasse le pâle effroi des faces nautonières ;
> Le nuage s'enfuit, le ciel se fait plus pur,
> Et joyeux se revêt de sa robe d'azur !

ou de ce cocasse échantillon de « désordre » poétique, lorsque Amidor se souvient de sa première rencontre avec sa belle :

> Le corail de ses yeux et l'azur de sa bouche,
> L'or bruni de son teint, l'argent de ses cheveux,
> L'ébène de ses dents digne de mille vœux...
> La grandeur de ses pieds et sa petite taille
> Livrèrent à mon cœur une horrible bataille !

ou de cette strophe superlativement funambulesque :

> Mon cœur devint pusillanime
> Au prime aspect de ta beauté,
> Et ta scythique cruauté
> Rendit mon esprit cacochyme ;
> Tantôt dans l'Euripe amoureux,
> Je me crois le plus malheureux
> Des individus sublunaires ;
> Tantôt je me crois transporté
> Aux espaces imaginaires
> D'une excentrique volupté !

Et ne sont-ils pas exquis, dans leur outrance souriante, ces vers d'Hespérie (la jeune Bélise de Desmarets) :

> Je sens, quand on me parle, une haleine de flamme.
> Ceux qui n'osent parler m'adorent en leur âme,
> Mille viennent par jour se soumettre à ma loi ;
> Je sens toujours des cœurs voler autour de moi ;
> Sans cesse des soupirs sifflent à mes oreilles ;
> Mille vœux élancés m'entourent comme abeilles ;
> Les pleurs près de mes pieds coulent comme torrents...

Et ne sont-ce pas d'estimables rimes que celles de ces vers où la généreuse Mélisse se figure les exploits de son amant Alexandre le Grand :

> ...Mais l'effroi me saisit, et d'horreur je frémi
> Quand tu te lances seul dans l'enclos ennemi
> Et que seul tu soutiens les puissantes attaques
> Des plus désespérés d'entre les Oxydraques ?

Citerai-je encore les jolis vers « faits de rien », les vers adorables on ne sait pourquoi, comme celui-ci, de Phalante à sa maîtresse :

> Mélisse, mon désir, n'entrez pas en colère ;

ou comme ceux-ci de l'oncle Lysandre, le seul personnage raisonnable de la pièce, et dont le discours gracieux fait songer à celui du bon duc Laërte dans *A quoi rêvent les jeunes filles* :

> Votre cœur est-il gai, mes parentes jolies ?
> Enfants, jouissez tous de vos douces folies... !

Mais, avant de quitter Desmarets de Saint-Sorlin, je veux vous dire encore une découverte. C'est dans le rôle de Phalante, le riche imaginaire. Phalante énumère ses richesses, décrit par le menu un château qu'il croit posséder, puis décrit le jardin, qui est un jardin du genre pompeux et, pour finir, une fontaine monumentale : la fontaine des Danaïdes. Or, il n'y a pas à dire, ce « projet de fontaine » est d'une vraie beauté, et, d'ailleurs, s'il est sujet qui convienne à un monument de ce genre, c'est bien le mythe des cinquante immortelles puiseuses de l'eau toujours fuyante. Et voici la vision de Desmarets :

> Un grand rocher s'élève au milieu de l'étang,
> Où les cinquante sœurs, faites de marbre blanc,
> Portent incessamment les peines méritées
> D'avoir en leurs maris leurs mains ensanglantées,
> Et, souffrant un travail qui ne saurait finir,
> Semblent incessamment aller et revenir.

Sur les pentes de ce rocher, il groupe les cinquante figures blanches. En haut, trois sœurs, penchant leurs cruches, les versent dans la tonne sans fond. En bas, l'une des travailleuses puise de l'eau ; une autre a laissé tomber sa cruche et se plaint. Une troisième monte, l'amphore sur l'épaule, et rencontre une de ses sœurs qui redescend, et qui l'aide de la main à gravir la roche glissante... Cette montée et cette descente entre-croisées des ouvrières de marbre ; cette noble série d'attitudes, à des moments divers, de la femme qui puise ou qui porte ou qui verse de l'eau, et, parallèlement, ces séries d'expressions qui vont de la douleur et de l'abattement à l'allégresse et à l'espérance (« Mes sœurs, si nous recommencions? » dit le sonnet de Sully-Prudhomme); l'étroite adaptation de l'œuvre décorative à l'usage particulier du monument qu'elle décore ; enfin le symbolisme de ce vieux mythe, par où se trouvent si vivement exprimés la fuite et l'écoulement de tout et l'éternel *circulus* de la matière... vraiment je ne crois pas qu'on ait jamais conçu plus magnifique plan de fontaine, et ce serait une fière fantaisie à réaliser, si l'on pouvait, — en marbre ou même en carton, — au milieu du Champ-de-Mars, lors de l'Exposition prochaine...

MOLIÈRE

Comédie-Française : Répertoire : *Georges Dandin, les Femmes savantes.*

10 septembre 1893.

La Comédie-Française a joué *Georges Dandin* avec un vrai succès. Il paraît que c'est la première fois que *Georges Dandin* a fait tant de plaisir. Sarcey en a donné deux raisons. L'une, c'est que *Georges Dandin* a été, cette fois, joué très gaiement. L'autre, c'est que, *Georges Dandin* étant presque une pièce du Théâtre Libre, le public se trouve enfin, grâce à Antoine, mûr pour *Georges Dandin*.

De ces deux raisons, la seconde est la plus ingénieuse ; mais il me paraît bien que c'est la première qui est la meilleure.

Oui, je sais, *Georges Dandin*, entre toutes les comédies de Molière, a une réputation particulière d'amertume. C'est incroyable ce que les vers de Musset sur cette mâle gaieté de Molière,

.... si triste et si profonde
Qu'après qu'on vient d'en rire on devrait en pleurer,

ont fait dire de sottises aux snobs que nous sommes tous. Il m'est arrivé, au temps où j'étais crédule, d'écrire ces vers de professeur :

> On ne rit pas toujours, maître, à ta comédie...
> Lorsque Georges Dandin, que ta farce châtie,
> Bafoué par sa femme et largement cocu,
> Récite à ses genoux, d'un ton peu convaincu,
> Le long confiteor dicté par Sotenville,
> C'est sans doute un énorme et parfait imbécile.
> Mais il souffre, après tout, et désespérément,
> Et hors de l'atellane il m'emporte un moment.
> Sa douleur de jocrisse encorné m'émeut presque.
> Ce niais est navrant encor qu'il soit grotesque.
> Pour peu que l'on y songe, on entrevoit soudain
> Un drame sous la farce, un martyr chez Dandin, etc...

Oh ! là là, que d'affaires ! Je relis *Georges Dandin*, et je n'y retrouve rien de tout cela. C'est une farce, à peu près improvisée, cela est visible, sur un vieux sujet de fabliau ; une farce assez brutale, très directe, je dirais presque simpliste, avec des ressouvenirs de la comédie italienne et de la parade de tréteaux. Amère ? Oh ! Dieu, non. Il faudrait, pour qu'elle le fût, que nous puissions prendre un peu les personnages au sérieux. Cela n'a pas plus de portée que *le Légataire*, où l'on ne s'avise guère d'être « troublé » par l'immoralité de Crispin ou l'infortune de Géronte.

L'une des caractéristiques de ces pièces qui sont proprement « pièces du Théâtre-Libre » et dont on a voulu rapprocher *Georges Dandin*, c'est, — outre la réalité minutieuse du milieu, qu'il ne faut point demander à cette farce de place publique, — la continuité des « mots de nature » de l'espèce « cruelle. » Le ragoût de ces mots consiste essentiellement en ceci, que la vilenie des âmes s'y trahit sans se connaître elle-même, que l'égoïsme le plus affreux y parle naïvement le langage du devoir, et que le vice même y garde les dehors et la sécurité de la vertu et y est dupe de sa propre décence.

Or, Molière croyait que ce dont nos jeunes pessimistes ont fait à peu près la règle du langage humain n'y est, en somme, que l'exception ; il lui semblait que les hommes ne passent pas tout leur temps à être ignobles avec candeur, qu'ils reprennent haleine quelquefois, et que, au surplus, cette contradiction ininterrompue entre l'immoralité réelle des personnages et l'opinion qu'ils ont d'eux-mêmes, serait fatigante à la longue, finirait par paraître un peu artificielle et mécanique. Toutefois, de ces mots de nature du genre « rosse », — comme mon maître Sarcey n'a pas craint de les baptiser, — Molière en a jeté quelques-uns çà et là. Il y en a dans les rôles d'Agnès et d'Arnolphe ; il y en a dans le rôle d'Harpagon. C'en est un, et excellent, que le mot de Charlotte : « Va, va, Piarrot, ne te mets point en peine. Si je sis madame, je te ferai gagner queuque chose, et tu apporteras du beurre et du fromage cheux nous. » Le plus beau de tous est peut-être celui d'Orgon voulant donner une idée de ses progrès dans la perfection chrétienne :

> Et je verrais mourir père, enfants, mère et femme,
> Que je m'en soucierais autant que de cela.

Lorsque cette gaillarde d'Henriette menace Trissotin de ce que vous savez, au cas où il persisterait à l'épouser, et que notre cuistre exprime son indifférence philosophique sur ce point, il fait du Théâtre Libre sans le savoir. Les mots de cette espèce sont surtout nombreux dans *le Malade imaginaire*, la dernière pièce de Molière. Visiblement, avec les années, il tournait à l'amertume. S'il eût vécu plus longtemps, il eût été capable de faire du Georges Ancey.

Mais j'ai eu beau feuilleter *Georges Dandin*, je n'y ai pu rencontrer un seul de ces mots qui ont essentiellement pour marque l'inconscience morale dans l'ignominie. L'inconscience y est bien ; l'ignominie, non, car la qualification serait excessive même pour cette farceuse d'Angélique.

Les meilleurs mots sont peut-être ceux-ci, du pauvre Georges : « Oui, voilà qui est bien, mes enfants seront gentilshommes, mais je serai cocu, si l'on n'y met ordre », et : « *Dieu merci !* mon déshonneur est si clair, maintenant, que vous n'en pourrez douter », et encore (ce qui est une variante de la même plaisanterie) : « O ciel, seconde mon dessein, et m'accorde la grâce de faire voir aux gens que l'on me déshonore. » Cela est drôle ; mais, dites-moi, bien sincèrement, est-ce que cela vous serre le cœur ?

« Cruel », *Georges Dandin* l'est tout justement à la façon d'un drame de chez Guignol. On berne Georges, on tape sur lui à grands coups de bâton, mais d'un bâton qui est en feutre, pour le punir d'avoir fait un sot mariage. A vrai dire, ce n'est pas sur Georges que l'on tape, mais sur M. de La Dandinière. Pour que la pièce fût « cruelle » à la façon pédante dont on l'entend aujourd'hui, il faudrait d'abord nous montrer la souffrance du mari plus que le châtiment du paysan vaniteux. Puis, son déshonneur, qui n'est après tout qu'ébauché, devrait être effectif et complet. Ses nobles beaux-parents eux-mêmes n'en pourraient douter : mais, considérant que leur gendre n'est qu'un vilain et que l'amant d'Angélique est bon gentilhomme et de la meilleure société, ils seraient amenés tout doucement à prendre le parti de leur fille, et peut-être à couvrir et à favoriser ses petites distractions, — sans cesser d'émettre des phrases sur les convenances et de se croire les plus honnêtes gens du monde. Et Georges souffrirait d'abord de tout son cœur et protesterait de toutes ses forces ; et l'on craindrait qu'il ne se porte à quelque extrémité fâcheuse. Mais il adviendrait ensuite (comment et dans quelles conjonctures, ce serait affaire à l'auteur) que la vanité du pauvre mari serait intéressée à ne se point brouiller avec sa femme ni avec ses beaux-parents. Et alors, par un de ces lâches revirements dont la jeune école pessimiste nous a développé tant de fois de si remarquables exemples, Georges se résignerait peu à peu à n'envisager que les bénéfices de la situation. Il oublierait le reste, il avouerait qu'il n'a rien vu, ou même il estimerait que ce qu'il a vu est sans importance. Il dirait : « Vous l'avez voulu, Georges Dandin... et vous avez bien fait, puisqu'au bout du compte vous voilà louvetier du roi et reçu chez les d'Escarbagnas. » Et ce serait cruel, amer, coupant, pince-sans-rire et « rosse »; ce serait enfin le *Georges Dandin* du Théâtre Libre; mais il est vrai que ce ne serait plus *Georges Dandin*.

La farce de Molière est donc fort innocente. Pourquoi avait-elle jusqu'ici tant attristé et angoissé le public ? Sarcey pense que cela tenait au jeu de M. Got. M. Got nous présentait, paraît-il, un Georges Dandin sérieux en diable, lamentable et tragique, et qui renfonçait dans sa gorge les sanglots de Triboulet. Car, quand il arrive à M. Got de se tromper, on peut dire de lui comme de M. de Bonald (et ce rapprochement n'offensera point l'éminent comédien) : « Il se trompe avec une force ! » Mais j'estime qu'il y avait une autre raison au malaise des spectateurs. Si *Georges Dandin* est une atellane d'une férocité toute joviale et sans nul fiel, il y a peut-être quelque monotonie et des redites un peu trop sensibles dans les manifestations de cette férocité. Chacun des trois actes est, dans son lieu, une pièce entière, et ces trois actes sont d'une construction identique. Je sais bien qu'il y a une sorte de *crescendo* dans les effets. Angélique, au premier acte, se contente de protester avec un douloureux étonnement contre les accusations de son mari. Sur le point d'être pincée, au deuxième acte, elle se tire d'affaire en feignant de congédier son galant avec indignation. Au troisième acte, prise en flagrant délit d'escapade nocturne, elle trouve moyen, non seulement de sortir de ce mauvais pas, mais de retourner l'accusation contre son benêt de mari. Ainsi croissent d'un acte à l'autre le danger et l'impudence d'Angélique, la fureur et l'infortune de Georges; et voilà qui est bien. Mais enfin c'est toujours la même situation; les mêmes éléments se retrouvent exactement dans la composition des trois tableaux : les confidences de Lubin, les monologues de Georges Dandin, les rouéries d'Angélique, de Clitandre et de la servante Claudine, et la stupide obstination de M. et Mme de Sotenville. Et tout cela ramené dans le même ordre. L'amende honorable de Georges à sa gourgandine de femme (troisième acte) reproduit fidèlement l'amende honorable au galant (acte premier); et s'il n'y a point d'amende honorable dans le second, c'est sans doute que Molière n'a pas vu à qui Georges eût pu l'adresser cette fois. Et voilà tout de même bien des symétries, et presque accablantes.

A Dieu ne plaise que, avec tout cela, j'aie l'air de faire peu de cas de *Georges Dandin* ! C'est, parmi les farces de Molière, une des plus savoureusement écrites. Cela est plein, et dru, et coloré à souhait.

Les deux Sotenville sont merveilleux de relief. Ils sont à mettre à côté de la comtesse d'Escarbagnas. Il est à remarquer que ces croquis de touche plus franchement « réaliste » se multiplient dans la seconde partie de l'œuvre de Molière. Ses dernières farces contiennent en germe, et mieux qu'en germe, tout le théâtre de Dancourt qui fut, comme vous savez, un peu le Meilhac du dix-huitième siècle. Au reste, est-il besoin de dire une fois de plus que tout est dans Molière, et qu'il ne faut, pour l'y voir, qu'un peu de bonne volonté ? Est-ce que les commentateurs ne se sont pas avisés que l'acte final du *Mariage de Figaro*, celui des quiproquos nocturnes sous les marronniers, était une réminiscence du troisième acte de *Georges Dandin* ? N'a-t-on pas dit que *Georges Dandin* était déjà un premier crayon du *Gendre de M. Poirier* ? Et cela pourrait être vrai, si la farce se passait ailleurs que dans la rue, si Molière nous introduisait seulement un peu dans le ménage de Georges et d'Angélique et nous indiquait au moins, dans les rapports habituels des deux époux, les effets de leur différence d'origine et d'éducation. Mais, pendant qu'on y est, ne pourrait-on pas tout aussi bien dire qu'Angélique Dandin est l'aïeule simpliste d'Emma Bovary ? « Pensez-vous, dit Angélique à Clitandre, qu'on soit capable d'aimer de certains maris qu'il y a ? On les prend parce qu'on ne peut s'en défendre... Mais on sait leur rendre justice, et l'on se moque fort de les considérer au delà de ce qu'ils méritent. » Sur quoi Clitandre, complétant et précisant la pensée d'Angélique : « Ah ! qu'il faut avouer que celui qu'on vous a donné était peu digne de l'honneur qu'il a reçu, et que c'est une étrange chose que l'assemblage qu'on a fait d'une personne comme vous avec un homme comme lui ! » Eh ! mais ne voilà-t-il pas le résumé et comme le *schéma* du roman de la femme incomprise et des premières histoires de la bonne Sand ? Ce même Clitandre disait un peu auparavant : « Hélas ! de quel coup vous me percez l'âme lorsque vous parlez de vous retirer ! Je songe qu'en me quittant vous allez trouver un mari. Cette pensée m'assassine, et les privilèges qu'ont les maris sont des choses cruelles pour un amant qui aime bien. » Ne voilà-t-il pas le *schéma* du roman de la jalousie de l'amant, et cela ne ferait-il pas une épigraphe fort convenable pour *Fanny* ? Molière est tout plein de ces germes. Honorons-le.

Donc, *Georges Dandin*, en dépit de l'amertume qu'on y croyait voir, et de la monotonie de construction de ses trois actes, a cette fois amusé le public : 1° parce que cette amertume n'y est pas, et 2° parce que cette monotonie a été sauvée par la verve et la gaieté des comédiens.

Décidément Molière est admirable en ceci, que la matière qu'il offre à ses interprètes est éminemment « plastique », je veux dire pétrissable, et qu'on en fait à peu près tout ce qu'on veut. Ce qu'on est parvenu à faire de l'Armande des *Femmes savantes* est étonnant !

Il me paraît évident que, dans la pensée de Molière, Armande est une pécore infiniment déplaisante, sèche, envieuse, d'ailleurs ridicule d'un bout à l'autre de la pièce, — peu jolie enfin et déjà fort montée en graine. Il indique en plusieurs endroits que, si elle est pédante, dédaigneuse et romanesque par nature, il y a autre chose encore dans son cas ; que son mépris des « réalités » de l'amour est celui d'une fille mûre qui, ayant enfin écarté les amoureux par ses façons désobligeantes, est maintenant dévorée du désir de trouver un mari et hantée, au fond, par l'image de ces « réalités » pour qui elle professe tant d'horreur. A un moment, son rôle touche à l'odieux : c'est quand, affolée de jalousie, elle s'applique à perdre Clitandre dans l'esprit de Philaminte par des arguments d'une sournoiserie atroce :

> Je n'ai jamais connu, discourant entre nous,
> Qu'il eût au fond du cœur de l'estime pour vous, etc.

Molière déteste Armande, cela est visible : il la fait « coller » à tout bout de champ, et de la façon la plus mortifiante, par Henriette, par Clitandre, même par Chrysale. Il la déteste, dis-je, parce qu'elle est « l'artifice », comme il aime Henriette, parce qu'elle est « la nature. »

Ah ! oui, elle est « naturelle », celle-là ! Elle vous a sur les réalités du mariage des notions d'une précision ! et elle vous en parle avec une tranquillité ! Mais j'ai expliqué une fois, si je me souviens bien, à quel point l'âme de la bonne Henriette me semblait manquer de « duvet. »

Il est donc arrivé que la bonne Henriette nous a quelque peu suffoqués, à la fin, par son naturel et que, d'autre part, tout l'artificiel de la pauvre Armande a trouvé insensiblement grâce à nos yeux. Nous lui avons passé un peu de pédanterie, et nous n'avons point partagé la haine de Molière contre certains excès de spiritualité et de pudeur, même équivoque et troublée. Lorsque Armande dit à Clitandre :

> Appelez-vous, Monsieur, être à vos vœux contraire,
> Que de leur arracher ce qu'ils ont de vulgaire
> Et vouloir les réduire à cette pureté
> Où du parfait amour consiste la beauté ?
> . . . .
> Vous ne pouvez aimer que d'une amour grossière ?...
> Ah ! quel étrange amour ! et que les belles âmes
> Sont bien loin de brûler de ces terrestres flammes !
> Les sens n'ont point de part à toutes leurs ardeurs,
> Et ce beau feu ne veut marier que les cœurs.
> . . . .
> On aime pour aimer, et non pour autre chose...

Nous avons souri sans doute, mais avec une espèce de sympathie ; ce romanesque nous a semblé gentil et intéressant. Puis, quand nous avons vu la pauvre rêveuse repoussée par Clitandre, nous ne nous en sommes point réjouis, car nous avons senti qu'elle souffrait, réellement ; et, à cause de cela, nous l'avons presque aimée. Et il nous a plu de nous la figurer jolie, distinguée, charmante dans ses affectations même ; et c'est ainsi que Mlle Bartet l'a vue et réalisée.

Mlle Moreno est allée plus loin. Apparemment elle a songé : « Nous adorons l'artifice, que Molière exécrait. Nous avons pour la pudeur un amour plein d'impureté. Ce Molière était un païen ; nous sommes des chrétiens très pervers... Nous aimons les « femmes savantes. » Mais la vraie « femme savante » d'aujourd'hui, c'est la femme-artiste, ou mieux la femme-esthète, névrosée, ibsénienne, wagnérienne, décadente, qui s'habille d'étoffes de chez Liberty, et qui pioche le type de *la Demoiselle bénie...* » Et alors Mlle Moreno a fait cette chose énorme : elle a joué Armande, comme si Armande était une figure de Botticelli ! ! !

RACINE

Comédie-Française : *Bérénice*.

7 janvier 1894.

Pourquoi a-t-on coutume d'appeler *Bérénice* une « élégie » divine ? C'est, bel et bien, une divine tragédie. Il est vrai qu'elle est fort simple, et que toutes les situations y sont uniquement provoquées par les sentiments des personnages, et sans nulle intervention d'un hasard artificieux : ce dont nous ne nous plaindrons point. Mais au reste tout y est en action ; chaque scène nous révèle, chez ces personnages, un « état d'âme » qui ne nous avait pas encore été pleinement montré, et les laisse dans une disposition en partie nouvelle ; le mouvement est continu, et l'intérêt est des plus puissants qui soient, puisque ce qu'on nous raconte, c'est l'histoire éternelle de la séparation des cœurs aimants... Oui, c'est bien un drame, harmonieux délicieusement, infiniment douloureux.

Mais qui pourrait mieux parler de *Bérénice* que

Racine lui-même ? Il était de ces rares artistes qui savent exactement ce qu'ils font. « Ce qui me plut davantage dans mon sujet, c'est, dit-il, que je le trouvai extrêmement simple. » Et plus loin : « Il y en a qui pensent que cette simplicité est une marque de peu d'invention. Ils ne songent pas qu'au contraire toute l'invention consiste à faire quelque chose de rien, et que tout ce grand nombre d'incidents a toujours été le refuge de poètes qui ne sentaient dans leur génie ni assez d'abondance ni assez de force pour attacher durant cinq actes les spectateurs par une action simple, soutenue de la violence des passions, de la beauté des sentiments et de l'élégance de l'expression. » Et enfin : « Ce n'est point une nécessité qu'il y ait du sang et des morts dans une tragédie : il suffit que l'action en soit grande, que les acteurs en soient héroïques, que les passions y soient excitées, et que tout s'y ressente de *cette tristesse majestueuse qui fait tout le plaisir de la tragédie.* »

C'est merveille de voir comment *Bérénice* est « faite », et comment l'ordonnance la plus habile et la plus savante y paraît le développement naturel et nécessaire de la situation une fois donnée.

A première vue, le sujet comportait, outre un ou deux monologues de Titus, deux scènes seulement : la grande scène d'explication entre les deux amants, et la scène du sacrifice. Racine, chose prodigieuse, a eu l'art de reculer la scène d'explication jusqu'au quatrième acte Et elle est d'autant plus émouvante qu'il nous l'a fait attendre davantage et que, lorsque les deux intéressés se rencontrent enfin, ils savent l'un et l'autre de quoi il retourne, et ont été progressivement amenés par le poète au plus haut point de douleur et d'angoisse. Comment s'y est-il pris pour nous rendre à la fois poignants et vrais et ce retardement et cette longue préparation ? En connaissant bien ses personnages ; en vivant lui-même, profondément, leur vie passionnelle ; en se donnant leur âme, car il n'y a pas d'autre secret.

Il a compris que Titus, soit pitié, soit manque d'un affreux courage, devait avoir presque tout de suite l'idée de faire annoncer son malheur à Bérénice par un intermédiaire. D'où le personnage du roi Antiochus. Mais, par une inspiration singulièrement heureuse, il a voulu qu'Antiochus fût amoureux de Bérénice. Et, ainsi, non seulement le roi de Comagène sert à reculer le choc décisif entre les deux amants, à accroître, par là, le tragique de ce heurt inévitable, si longtemps souhaité et redouté des spectateurs ; non seulement il sert à nous faire connaître Bérénice et Titus en recevant tour à tour leurs confidences ; mais, comme ces confidences le crucifient, il nous émeut aussi par lui-même ; que dis-je ! nous remarquons qu'il est le plus à plaindre des trois, puisqu'il aime, lui, sans être aimé ; et pourtant, comme il reste au second plan, sa souffrance discrète ne va point jusqu'à détourner notre intérêt de ses deux amis : elle nous aide seulement à mieux accepter la cruelle beauté du dénouement, en nous faisant apercevoir, derrière la douleur de Titus et de Bérénice, une douleur peut-être pire.

Dès lors, le drame se déroule tout seul, à ce qu'il semble.

Antiochus, persuadé que Titus, empereur, va épouser Bérénice, vient faire à celle-ci ses adieux, et s'accorde, avant de partir pour jamais, la triste satisfaction de lui avouer son amour. Et Bérénice veut être douce, et elle est cruelle malgré soi, parce qu'elle aime l'autre et qu'elle croit toucher à son rêve. En vain Phénice, une fine camériste, lui dit : « A votre place, Madame, j'aurais retenu ce garçon : car enfin... qui sait ?... Titus ne s'est pas encore expliqué... » Mais Bérénice ne veut rien entendre, et nous la plaignons, pauvre petite, d'être si confiante et si gaie. Et c'est le premier acte.

A l'acte suivant, dans l'entretien de Titus et de son confident Paulin, Racine nous expose avec une force et une précision extrêmes, les raisons accablantes qu'a le nouveau César de sacrifier Bérénice et de se sacrifier lui-même. Il s'agit de choisir entre une femme et l'empire du monde. L' « obstacle » ici est donc absolu, en dehors de toute discussion. L'intérêt de Titus, s'il y pouvait songer, se confond avec le premier de ses devoirs. Ce devoir est un peu plus fort, convenons-en, que celui qui peut arracher des bras d'une grisette un étudiant que sa famille veut marier et établir, plus fort même que le devoir au nom duquel le père Duval sépare Armand de Marguerite. Quoi qu'elle pense ou croie penser dans le moment, Bérénice elle-même, dans six mois, ou dans un an, ou dans dix ans, mésestimerait Titus d'avoir lâché Rome pour elle. Tout le long du drame vous entendrez ce nom de Rome sonner au commencement des vers ou à la rime, inexorablement. Il le fallait pour que Titus échappât à l'odieux. Titus n'est pas libre, et nous savons dès maintenant ce qu'il ne fera pas. Reste à savoir ce qu'il souffrira. — Il vient, il veut parler, et n'en a pas le courage. Il fuit sans avoir rien dit. C'est très simple, et si douloureux ! Bérénice ne veut pas comprendre. « C'est sans doute, songe-t-elle, qu'il pleure toujours son père mort ; ou peut-être a-t-il su l'amour d'Antiochus et s'en est-il offensé ? » Mais la blessure est faite, et la malheureuse ne croit déjà plus ce qu'elle dit.

Au troisième acte, Antiochus accomplit son triste message auprès de Bérénice. Admirable scène : tous deux souffrent tant ! Il a bien, lui, au fond du cœur un peu d'espoir honteux et inavoué ; mais il souffre, premièrement, de faire souffrir celle qu'il aime, et, secondement, de savoir que, si elle souffre, c'est qu'elle aime un autre que lui. Et quant à elle... Ah ! quelle angoisse d'abord ! Puis, quand elle a reçu le coup, le beau cri ! Toute sa colère se porte — naturellement — sur le mauvais messager. Elle lui défend de jamais reparaître devant ses yeux... Mais déjà elle sent bien qu'il ne mentait pas.

Au quatrième acte, la « scène à faire. » J'en connais peu qui contiennent autant de douleur humaine. Des pleurs, — si brûlants ! des plaintes, — si mélodieuses et si douces ! des cris, — si profonds ! Il est, lui, torturé d'être une victime qui paraît un bourreau, et d'être obligé de dire des choses qui sont raisonnables et qui semblent atroces. Bérénice s'est retirée, défaillante, dans sa chambre. Presque en même temps, on vient dire à l'empereur qu'elle est mourante et l'appelle, — et que le Sénat est réuni et l'attend. Le moment est solennel, et souverainement tragique. Il faut opter... Titus se rend au Sénat...

Etant donné la noblesse d'âme et à la fois la violence de passion de nos trois martyrs d'amour, il est certain qu'ils ne peuvent enfin sortir de là que par le sacrifice ou par le suicide. Et c'est pourquoi Bérénice veut mourir ; Antiochus veut mourir ; Titus lui-même veut mourir. Elle est bien obligée de reconnaître à ce signe que son amant l'aime toujours, et elle puise dans cette certitude le courage du renoncement. Tous trois feront leur devoir, et vivront. Il y a dans cette fin de *Bérénice* comme un grand mouvement ascensionnel, une contagion montante d'héroïsme qui rappelle, malgré la différence de la matière, le dernier acte de *Polyeucte*, et qui est d'une suprême beauté, — et si triste ! et si sereine pourtant !

Une remarque me vient. Les grandes amoureuses de Racine ne sont certes pas inférieures, par l'ardeur et la démence de leur passion, aux autres « femmes damnées » du théâtre ou du roman. Et cependant avez-vous fait attention que toutes les héroïnes raciniennes sont chastes et, pour préciser, qu'aucune d'elles n'a été la « maîtresse », au sens où nous l'entendons aujourd'hui, de l'homme qu'elle aime ? Racine dit de Bérénice : « Je ne l'ai point poussée jusqu'à se tuer, comme Didon, parce que *Bérénice n'ayant pas ici avec Titus les derniers engagements que Didon avait avec Énée* (auriez-vous cru cela ?), elle n'est pas obligée, comme elle, de renoncer à la vie. » Ni Hermione, ni Roxane, ni Phèdre n'ont matériellement péché ; et Eriphile a beau avoir été enlevée par Achille et s'être pâmée dans ses bras ensanglantés, elle ne lui a pas appartenu (relisez *Iphigénie*). C'est peut-être pour cela que toutes aiment si fort. Mais je n'ai le temps de rechercher ni les raisons ni les conséquences de cet évident parti pris de Racine.

RENAISSANCE (matinée) : *Phèdre*. — COMÉDIE-FRANÇAISE :
Antigone, tragédie de Sophocle, traduite en vers par
MM. Paul Meurice et Auguste Vacquerie, musique de
M. Camille Saint-Saëns.

27 novembre 1893.

Jamais, je crois, Mme Sarah Bernhardt ne fut plus parfaite, ni plus puissante, ni plus adorable que dans le rôle de Phèdre, dimanche dernier, à la Renaissance. Jamais femme ne parut plus belle aux yeux d'une foule assemblée, ni d'une beauté à la fois plus plastique et plus « spirituelle. » Jamais artiste ne traduisit par une mimique plus inventée et plus harmonieusement hardie, ni par une diction plus noblement et plus simplement expressive et d'un charme ensemble plus poignant et plus enveloppant, un plus douloureux martyre de passion. Pas une nuance de torture amoureuse ou de désolation morale pour qui elle n'ait trouvé l'accent inattendu, et pourtant le seul vrai. Oh! l'admirable crucifiement ! Mme Sarah Bernhardt a été égale à ce rôle souverain (c'est tout dire), et il semblait qu'elle nous le révélât. Elle nous a donné une de ces impressions d'art par delà lesquelles il n'y a rien...

Pour moi, je me disais, me rappelant un vers de Vigny :

Aime ce que jamais on ne verra deux fois...

J'étais l'humble clerc chargé de l'homélie, de l'exhortation préparatoire à ces sublimes Vêpres. Je me suis servi abondamment, je l'avoue, des pages nombreuses que j'ai eu l'occasion d'écrire, depuis huit ans, sur le dieu Racine. Je ne retiendrai pour vous, de cette conférence, que ce que ma tendresse pour le plus grand des poètes tragiques m'a permis d'ajouter à mes impressions antérieures.

J'ai rappelé que la retraite de Racine après *Phèdre* était un fait extraordinaire, peut-être unique dans l'histoire de la littérature, et j'ai cherché la véritable raison de ce renoncement.

J'ai repoussé celle qu'on donne d'ordinaire. On dit que, si Racine se retira, ce fut par dégoût de la haineuse cabale montée contre lui. Vous connaissez l'histoire : la *Phèdre* commandée à Pradon ; la duchesse de Bouillon retenant toutes les loges pour les six premières représentations de l'une et de l'autre pièce, afin de faire le vide autour de celle de Racine ; la guerre d'épigrammes qui s'ensuivit ; Racine et Boileau menacés de la bastonnade par le duc de Nevers, et le grand Condé prenant ses deux amis sous sa protection...

Oui, Racine dut être ulcéré. On sait de reste qu'il était étrangement sensible. Mais, enfin, il avait connu de grands succès, quelques-uns très disputés, mais finalement d'autant plus vifs. La tragédie de Pradon ne put se soutenir longtemps, malgré l'argent de la duchesse, malgré la haine et l'envie ameutées. Racine n'avait qu'à persister : il aurait fini par décourager ses ennemis. Comme disait Talleyrand, il y a un moyen de vaincre les mauvaises chances, — ou même l'hostilité des hommes : c'est de durer plus qu'elles. Cela est très vrai en littérature. Nous voyons que, de nos jours, des hommes comme Victor Hugo, comme M. Alexandre Dumas, comme M. Emile Zola, ont désarmé l'envie et même la critique, — rien qu'en durant.

On ne me fera donc pas croire que ce fut la cabale Bouillon-Nevers qui détermina Racine à quitter le théâtre. Je le crois d'autant moins que, malgré tout, *Phèdre* ne tomba point.

Racine renonça à la tragédie parce que, ayant voulu faire une Phèdre chrétienne, il s'aperçut qu'il l'avait faite trop charmante, et d'un charme trop dangereux. — Mais ceci demande quelques mots d'explication.

Vous savez que *Phèdre* est inspirée de l'*Hippolyte porte-couronne*. Dans la tragédie d'Euripide, qui pourrait s'intituler, très sérieusement, *Hippolyte vierge et martyr*, c'est, comme l'indique le titre, le fils de Thésée qui est le principal personnage. Hippolyte est initié à l'orphisme, à cette religion secrète, qui enseignait et symbolisait en ses rites la purification et le rachat par la douleur. C'est une sorte de jeune moine qui a consacré sa virginité à la déesse Artémis (la Diane des Latins). Il lui offre des fleurs et des couronnes, et lui adresse des prières qui rappellent de très près les cantiques qu'on chante dans les catéchismes de persévérance. Vénus, qui a pour Diane les sentiments que pourrait avoir le démon Astarté pour la Vierge Marie, se venge des dédains d'Hippolyte en inspirant à Phèdre cette passion furieuse d'où sortira la perte du jeune prince. Et quand Hippolyte est ramené mourant, Diane lui apparaît, comme fait la Sainte Vierge à ses serviteurs dans *la Légende dorée* ; elle le plaint, le console, lui apporte presque les espérances de la vie éternelle. Dans le drame ainsi conçu, la passion de Phèdre n'est qu'un « moyen. » Son rôle est peu développé, et le poète ne craint pas de la rendre abominable : c'est elle qui dénonce elle-même Hippolyte par une lettre qu'elle écrit à son mari avant de se pendre.

La conception de Racine est toute différente, presque contraire : c'est Phèdre qui est son personnage central et favori, et voici comment il l'a d'abord vue.

Rappelez-vous que les autres grandes passionnées de Racine sont de pures païennes. On a souvent remarqué qu'au dix-septième siècle la littérature laïque, prise dans son ensemble, est beaucoup moins pénétrée de christianisme, — je ne dis pas d'orthodoxie, — que celle d'aujourd'hui. Hermione, Roxane, Eriphile ne savent pas, ne se demandent pas si elles sont coupables. Nous les aimons parce qu'elles sont belles, vraies, et qu'elles souffrent. Mais il est certain qu'elles n'ont pas la notion du péché.

Or, à l'époque où il composa *Phèdre*, Racine commençait à se rapprocher de ses anciens maîtres de Port-Royal. Travaillé de scrupules religieux, du désir de vivre et d'écrire en chrétien, il voulut qu'une idée chrétienne ressortît de sa tragédie. Pour cela, il réunit, dans le personnage de Phèdre, la passion la plus criminelle par définition, et aussi la plus furieuse et la plus irrésistible, — et en même temps la claire conscience de la culpabilité, du démérite, de la souillure, du péché, — et enfin la crainte de Dieu, représenté par le Soleil en tant que Dieu clairvoyant, et par Minos en tant que Dieu punisseur. Il entendait montrer que nous ne pouvons rien, dans l'ordre du salut, sans la grâce de Dieu. C'était donc fortifier sa thèse que de supposer Phèdre *humainement* honnête, de lui prêter toutes les excuses, de multiplier autour d'elle les circonstances atténuantes, — bref, de ne pas la faire odieuse. Car, plus il marquait la noblesse d'âme de la malheureuse dans tout le reste, plus aussi il marquait, par là même, le caractère fatal de sa passion, et plus il nous persuadait que nous avons en effet besoin d'un secours surnaturel pour triompher des tentations mauvaises.

Ah ! qu'il y a donc réussi ! Et que sa Phèdre est peu odieuse ! Il l'aimait tant qu'il n'a pu voir qu'elle dans sa pièce ; que, sur 1,650 vers, il a voulu que 480 fussent gémis, soupirés et criés par elle, et qu'il lui a subordonné tous les autres rôles, de façon qu'ils ne fussent plus que des dépendances et comme des « fonctions » du sien. C'est uniquement pour que Phèdre puisse passer par certains sentiments que Thésée n'est qu'une brute crédule. C'est uniquement pour excuser Phèdre que Racine charge la nourrice. Et, si vous cherchez pourquoi il a découronné de sa fleur d'oranger le charmant Hippolyte d'Euripide, ne croyez pas la tradition qui lui fait répondre : « Qu'auraient dit nos petits-maîtres de ce coquebin ? » Non, c'est encore, d'une part, pour ajouter une note plus douloureuse que toutes les autres au monologue de Phèdre, et, d'autre part, pour absoudre la pauvre femme du silence meurtrier qu'elle garde au quatrième acte. Il fallait qu'elle fût jalouse pour nous paraître moins coupable et nous faire encore plus pitié ; et, pour qu'elle fût jalouse, il fallait bien qu'Hippolyte fût amoureux. Voilà tout, et tant pis pour lui !

Oh ! oui ! il l'a caressée, celle-là !... J'ai montré, un jour, dans le détail, que pas un moment Phèdre ne consent au péché, et qu'il n'est aucun de ses discours ou de ses actes qui ne soit *nécessité* par quelque circonstance extérieure, tantôt par un excès de souffrance, tantôt par un accès de délire halluciné...

Si vraie, avec cela ! Tout est indiqué, même les effets physiologiques :

> Je sentis tout mon corps et transir et brûler...

Tout y est, même les choses les plus difficiles à exprimer ; même ce que Phèdre sent, dans les bras du père, en songeant au fils :

> Mes yeux le retrouvaient dans les traits de son père.

Tout y est, même cette manie qu'ont les femmes de trente ans, mères d'enfants déjà grands, de faire des amalgames de leur amour maternel avec leur passion coupable, soit pour la purifier, soit pour la justifier et l'élargir. Vous savez ce qu'elles disent : « ... Nous élèverons mon fils ensemble... Je me figurerai que vous êtes son père... » Ecoutez Phèdre :

> Il instruira mon fils dans l'art de commander ;
> Peut-être il voudra bien lui tenir lieu de père ;
> Je mets sous son pouvoir et le fils et la mère.

Tout le roman de la femme de trente ans et par delà est dans cette tragédie.

Si vraie, oui, la pauvre Phèdre, — et, comme l'a compris Boileau, si parfaitement innocente !

« Innocente ! » A mon avis, c'est cette impression-là qui a épouvanté Racine après coup. Le poète a si bien atteint son but ; il est si évident que Phèdre succombe, non par sa volonté, mais parce que Dieu lui refuse la grâce efficace, qu'elle nous semble réellement irresponsable ; plus douloureuse seulement, et, par suite, plus sympathique, par la conscience inutile qu'elle a de son péché.

Une singulière volupté se dégage de ce rôle. Nous sentons qu'une image hante cette femme damnée, une image dont elle jouit, malgré elle, avec d'autant plus d'intensité qu'elle sait que ce plaisir non consenti la perd éternellement. Et ainsi, tandis qu'il pensait nous démontrer la nécessité de la grâce, Racine n'est arrivé qu'à nous démontrer la fatalité terrible et délicieuse de la passion.

Cela échappait au grand Arnauld. Il disait naïvement : « Il n'y a rien à reprendre au caractère de Phèdre, puisque, par ce caractère, le poète nous donne cette grande leçon que, lorsque, *en punition des fautes précédentes*, Dieu nous abandonne à nous-mêmes et à la perversité de notre cœur, il n'est point d'excès où nous ne puissions nous porter, même en les détestant. » Le malheur, c'est que nous ne voyons pas du tout « en punition de quelles fautes précédentes » Phèdre est entraînée au péché ; nous voyons seulement qu'elle y est entraînée, quoi qu'elle fasse. Et, dès lors, elle ne nous inspire qu'une pitié amoureuse.

Arnauld parlait en théologien et sur la seule lecture de la pièce. Il ne l'avait pas vue. Mais sans doute, quand Racine *vit* Phèdre sous les espèces de la Champmeslé, il conçut pour la première fois ce qu'il y a de contagieux dans la représentation de l'amour-maladie, et aussi ce que la religion peut ajouter de piment aux choses de l'amour. Il conçut que la notion même du péché peut devenir un élément de volupté ; il entrevit de loin, je le crois, les perversions du sentiment religieux où devaient se complaire certains néo-catholiques de nos jours, et, par exemple, un Barbey d'Aurevilly, pour ne citer que celui-là. Et il en eut horreur. L'inquiétude que lui inspira sa première tragédie chrétienne (ou janséniste) acheva de faire de lui un chrétien. Il renonça, dis-je, au théâtre, à trente-huit ans et en pleine gloire, — parce que Phèdre était décidément plus troublante qu'il ne l'avait pensé.....

.•.

Le très grand succès de la représentation d'*Antigone* à la Comédie-Française a montré, et l'on ne saurait trop s'en réjouir, quelles prodigieuses réserves de respect les journalistes, les critiques, les boulevardiers et les gens du monde gardent dans leurs âmes, au fond dociles.

Je ne sais pas du tout quel feuilleton mon excellent maître Sarcey écrira sur la pièce. Mais si *Antigone* était l'œuvre originale de quelque jeune écrivain français, j'imagine qu'il eût dit:

« — L'auteur a commis une première faute très grave. Il n'a même pas pris la peine d'indiquer ce que c'était, pour les anciens Grecs, que d'être privé de sépulture, et qu'ils craignaient ce malheur comme les chrétiens craignent l'enfer. Il fallait absolument nous expliquer cela, et y insister, et nous le bien enfoncer dans la tête. Cela était essentiel. Faute de quoi, nous ne comprenons entièrement ni l'arrêt de Créon, ni l'héroïsme d'Antigone... Le théâtre est l'art des préparations. »

Il est très vrai que ces explications étaient inutiles pour les contemporains de Sophocle ; mais il semble, en effet, qu'elles n'eussent pas été de trop pour un public français. Seulement, que voulez-vous? le public de l'autre soir était si intelligent, ou si respectueux, qu'il s'en est parfaitement passé.

L'illustre critique eût continué, j'en suis sûr :

— « Et cet Hémon, qu'on voit apparaître subitement vers le milieu du drame? D'où vient-il, celui-là? Il dit crânement ses vérités à Créon et sort pour aller se tuer sur le corps de sa promise. Mais qu'est-ce que cela nous fait? Ce jeune homme ne nous a pas été présenté. C'est à peine si, à la fin du second acte, deux vers, deux vers sans plus, nous ont appris qu'il devait épouser Antigone. Et nous ne savons seulement pas si Antigone aime son fiancé. La jeune fille, avant d'aller à la mort, se lamente sur sa virginité stérile ; mais elle ne nomme même pas Hémon. Si Juliette et Roméo ne se rencontraient pas une seule fois avant l'acte du tombeau, quel intérêt prendrions-nous à leurs amours ?... Ce débutant ignore même les éléments de son métier. Je ne cesserai de le redire : les préparations, c'est tout le théâtre.

« Mais nous ne sommes pas au bout de nos surprises. A l'avant-dernière scène, quand nous croyons la pièce finie, surgit un nouveau personnage, dont on ne nous avait point parlé : la mère d'Hémon. Un messager lui annonce le suicide de son fils : sur quoi elle lève les bras et sort sans rien dire. Au fait, ce qu'elle dirait nous toucherait peu. Il eût fallu nous rendre auparavant témoins de sa tendresse et de ses angoisses maternelles, nous la montrer recevant les confidences d'Hémon, s'interposant entre la douleur du fils et la colère du père... Je ne crains pas de me répéter : tout le théâtre, voyez-vous, est dans les préparations.

« Créon revient ; il gravit péniblement l'escalier du palais, en traînant le cadavre de son fils. La porte s'ouvre, et il aperçoit, au fond du vestibule, le cadavre de sa femme... Ce sont bien des horreurs à la fois. Toute cette scène tient plus de la pantomime, — et quelle pantomime ! — que du drame. Ces jeunes gens s'imaginent qu'il s'agit de frapper fort. Il suffit de frapper juste, comme dit l'autre.

« Je ne m'attarderai pas à relever les invraisemblances morales dont fourmille la pièce. Jusqu'à la fin du quatrième acte, Créon n'est qu'un croquemitaine odieux et monotone. Or, tout à coup, sans aucune espèce de transition, — parce qu'un vieux bonhomme de prêtre, faisant en cela son métier, lui a rappelé que les dieux punissent le crime, — Créon se repent ; il se précipite, éploré, pour aller ensevelir Polynice et délivrer Antigone... Je croyais pourtant que le *servetur ad imum* était une règle assez fondée en raison. Mais, aux yeux des échauffés de la littérature, les préceptes les plus éprouvés ne sont que vieilleries.

« Enfin, va pour cette conversion foudroyante de vieux tyran. Mais puisqu'il veut réparer ses fautes, il devrait du moins aller tout de suite au plus pressé, c'est-à dire courir au tombeau où Antigone est enfermée. Au lieu de cela, il commence par rendre les honneurs funèbres à Polynice, et laisse ainsi à Antigone le temps de se pendre. N'est-ce pas absurde ?...

« Je ne parle pas des chœurs. Ils sont chantés à l'unisson, de manière que je n'ai pu en entendre un traître mot. Alors ?

« Avec tout cela une certaine grandeur, je n'en disconviens pas, et du style. Mais ce n'est pas du théâtre. »

Ces critiques si plausibles, que je prête généreusement à mon vénéré maître, qu'y pourrais-je bien opposer ? Ceci, peut-être, que ni les mœurs grecques ne permettaient sur le théâtre, ni la finesse des Athéniens ne réclamait la peinture préalable des amours d'Antigone et d'Hémon ; puis, qu'il est des sentiments si connus, — amour de deux fiancés, amour d'une mère, — que les démarches en peuvent être intelligibles et même émouvantes sans tant de « préparations. » Pour ce qui regarde Créon, on répondrait que l'âme des croquemitaines est une âme un peu enfantine et, par conséquent, sujette à de rapides changements... Et, enfin, le fait est que, grâce au respect et à l'enthousiasme préventif dont les Parisiens étaient munis l'autre soir, tout a été compris, tout a été accepté, tout a été acclamé, même ce qu'on n'entendait pas.

Oh ! que le public avait raison ! Et que ce drame est admirable, en effet ! Qui ne sentirait l'immortelle beauté de l'idée foncière d'*Antigone* :

. . . . J'ai moins longtemps à plaire,
Puisque la terre un jour nous doit recevoir tous,
A ceux qui sont dessus qu'à ceux qui sont dessous.

Et surtout :

Ton édit est d'un homme ; a-t-il un tel mérite
Qu'il soit supérieur à la loi non écrite ?
Loi des dieux, qui s'impose au mortel le plus fier,
Car ce n'est pas la loi d'aujourd'hui ni d'hier,
Qu'un instant abolit comme un instant la fonde,
Mais l'éternelle loi plus vieille que le monde !
Je n'y veux point manquer pour un ordre odieux
Et, de peur d'un mortel, mécontenter les dieux.

Conflit de tous temps, et d'aujourd'hui même. Pour ne citer qu'un exemple, entre beaucoup d'autres moins tragiques, ne fut-ce pas une humble Antigone que cette pauvre ouvrière de la chapelle de

Châteauvilain tuée par un malheureux gendarme ? Et vous serait-il échappé que Créon est un jacobin, au même titre que Robespierre et Louis XIV ?... Demandez plutôt à M. l'abbé Jérôme Coignard.

Que dire enfin de la magnificence du spectacle ? Cette beauté constructive, — plastique et chorégraphique, — de la tragédie grecque, faite pour dérouler son harmonie grandiose dans un vaste théâtre à ciel ouvert et sous les yeux de dix mille spectateurs, il en est resté quelque chose, il en est resté beaucoup dans l'ingénieuse réduction que nous a offerte la Comédie-Française. Quel décor nous devons à M. Marcel Jambon ! Et quelle musique simple, expressive et grande, à M. Camille Saint-Saëns ! Qu'il est vivant, ce chœur qui, selon l'usage de la tragédie grecque, est, au fond, le chœur des « mufles », si j'ose m'exprimer ainsi. Et que la traduction de MM. Meurice et Vacquerie est près d'être parfaite ! Un peu laborieuse çà et là et, par un scrupule de fidélité, un peu haletante et tourmentée d'inversions ; mais dans les grands morceaux, dans les chœurs, et, chose plus difficile, dans les dialogues monostiques, à la fois si exacte et d'une si robuste élégance ! Et quelle joie d'applaudir à ce très grand succès de deux des plus « galants hommes » de la littérature contemporaine (je n'ai pas besoin de rappeler ici leurs autres mérites) !

CASIMIR DELAVIGNE

Odéon : *Louis XI*, de Casimir Delavigne ; conférence de
M. Henri Chantavoine.

            16 avril.

La conférence de M. Henri Chantavoine me paraît d'autant meilleure que nous avons, à quinze jours de distance et sans nous être donné le mot, exprimé sur Casimir les mêmes idées, ou à peu près, — Chantavoine avec plus d'esprit, moi avec plus d'ingénuité.

Chantavoine a rappelé, en commençant, que Casimir fut un fort brave homme, modeste, timide, désintéressé, doué de toutes les vertus domestiques. Cela est quelque chose, quoique Dumas ait remarqué, avec justesse, qu'il ne suffit pas d' « aimer sa mère » pour être un bon dramaturge. Mais, si ça ne suffit pas, ça n'empêche pas non plus. Et il y a tant d'hommes illustres dont la vie est un peu embarrassante à conter, dont certaines actions veulent être expliquées, excusées, pardonnées!... Nous sommes donc contents de n'avoir rien de vilain à pardonner à Casimir. Sa vie fut une très belle, très pure et très harmonieuse vie d'homme de lettres...

Chantavoine a loué ensuite le poète lyrique, patriote ardent, interprète de tout un peuple à une heure solennelle, et si sincère et si vrai sous la rhétorique d'il y a quatre-vingts ans ! Puis il nous a dit que Delavigne écrivit des tragédies originales, sans être ni un néo-classique, ni un pseudo-romantique; que l'auteur de *Louis XI* et *des Enfants d'Edouard* fut un peu à Augustin Thierry ce que Victor Hugo fut à Michelet ; et j'ai trouvé la « proportion » ingénieuse. Mais je sais surtout gré à Chantavoine d'avoir marqué la plus vive estime pour les comédies de Casimir Delavigne et d'avoir, notamment, signalé *la Popularité* comme une œuvre de premier ordre.

Après la conférence, on a joué *Louis XI*. La pièce a fait grand effet et a été beaucoup applaudie. Elle le méritait. Car d'abord elle est amusante. L'auteur la qualifie de tragédie, soit par malice et esprit de contradiction, soit par une interprétation très libérale et très juste de ce mot de tragédie. En réalité, sa pièce a tout le fourmillement, tout le mouvement extérieur et tous les éclatants contrastes des vastes drames de Hugo (je ne dis pas le style, par où Hugo reste incomparable, c'est entendu : celui de Delavigne n'est que clair, souple, exact, un peu court peut-être, d'ailleurs assez coloré et parfois assez fort). Mais, en outre, le caractère de Louis XI me paraît un des plus complexes et des plus profonds qu'on ait mis à la scène. Il n'offre même que trop de nuances et de savantes oppositions. Quel incroyable et pourtant très vivant mélange d'égoïsme féroce et de sentiment d'un devoir supérieur, de superstition inepte et de haute intelligence, d'hypocrisie et de franchise, de faiblesse et de force, de cruauté et de générosité, de grotesque et de grandiose! Et quel bel exemple de la justice des choses, de ce qu'on a appelé la justice immanente, que ce vieil homme uniquement jugé et châtié par ses actes, que ce tyran soupçonneux torturé par sa défiance même et par la crainte inéluctable de la mort !... Je sais peu de choses aussi belles, au théâtre, que ce quatrième acte, où l'idée morale de l'œuvre éclate si dramatiquement. Vous vous rappelez la confession du roi, et comment Nemours, venu pour le tuer, mais ayant surpris l'aveu de ses remords et de ses tortures, trouve soudainement une meilleure vengeance et, jetant son poignard, dit au vieux monstre épouvanté : « Je me trompais ; ce qu'il me faut, ce n'est pas ta mort, c'est ta vie. »

Qui ? moi t'en délivrer ! Je t'ai trop vu souffrir.
Achève donc de vivre, ou plutôt de mourir.
Meurs encor, meurs longtemps, pour que tes artifices,
Pour que tes cruautés t'amassent des supplices ;

Pour qu'à tes tristes jours chaque jour ajouté
Soit un avant-coureur de ton éternité.
Attends-la : que plus juste et plus impitoyable,
Elle vienne, à pas lents, te saisir plus coupable.
Dieu, je connais ses maux, j'ai reçu ses aveux ;
Pour me venger de lui, je m'unis à ses vœux.
Satisfaites, mon Dieu, son effroyable envie.
Un miracle ! la vie ! ah ! prolongez sa vie !

Remarquez que *Louis XI* a été écrit en 1827 ou 1828, que *Marino Faliero* a été joué en 1829, c'est-à-dire la même année que *Hernani*, et que *Louis XI* et *Marino Faliero* sont conçus suivant une poétique aussi libre que les drames même de Victor Hugo. Nous n'en conclurons point que le bon, l'excellent Delavigne « fasse la pige » à l'énorme poète. Mais nous dirons qu'il fallait donc bien que certaines idées de rénovation dramatique fussent alors dans l'air ; que Casimir n'a pas été, comme on est trop tenté de le croire, un esprit à la suite ; qu'il a fait autre chose que d'imiter avec prudence et adresse les Hugo, les Vigny, les Dumas père, et qu'enfin il a eu sa part, et très personnelle (la chronologie de ses œuvres le prouve) dans l'heureuse évolution du théâtre aux environs de 1830.

Il s'en rendait lui-même très bien compte. Il écrivait tranquillement, en 1829, à propos de *Marino Faliero* :

« J'ai conçu l'espérance d'ouvrir une voie nouvelle (lui aussi, vous voyez !), où les auteurs qui suivront mon exemple pourront désormais marcher avec plus de hardiesse et de liberté... Deux systèmes partagent la littérature. Dans lequel des deux cet ouvrage a-t-il été composé ? C'est ce que je ne déciderai pas, *et ce qui d'ailleurs me paraît de peu d'importance*,.. L'histoire contemporaine a été fertile en leçons ; le public y a puisé de nouveaux besoins : on doit beaucoup oser, si on veut les satisfaire. L'audace ne me manquera pas pour remplir, autant qu'il est en moi, cette tâche difficile. »

Puis, il remarquait que nos grands classiques ont tous innové dans leur temps, et il ajoutait : « C'est, en quelque sorte, les imiter encore que de chercher à ne pas leur ressembler. »

Ne trouvez-vous point qu'il y ait là plus de philosophie, peut-être, et d'esprit critique que dans la préface de *Cromwell* ?

Encore une fois, nous sommes devant le génie de Hugo comme des brins d'herbe aux pieds d'un chêne, et Casimir lui-même n'est qu'un arbrisseau de bonne volonté... Il n'en est pas moins vrai que *la Fille du Cid* est de 1839 et fort antérieure, par conséquent, à *la Légende des Siècles*. Vous vous rappelez les beaux poèmes sur le Cid dans la première *Légende*, et, dans la seconde, l'avalanche de petits quatrains héroïques (il y en a bien une centaine) qui descend des lèvres du vieux Campéador. Ce par quoi Hugo couronne l'héroïsme du grand chevalier, c'est la bonté. Or, Delavigne l'avait déjà fait dans *la Fille du Cid*.

Le Cid a un neveu, le très jeune Rodrigue, que sa mère mourante a voué à l'Eglise et qui a été élevé dans un couvent. Mais le petit novice, qui n'a pas du tout la vocation et qui, au surplus, adore sa cousine, a voulu partir pour la guerre avec son oncle. Il s'est d'abord très bien conduit ; seulement, après avoir tué son premier Sarrazin, le cœur lui a manqué, à ce pauvre petit ; la vue du sang lui a fait mal, et il s'est, peu s'en faut, retiré de la mêlée. Il est écrasé de honte et n'ose aborder l'aïeul. Alors lui, le grand Cid, dans sa divine indulgence, s'approche de l'enfant malheureux, et, pour le consoler, sachant bien qu'au fond le petit a du cœur et qu'il prendra sa revanche, il feint d'avoir, lui aussi, faibli dans le combat, et il s'en accuse en grommelant... Et, peu à peu, l'enfant comprend le miséricordieux mensonge ; il s'écrie :

> O mon père ! ô clémence ! ô douceur adorable !
> Pour me faire innocent, tu te faisais coupable.
> Je mourais si d'un mot tu m'avais outragé,
> Et tu rends à la vie un cœur découragé :
> Il renaît : laisse-moi cacher dans ta poitrine
> Ce front que le remords sous tes bontés incline ;
> Laisse-moi, soulagé du poids de mes douleurs,
> Respirer l'héroïsme en y cachant mes pleurs.

Et le Cid, tenant l'enfant embrassé :

> Répands, jeune lion, répands ces pleurs que j'aime :
> Ils n'auront sur mon sein de témoin que toi-même.

Quand il touche à l'honneur, qu'un souffle ternirait,
Pour qu'un avis profite, il faut qu'il soit secret.

Et plus loin :

Ces pleurs vont enfanter d'incroyables prouesses
La mort en va sortir, la gloire ; et, cette fois,
Tu vas m'épouvanter, filleul, de tes exploits.

Lisez toute la scène : elle est vraiment émouvante et grande, et j'en dis autant de la mort du Cid au dernier acte...

Mais non seulement Delavigne a eu son rôle original dans la révolution romantique ; il a peut-être un plus rare mérite : il est le seul, je crois, entre Beaumarchais et Augier, qui ait soutenu la dignité de la grande comédie. Et Chantavoine a très bien fait d'insister sur ce point.

Je n'ai rien contre Scribe (je vous le jure, ô mon bon maître Sarcey !), je n'ai rien du tout, sinon qu'il me laisse froid comme glace, et que ses trois cents vaudevilles paraissent aujourd'hui aussi insignifiants qu'ils furent amusants. Casimir a fait, lui, deux comédies au moins qui signifient quelque chose, qui ont de la substance et du suc.

Il y en a dans l'*Ecole des Vieillards*, qui est de 1823. Je pense que le bon Delavigne est le premier qui, dans la comédie du moins, ait traité sans moquerie, avec sympathie et respect, l'amour d'un « barbon. » (Je vous dis que ce Casimir est un novateur effréné !) Le sujet était bien de ce siècle-ci :

car vous savez que, de notre temps, le sentiment public a prolongé de beaucoup, pour les hommes et même pour les femmes, l'âge où il n'est pas encore ridicule d'être amoureux. Arnolphe, aux yeux de Molière, est grotesque parce qu'il aime à quarante-trois ans ; mais quarante-trois ans, aujourd'hui, c'est à peine la seconde jeunesse ! Eh bien, supposez qu'Arnolphe ait soixante ans, et qu'il ne soit pas bête, et qu'il aime Agnès sans égoïsme, et qu'il l'épouse, et qu'Agnès se laisse épouser très volontiers, et qu'elle ait pour Arnolphe une très franche et très profonde affection : qu'arrivera-t-il ?... La pièce de Casimir Delavigne est pleine de sens, parce que le drame surgit, ici, moins encore des travers, vices ou passions des personnages que des choses elles-mêmes. Ce sont les choses toutes seules, en dépit de la générosité et de la loyauté du vieux mari et de sa trop jeune femme, qui punissent la touchante déraison de cette union disproportionnée. Et cette comédie a des larmes: le vieux Danville souffre pour de bon ; il souffre tout autant que souffrira, six ans plus tard, le vieux Gomez de Silva. Et toutefois nous sentons que la jeune Hortense est lésée après tout, et que, elle aussi, elle est à plaindre. Et le dénouement est mélancolique : car, s'il est heureux, il est exceptionnel et ne saurait être définitif.....

Vous connaissez ces vers sur le Havre, qu'on cite toujours pour s'en moquer :

. . . . Charmante ville!
Elle fut mon berceau ; doux climat, sol fertile ;
D'aimables habitants... Un site ! Ah ! quel tableau !
Après Constantinople, il n'est rien d'aussi beau.

Evidemment, ces vers sont ridicules si on les donne pour des vers lyriques, extraits de quelque *Messénienne*. On ignore, ou l'on oublie, qu'ils se trouvent dans la première scène de *l'Ecole des Vieillards* et qu'ils font partie d'un dialogue familier où deux vieux bourgeois échangent leurs souvenirs. Dès lors, ces vers restent assez plats, si vous voulez (et j'imagine que l'auteur le savait bien), mais ils ne sont plus du tout ridicules : ils ont même du naturel, de la bonhomie et de la prud'homie... Je ne veux pas, moi, qu'on blague Casimir !

J'arrive, avec Chantavoine, au chef-d'œuvre, — peu connu, — de Delavigne : *la Popularité*.

La Popularité n'est autre chose qu'une comédie vaste et drue de mœurs politiques, à mettre à côté du *Fils de Giboyer*, des *Effrontés* et de *Rabagas*. Le sujet est grand, et si bien pris dans le vif des choses du siècle qu'il reste rigoureusement actuel au bout de cinquante-cinq ans. On y recueillerait, et par centaine, des vers excellents et sans rides, saisissants par l'application directe qu'on en pourrait faire encore aux mœurs présentes. Car les vanités, les égoïsmes, les appétits, les faiblesses, les lâchetés, les perversions du sens moral dont la plupart des personnages de la pièce nous donnent le spectacle, sont d'hier, d'aujourd'hui et de demain, et les dangereuses tentations auxquelles est exposé Edouard Lindsey ne sont que les plus avouables de celles où nos hommes politiques ont l'habitude de succomber. Combien en avons-nous vu qui étaient d'honnêtes gens dans le privé (je ne parle point des autres) et qui, comme hommes publics, glissaient par ambition, par faiblesse, par peur, — par peur surtout — à des actions mauvaises ou douteuses ! Et que de mal cela nous a déjà fait !... Au fond, il s'agit de savoir s'il y a deux morales : la morale chrétienne et la morale politique (on dit qu'il y en a une troisième, qui serait la morale des affaires, mais qui tend de plus en plus à se confondre avec la seconde). Quel sera le choix du généreux Edouard ?

Nous sommes en Angleterre, sous la dynastie d'Orange, à une époque où les Stuarts sont encore menaçants. Le grand orateur Edouard Lindsey est en lutte contre le ministère, qui vient de proposer une loi illibérale. Edouard jouit d'une immense, d'une enivrante popularité, et il dépend de lui seul, à l'occasion des funérailles d'un vétéran de son parti, de déchaîner la révolution. Or, tout d'un coup, il voit clair : le parti révolutionnaire et le parti des Stuarts se sont rapprochés (nous connaissons ces alliances) pour préparer ce soulèvement dont chacun d'eux espère profiter. La révolution, ce sera sûrement la guerre civile, et ce sera ensuite l'anarchie ou le despotisme... Le devoir de Lindsey est de reculer. Mais des deux côtés on le menace s'il recule. Puis, les circonstances sont combinées de telle façon (je regrette de ne pouvoir entrer dans le détail) que, s'il fait son devoir, il perd le meilleur de ses amis, il perd une femme qu'il adore, et enfin il déshonore son propre père. L'ami, l'amoureux et le fils se liguent en lui contre l'honnête homme. Et, d'autre part, il n'a qu'à laisser faire et, d'eux-mêmes, les événements le portent à la dictature. La tentation est terrible... Lindsey a le courage d'y résister.

Du coup, sa popularité croule; il est couvert d'injures et traîné dans la boue; il reste seul, — avec son honneur.

Ce beau sujet est développé avec une ampleur et une éloquence singulières. La forme est, ici, supérieure à celle même des comédies en vers d'Emile Augier. Je suis persuadé que *la Popularité* pourrait être reprise aujourd'hui avec un très grand succès. Peut-être le public y trouverait-il çà et là un peu d'austérité, et jugerait-il aussi que Lindsey résiste un peu trop aisément à la tentation. Mais les types dont Lindsey est entouré n'ont pas cessé d'être vivants: c'est Mortins, le révolutionnaire de tempérament, honnête, mais le jugement et la conscience obscurcis par la griserie de joie et d'orgueil qui est dans la révolte; c'est Thomas Goff, le bourgeois et le badaud radical; lady Strafford, la belle et un peu théâtrale conspiratrice; Caverly, le conservateur égoïste et sceptique; lord Derby, l'aristocrate libéral par terreur ; et c'est Godwin, un premier crayon très poussé déjà, — et plus noir, — de Giboyer. Ecoutez ce fragment d'autobiographie du pamphlétaire et du forban de lettres :

> Quand je criai misère en arrivant à Londre,
> Dans ce désert peuplé qui daigna me répondre ?
> Personne : sans me plaindre on me laissa crier.
> Quand je cherchai la gloire au fond d'un encrier,
> Qui donc prit en souci mon début littéraire ?
> Personne. Quand le sort, las de m'être contraire,
> Pour un modique emploi fit qu'on me trouva bon,
> Qui m'y soutint ? Personne. Evincé sans raison,
> Qui me tendit la main ? Personne encor. De rage,
> Je rêvai sous le toit de mon cinquième étage
> Que je faisais fortune en rendant coup pour coup :
> Je m'endormis mouton et me réveillai loup.
> Pour mordre à belles dents tout fut de mon domaine ;
> Je tombai sans pitié sur la sottise humaine,
> J'écorchai, déchirai le troupeau des trembleurs :
> Guerre ou tribut !... Danseurs, acteurs, auteurs, parleurs,
> Pour ses gestes, ses pas, son discours, son volume,
> Tout paya : je battis monnaie avec ma plume.
> Je fus par les bureaux fêté, doté, renté ;
> Et ce qu'un brave Anglais, qui pour l'amirauté
> S'escrima quarante ans de Plymouth à Surate,
> N'a pas comme marin, je l'eus comme pirate.
> Mais qui m'a fait mon sort ? Personne. Craint de tous,
> Qui peut m'aimer ? Personne. Or, j'en appelle à vous,
> N'ai-je pas cent raisons, dont la moindre est fort bonne,
> De n'aimer, n'estimer, et n'épargner personne ?

Et voici maintenant des vers qui contiennent la morale politique de la pièce, et qui, si je ne m'abuse, ne feraient point mauvaise figure dans un premier-Paris du *Journal des Débats*. Mortins vient de dire à Lindsey :

Qu'importe le chaos ! et qu'il en sorte un monde !

Et Lindsey répond, comme ferait André Heurteau :

Ce monde, il est créé. Rends-le meilleur, plus pur ;
Ne détruis pas : corrige ; et, quand il sera mûr
Pour des destins plus beaux et pour des droits plus larges,
Sa raison le fera, ce bien dont tu te charges.
. . . .
Tu veux fonder, dis-tu, des lois républicaines ?
Et sur quoi ? sur des mœurs : où sont nos mœurs romaines ?
Tel qui fronde un abus s'engraisse d'un plus grand ;
Le suffrage avili s'achète à prix courant ;
En gloire l'infamie avec de l'or se change :
Qui bâtit là-dessus bâtit sur de la fange.
Corrigeons donc les mœurs pour réformer les lois :
En créant des vertus nous enfantons des droits,
Nous hâtons du progrès la marche irrésistible ;
Et si gouvernement fut jamais perfectible,
C'est le nôtre : avançons, il avance avec nous.

Nous concluons, Chantavoine et moi, que Casimir Delavigne fut un homme de très grand talent ; qu'il ouvrit les voies à Émile Augier ; qu'entre notre théâtre classique et les parties supérieures du théâtre des trente-cinq dernières années, c'est lui, presque tout seul, qui noue la chaîne ; qu'il est donc, dans le développement de notre littérature dramatique, une *utilité* de premier ordre, et que cela semble dire peu, mais que cela dit beaucoup.

Et songer que les comédiens, qui étaient allés au Havre réciter des morceaux de Casimir, ont omis *les Limbes*, cette pure petite merveille! J'en suis encore indigné.

ALEXANDRE DUMAS

Porte-Saint-Martin : *Monte-Cristo*, drame d'Alexandre Dumas et Auguste Maquet, version nouvelle, en cinq actes et quinze tableaux, de M. Emile Blavet.

18 mars 1894

Louons l'adresse et la décision, la justesse de coup d'œil et la sûreté de main de M. Emile Blavet, qui a su enfermer tout *Monte Cristo* dans un drame de dimensions amples, mais non point extravagantes, enserrer dix volumes dans cinq actes, ramener quarante-cinq tableaux à quinze et faire tenir quatre soirées dans une seule.

Cet homme subtil doit très bien faire une malle...

Monte-Cristo est un des meilleurs contes qu'on ait jamais contés ; c'est, par le sujet, un des plus universellement intelligibles, divertissants et émouvants. Sous l'incroyable luxuriance des épisodes et des complications, l'idée est toute simple, faite pour plaire, dans tous les temps, à toutes les humanités, blanche, jaune ou noire, ignorante ou savante, — femmes, enfants, vieillards, valétudinaires. C'est d'un intérêt aussi général peut-être et accessible à tous que *Robinson Crusoé*. Cette histoire d'un homme dont la solitude et la souffrance développent l'intelligence et la valeur morale, puis qui reparaît en punisseur des méchants et qui, se vengeant, venge aussi la justice..., pendant qu'elle se déroulait sur la scène, je me disais que nos chers ancêtres indirects, les Ioniens d'il y a trois mille ans, l'avaient déjà presque entendue, que le père Dumas s'était appelé Homère, et que, en dépit de la vulgarité, — alerte d'ailleurs et plaisante, — de sa forme, *Monte-Cristo* ressemblait étrangement, dans le fond, à la divine *Odyssée*.

Le château d'If, ce fut, pour Ulysse, l'île des Lotophages, et l'île de Circé, et l'île de Polyphème. Et certes, l'évasion d'Edmond Dantès est d'une surprenante ingéniosité ; mais la façon dont Ulysse s'évade avec ses compagnons de l'antre du Cyclope n'est pas non plus d'un sot. Oserai-je remarquer qu'Ulysse a sur Monte-Cristo l'avantage de la bonhomie ? Il n'est point romantique pour un sou. Et quelle floraison naïve de propos pittoresques ! « ... Il y a là de grands béliers dont la toison touffue est de couleur sombre. Sans bruit, je les réunis trois à trois avec de l'osier tendre... Celui du milieu porte un homme ; les deux autres, marchant à ses côtés, doivent sauver mes compagnons... Je réserve pour moi le bélier le plus fort, je le prends par le dos, je me roule dans la toison de son ventre, et de mes mains je m'entortille solidement avec sa longue laine... Aux premières lueurs du jour, le Cyclope pousse au pâturage les mâles de son troupeau ; les femelles, qu'il n'a pu traire, les mamelles gonflées, bêlent dans leurs parcs. Leur maître (vous vous rappelez qu'Ulysse lui a crevé l'œil ?) effleure de ses mains au passage le dos de tous les béliers, et l'insensé ne s'aperçoit pas que nous sommes attachés sous leur poitrine touffue... » Cela ne vaut-il pas bien le sac mélodramatique de Dantès ?

Une puissance cachée, qui n'est autre que la Providence, veille également sur le roi d'Ithaque et sur le comte de Monte-Cristo : ici, sous les traits de l'abbé Faria, et, là, sous les espèces de Pallas-Athènè. Et, comme Minerve donne à Ulysse la sagesse et la force, l'énigmatique abbé livre à Dantès le trésor du cardinal Spada. Car il ne vous échappera point que ce trésor peut être considéré comme une manière de symbole, comme le signe matériel de la force accumulée par Dantès en quatorze ans de patiente méditation. — Mercédès, comtesse de Morcerf, est une Pénélope qui, lassée d'attendre, se serait décidée à épouser le violent Eurymaque ou l'orgueilleux Antinoos. — N'estimez-vous point que le retour d'Ulysse, uniquement armé de son bon droit et de l'amitié d'une déesse, et pénétrant en haillons dans son propre palais, est peut-être aussi tragique, et d'une conception moins grossière, que la rentrée à Paris du mystérieux et fastueux comte, armé d'inépuisables richesses ? Les neuf derniers chants de *l'Odyssée* sont d'ailleurs une merveille d'ingénieuse combinaison dramatique, peut-être égale aux meilleures inventions des Dumas et des Sue, et tout à fait surprenante chez un homme dénué, comme le fut l'excellent aède ionien, du secours de l'écriture. — Comme Ulysse le fidèle Eumée, Monte-Cristo récompense l'honnête Morel. Contre leurs ennemis, tous deux sont implacables. Le roi d'Ithaque n'a pas même pitié des jolies servantes qui, faibles, raillèrent Pénélope et furent douces aux prétendants. Savourez, je vous prie, ce petit tableau : « ... A ces mots, il assujettit au haut d'une colonne le câble d'un navire, et l'étend tout autour du donjon, de sorte que les pieds des captives ne puissent toucher la terre. Telles des grives se prennent au filet dans les buissons de l'enclos qu'elles envahissent, et goûtent un triste repos : telles ces filles ont le cou serré dans des lacets qui les font périr ignominieusement. Elles remuent un moment les pieds, pas longtemps. » Mais, tandis que Dantès ne venge que lui-même, songez qu'Ulysse venge sa femme, son fils et ses sujets. Et quelle émotion et quelle tendresse, finement graduées et appropriées, dans ses rencontres successives avec

son porcher, avec son fils, avec son chien, avec sa
femme, avec son père ! Est-ce me hasarder beaucoup
que de trouver une humanité plus franche,
plus vraie, plus vivante dans le roi d'Ithaque et de
l'âpre Zacynthe que dans le comte de Monte-Cristo
et autres îles chimériques ?

Savez-vous à quelle condition j'aimerais pleinement
le héros de Dumas ? Je voudrais que cet
étroit justicier se lassât peu à peu de se faire justice.
Il exercerait, contre les plus triomphants de
ses ennemis, ses premières représailles : puis, insensiblement,
sa vengeance même lui deviendrait
amère, — ou même insipide ; il se sentirait horriblement
fatigué de haïr. Puis, à mesure qu'il connaîtrait
la vie secrète des coupables, il découvrirait
qu'ils ont déjà, sans lui, reçu leur châtiment. Il s'apercevrait
aussi que, quoi qu'il fasse, il ne peut les
punir sans frapper autour d'eux des créatures innocentes.
Il reculerait avec terreur devant l'impossibilité
de prévoir et de limiter les conséquences obscures
et les contre-coups lointains de ses vengeances
personnelles. Il sentirait qu'il est terrible de s'arroger
le rôle de Dieu. Puis, il apprendrait la vie, qu'il
ignorait, comme tout le monde, à vingt ans, et que
quatorze années de prison n'ont guère pu lui enseigner.
Des faiblesses, des commencements de péché
qu'il surprendrait en lui-même achèveraient de l'incliner
à l'indulgence. Il cesserait d'étaler un insupportable
orgueil. Pourtant, comme il est très puis-

sant, il se donnerait le plaisir, par des machinations savantes, d'amener ses ennemis à deux doigts de leur perte et jusqu'au bord du châtiment ; mais, quand il les tiendrait dans sa main, dégoûté et tranquille, il se contenterait de les appeler par leur vrai nom et de leur remémorer leur infamie, et il leur pardonnerait avec mépris...

En somme, je crois bien que *l'Odyssée*, le premier en date des romans du père Dumas, en reste aussi le meilleur. Mais que *Monte-Cristo* est amusant !

IBSEN

L'ŒUVRE : *Solness le Constructeur*, pièce en trois actes, de M. Henrik Ibsen, traduite par M. Prozor.

8 avril 1894.

Solness le Constructeur, la dernière œuvre de M. Ibsen, est comme qui dirait la monographie dramatico-symbolique de l'écrivain et de l'artiste de génie, observé à l'époque de sa maturité.

1° Généralement l'homme de génie est un inquiet. Assez souvent il commence par être le croyant d'une religion positive. Puis son esprit s'émancipe, et il ne croit plus qu'à l' « Humanité. » Ainsi firent Lamartine, Hugo et tant d'autres. Ou bien il se repose simplement dans le nihilisme. Mais enfin, et quel que soit le sens de son évolution, il « évolue. » On peut toujours distinguer dans son développement, ne fût-ce que les trois « manières » attribuées si ingénieusement à Raphaël par l'excellent Bouillet : il se cherche, — il se trouve, — il se dépasse...

Et c'est pourquoi, après avoir, dans sa période de foi, édifié des églises, Solness construit, dans sa période d'humanitarisme, des maisons pour les hommes, et enfin, dans l'âge de l'orgueil délirant, de hautes tours, du sommet desquelles il pourra, selon l'aventure, interroger Dieu ou constater que le ciel est vide.

2° L'homme de génie est impropre aux affections de famille. Il y aura toujours une chose qu'il préférera à une femme ou à des enfants : son art ou son rêve ; à ce rêve il sacrifiera, invinciblement et ingénument, les cœurs dont il est aimé. C'est ainsi : la faculté de traduire les choses dans des représentations plus belles et plus expressives que les choses mêmes, cette faculté, chez celui qui en est éminemment doué, abolit presque la vulgaire puissance d'aimer des personnes :

Car des emplois de feu demandent toute une âme.

Ceci est un très vieux lieu commun et qui prête aux effets de rhétorique ; mais, que voulez-vous ? il y a des vérités déclamatoires.

Et c'est pourquoi Solness a sacrifié à son rêve, c'est-à-dire à lui-même, son foyer, sa femme et ses enfants. Il habitait une vieille maison, que Mme Solness aimait à cause des souvenirs dont ses murs étaient pleins. Solness n'y a pas précisément mis le feu ; mais, ayant remarqué à la cheminée une fissure dangereuse, il a négligé de la boucher, espérant vaguement l'incendie. Et l'incendie, un soir, a éclaté, et la vieille maison a été détruite, — telles les vieilles croyances de Solness. Il l'a, dis-je, laissée brûler, pour le plaisir de la rebâtir plus belle. Et, à la suite de l'émotion éprouvée, le lait de Mme Solness a tourné, et les deux jumeaux qu'elle nourrissait sont morts. Depuis, la mère ne veut plus être consolée, et l'on nous dit, sans nous l'expliquer, qu'elle ne peut plus avoir d'enfants. Solness la voit souffrir, il sait qu'elle souffre par lui, et il n'a pas le courage de faire ce qu'il faudrait pour lui rendre un peu de joie. — L'homme de génie a tué chez lui, en quelque façon, l'époux et le père.

3° L'homme de génie, mûr, a la haine, non point de la jeunesse et de l'amour, mais (vous sentez la nuance) de ceux qui sont jeunes et de ceux qui sont amoureux. Car d'abord, les jeunes gens, c'est, pour lui, la « concurrence. » Ce sont eux qui le remplaceront, qui font dire qu'il vieillit, que son œuvre « date » déjà. Il sent ce qu'il y a de dédain dans leur déférence. L'épine au cœur d'Eschyle s'appelle Sophocle ; au cœur de Corneille, Racine ; au cœur de Gormas, Rodrigue. — Et l'homme de génie déteste aussi les amants : il ne leur pardonne pas d'avoir des joies qu'il n'a jamais su goûter, lui, avec plénitude et simplicité, et dont il est exclu par l'indomptable inquiétude de son âme et par son incapacité d'aimer autre chose que ce qui est éternel... Est-ce que vous n'avez pas été exaspéré, quelquefois, par les allures, par l'air d'insolente et niaise béatitude de deux jeunes mariés rencontrés en chemin de fer ? Cette exaspération qui tient, chez nous, à une disposition accidentelle tient chez l'homme de génie à un état d'esprit congénital. Il est l'exilé des joies communes.

Et c'est pourquoi Solness se montre si dur pour son élève Dagmar et pour sa petite teneuse de livres Kaya. Il refuse d'examiner les dessins de Dagmar, craignant d'y trouver du talent. Il ne veut pas que Dagmar travaille pour son compte, car il tremble que ce disciple ne lui enlève sa clientèle. Il laisse mourir le père du jeune homme sans la consolation de voir son fils établi. A tous les arguments, à toutes les supplications il répond : « Je ne peux pas. » Il ne veut point que Dagmar épouse Kaya, parce qu'il a peur qu'ils ne soient heureux. Et il rudoie, il bouscule la jeune fille, si douce, si soumise, si absolument dévouée, parce qu'il lui envie obscurément la joie qu'elle a de pouvoir adorer un grand homme et en aimer un petit. Il a la dureté des hommes trop admirés, de ceux qui ont fait glousser et pâmer beaucoup de femmes, de ceux dont elles se sont disputé les mouchoirs, les boutons ou les poils de barbe ; qui, traités comme des dieux, se comportent en dieux et ne trouveraient point étrange de marcher dans la rue sur une jonchée volontaire de corps féminins.

4º Toutefois, il y a presque toujours une femme par qui l'homme de génie mûrissant se plaît spécialement à être adoré, qu'il n'aime pas précisément, mais en qui il s'aime, et qui lui est le miroir choisi de son orgueil. Cela a été magnifiquement exprimé par Lamartine dans une pièce des *Harmonies : le Mont-Blanc*. Il vient de peindre l'âpre solitude de la haute montagne et les tempêtes dont elle est battue, et de montrer, à ses pieds, la vallée charmante où le lac recueille l'onde des glaciers. Et, s'adressant au mont sublime : — « Comme toi, le génie s'isole pour resplendir, et les ouragans le flagellent comme toi :

> Mais souvent, caché dans la nue,
> Il enferme dans ses déserts,
> Comme une vallée inconnue,
> Un cœur qui lui vaut l'univers.
>
> Ce sommet où la foudre gronde,
> Où le jour se couche si tard,
> Ne veut resplendir sur le monde
> Que pour briller dans un regard.
>
> En le voyant nul ne se doute
> Qu'il ne s'élance au fond des cieux,
> Qu'il ne fend l'azur de sa voûte
> Que pour être suivi des yeux,
>
> Et que, de nuage en nuage
> S'il monte si haut, c'est pour voir,
> La nuit, son orageuse image
> Luire, ô lac, dans ton beau miroir !

Et c'est pourquoi Solness, si dur à tout le monde accueille si doucement Hilda Wangel. Hilda n'était qu'une petite fille quand Solness vint dans sa paroisse et attacha lui-même une couronne à la flèche du clocher construit par ses mains. Il lui apparut comme un personnage surnaturel ; et Solness, jouant avec l'enfant rêveuse, lui promit de lui donner, dans dix ans, un royaume. Les dix ans sont passés ; et Hilda, devenue une belle jeune fille, vient réclamer son royaume avec une fantasque assurance. Solness lui sait extrêmement gré de l'avoir cru capable de tenir une si extravagante promesse. Certes, il la tiendra. Le royaume de Hilda ce sera le génie de son ami. Elle aura la gloire d'être le lac unique sur qui le grand mont se penche et qui le reflète. Lac perfide ! Miroir corrupteur ! Il est arrivé que le caprice d'une petite fille fît faire du chemin, sinon à l'amour, du moins à l'orgueil de son grand homme. Une névrose de femme et cette autre névrose, dit-on, qui est le génie, peuvent très bien, même sans que celui-ci soit parfaitement compris par celle-là, conspirer à une même fin tragique... Et ceci me mène à mon dernier point :

5° L'homme de génie, souvent, finit mal : par l'orgueil démentiel, par l'érotomanie, par l'ennui sans bornes, par le suicide... Il se sent un monstre, mal adapté désormais aux ordinaires conditions de la vie humaine. Ou bien, simplement, méprisant la critique, il surabonde dans son propre sens, il rêve on ne sait quoi d'énorme, il enfante des œuvres déséquilibrées et obscures, où il se répète en se déformant, où ses anciens défauts s'exagèrent jusqu'à la manie. Après *le Cid*, *Pertharite* ; après *les Misérables*, *l'Homme qui rit* ; après *Jocelyn*, *la Chute d'un ange*. Et les critiques de l'école du bon sens le comparent à Icare, qui eut le vertige et se cassa les reins. Le cercle d'adoration qui l'isole du monde réel achève de lui en faire perdre la notion exacte ; et ce sont ses fervents eux-mêmes qui le tuent en lui persuadant qu'il a les ailes surhumaines de Dédale.

Et c'est pourquoi, voulant entièrement répondre à l'idée que la petite Hilda Wangel s'est formée de lui, Solness, bien qu'alourdi par l'âge, promet de grimper jusqu'au sommet de la tour qu'il vient de construire, et d'y attacher lui-même la couronne. Il monte au milieu de l'acclamation des foules, a le vertige, chancelle, tombe et s'écrabouille.

(Comparez à *Solness*: le livre original, chargé de pensée, fumeux parfois, et d'une beauté sombre, de M. Léon Daudet : *l'Astre noir*.)

Voilà ce que j'ai compris, pour ma part, au dernier drame de M. Ibsen... Ce drame pourrait bien être, à lui aussi, sa dernière tour. — J'ignore quelle a été l'explication du conférencier, M. Camille Mauclair, n'ayant entendu que les dernières phrases de son oraison. Je sais seulement que M. Mauclair est un esprit ardent et combatif, et j'ai connu, par son livre récent : *Eleusis, causeries sur la cité intérieure*, qu'il avait une assez grande abondance d'idées, encore qu'un peu confuses... — Je suis de plus en plus convaincu que ces jeunes gens, avec leur idéalisme vague et leur fureur d'individualisme, ressuscitent tout bonnement la littérature philosophique et romanesque d'il y a cinquante ans. (Relisez, s'il vous plaît, *Spiridion, les Sept Cordes de la lyre*, et l'insupportable mais très significative *Lélia*. Je cite toujours George Sand, parce qu'elle eut un merveilleux don de réceptivité, et que son œuvre est le vaste réservoir de toutes les idées de son temps.) Mais il est juste d'ajouter que nos jeunes écrivains apportent à cette exhumation, peut-être inconsciente, une intransigeance de zèle qui rajeunit leurs découvertes.

Pour en revenir à M. Ibsen, dont on ne saurait assez répéter que tout l'essentiel de sa philosophie est dans George Sand, je pense qu'il lui advient ce qui est arrivé déjà à d'aussi grands que lui ; que ses ouvrages sont de valeur inégale et que, si *les Revenants, Maison de poupée* et *Rosmersholm* sont peut-être des chefs-d'œuvre, *la Dame de la mer, Solness le constructeur* sont peut-être des pièces médiocres et, en tout cas, ne sont presque plus des œuvres dramatiques. Puis, dans *Solness*, on ne voit vraiment pas assez à quoi sert le symbole, et l'on voit trop par où il est gênant. Pourquoi Solness n'*est*-il pas ce qu'il *représente* : un écrivain, un savant, un peintre, un sculpteur, un artiste de génie ? Que nous veut cet entrepreneur de maçonnerie ? Je ne dis pas qu'on ne puisse mettre du génie dans la construction d'une église de village, ou même d'une villa, ou d'une maison de rapport ; mais enfin ce ne sont point là des ouvrages où le génie se fasse aisément reconnaître et ait beaucoup d'occasions d'éclater. J'entends bien que les bâtisses de Solness symbolisent les œuvres de l'esprit ; mais à quoi bon les symboliser ? Cet outillage de petit architecte, ces planches à dessin, ces équerres et ces lavis qui encombrent la scène rendent presque grotesques les prétentions intellectuelles du héros. Et quand nous voyons ce maître-maçon arborer le bouquet sur la bâtisse neuve, nous avons peine à nous ressouvenir que c'est proprement Phaéton usurpant le char du Soleil.

Malgré tout, il est impossible, n'est-ce pas ? qu'un drame signé Ibsen soit sans intérêt. Mme Solness et la petite Kaya sont d'exquises figures de résignation, et la première scène entre Solness et Hilda est d'une poésie ravissante.

BIŒRNSON

L'ŒUVRE : *Au-dessus des forces humaines*, pièce en deux actes, de M. Biœrnstierne Biœrnson, traduction de M. Prozor.

25 février 1894.

Il n'est guère possible que vous soyez aussi ignorants que moi. Je vous livrerai cependant, à tout hasard, quelques petites notes touchant Biœrnstierne Biœrnson. Je les dois à l'obligeance de M. Bernardini-Sjœstadt, qui publie dans la *Revue hebdomadaire* une série d'études consciencieuses et intéressantes sur la littérature scandinave.

M. Biœrnstierne Biœrnson (ces deux noms signifient *Front d'ours, fils d'ours*) se pique, en effet, d'être un ours. Il est beaucoup plus purement Norvégien que son rival Ibsen. Séparatiste et puritain, il a dirigé avec beaucoup de piété le théâtre de Bergen. Ibsen aussi fut directeur de théâtre. Evidemment, nous n'avons pas à Paris d'*impresarii* de ce poil.

M. Biœrnson a quelque soupçon de son mérite. On lui prête ce propos : « Je suis roi dans le royaume de l'esprit », et cet autre : « Il y a deux hommes en Europe qui ont du génie : moi et Ibsen, en admettant qu'Ibsen en ait. » Il écrivit des drames et des poèmes romantiques, et fut le Victor Hugo de la Norvège. Il écrivit des nouvelles rustiques et édifiantes et fut le George Sand des fiords. Puis, un beau jour, le critique danois Brandès, dont une des spécialités est d'initier le pôle aux nouveautés françaises et qui paraît jouer, en Scandinavie, un rôle analogue à celui de la modiste dans nos villes de province, révéla à M. Biœrnson la philosophie de Taine. Du coup, M. Biœrnson devint positiviste, mais en gardant un tour d'esprit et des sentiments puritains.

Car c'est ainsi qu'ils font tous, les écrivains de là-bas. Romantiques, naturalistes, positivistes, révolutionnaires, il est également vrai que leurs œuvres nous donnent l'impression du « déjà vu » et que pourtant l'accent nous en est entièrement nouveau. C'est qu'ils sont toujours et quand même « religieux », et que nous ne le sommes plus guère que par curiosité ou artifice.

Nous avons vu, l'an dernier, au Théâtre-Libre, *Une Faillite*. Là, le puritanisme de l'auteur ne va qu'à demander plus de probité et de franchise dans les affaires commerciales et les opérations financières. L'accent luthérien n'est sensible que dans le rôle de la fille du banqueroutier. Mais *Le Gant* reprend avec une intransigeance farouche et naïve une thèse chère à M. Dumas : que la chasteté est aussi strictement obligatoire pour l'homme que pour la femme. Bioernson ajoute : « La femme a non seulement le droit, mais le *devoir* d'exiger de son époux un passé aussi immaculé que celui qu'elle lui apporte. » Parce que le pauvre Alph eut jadis une liaison (il y a longtemps de cela, et le bon jeune homme, à cette époque, ne connaissait même pas sa future fiancée), la pure Svava lui jette son gant en pleine figure. Puis, ayant su que son propre père eut autrefois une maîtresse, la vertueuse fille lui reproche avec énergie son immoralité... Ainsi, l'attache trop forte à un devoir peut nous en faire oublier d'autres. Le mot profond sur la « pudeur impudique » semble fait pour cette Svava. Et une remarque de La Bruyère nous revient aussi : « Les dévots ne connaissent de crime que l'incontinence. » Il paraît que *le Gant* fit rompre en Norvège plus de cinq cents fiançailles.

M. Bioernson, converti à Taine, suivit, voilà dix ou douze ans, les cours de Charcot à la Salpêtrière. D'où le drame : *Au-dessus des forces humaines*, qui passe pour son chef-d'œuvre.

C'est une pièce infiniment curieuse, et dont tout le dernier acte m'a semblé admirable.

Elle offre cette particularité d'être ironique dans sa « moralité » et profondément émouvante dans son développement. La pensée est impie et le drame est pieux. C'est un thème positiviste traité par un esprit ardemment mystique. La négation du surnaturel est dans la conclusion ; mais l'angoisse du surnaturel est répandue dans tout le reste. Le sujet de la pièce est d'une nouveauté ingénue, et qui nous débarbouille des banalités de nos guignols. Il ne s'agit point ici de la sempiternelle histoire de l'adultère ou de l'argent, ni même d'un cas de conscience ou de la recherche humaine d'une règle de vie. Ce n'est, à aucun degré, œuvre parisienne et digestive, à voir après un fort dîner. Il faut écouter cela d'un esprit sérieux, consentir à un peu d'effort. Mais enfin je ne vois pas pourquoi les drames de la conscience religieuse ne seraient pas aussi tragiques et aussi féconds en émotions que, par exemple, les drames de la vie conjugale, pourquoi l'anxiété de perdre Dieu serait un sentiment moins digne d'attention que l'ennui de perdre une maîtresse, ni pourquoi enfin le pathétique serait moindre lorsqu'il y va d'un intérêt éternel que lorsqu'il y va de l'intérêt d'un jour. Désir, inquiétude, terreur, pitié, espérance et désespoir, joie et souffrance, tout cela ne se rencontre pas moins, j'imagine, dans la lutte intérieure avec Dieu que dans quelque bourgeoise intrigue d'ambition ou d'amour. Et tout ce qu'on peut répondre sans doute, c'est que les théâtres de Paris nous ont peu familiarisés avec les drames du premier genre.

« On demande un miracle, un vrai miracle », tel pourrait être le sous-titre de la pièce de Biœrnson.

> Soulève les voiles du monde
> Et montre-toi, Dieu juste et bon !

On a dit que ce cri de Musset était puéril ; que la foi qui reposerait sur des preuves tangibles, incontestables, ne serait plus la foi. Oui, ce cri n'est pas très philosophique ; mais qu'il est humain !

Nous sommes loin, là-bas, dans un village reculé de Norvège. Le pasteur Sang guérit les malades. Il les guérit de loin, en les avertissant qu'à telle heure il va prier et en leur disant de prier avec lui. Nous connaissons cela : c'est la « suggestion à distance. » La phtisie et le cancer y ont, jusqu'ici, résisté. Et ainsi le saint homme croit faire des miracles, quand il ne fait que du charcotisme sans le savoir.

Lui qui guérit les étrangers, il ne peut cependant guérir sa femme Clara, qu'une paralysie nerveuse tient au lit et qui n'a pas dormi depuis des mois. C'est que Clara, tout en adorant son saint époux, n'a pas la foi. Et ses enfants aussi, Elie et Rachel, l'ont perdue. Ils s'en confessent avec douleur à leur père. Mais Sang ne désespère point. Il se rend à l'église, sonne la cloche, et se met en prières.

Tout à coup, un bruit effroyable retentit. La montagne qui dominait l'église s'est éboulée ; mais, sur le point d'écraser l'humble temple, l'énorme avalanche se détourne brusquement... Miracle? On ne saura jamais. En même temps, Clara s'endort... Miracle? Mais Charcot et Richet vous diront que la commotion éprouvée par la malade peut expliquer ce sommeil subit...

Et Sang continue à prier, seul dans l'église. Des pasteurs de la province se rassemblent dans sa maison, discutant les « miracles » accomplis, attendant une merveille plus décisive. Ils parlent en hommes de sens, en fonctionnaires, en croyants teintés d'un honnête rationalisme... Alors un homme se présente, pâle, effaré, lamentable. C'est le pasteur Bratt. Celui-là est une âme en peine. Il raconte ses souffrances, ses tortures morales... Le monde, tel qu'il est, prouve si peu l'existence de Dieu! Les hommes sont si loin de lui! Ah! si Dieu voulait se révéler! Et pourquoi ne ferait-il pas, dans ce canton perdu du pays des neiges, ce qu'il a daigné faire autrefois dans un coin du lumineux Orient?... Ses discours expriment une détresse infinie ; son ardeur anxieuse se communique peu à peu aux froids clergymen ; et tous, remués jusqu'aux entrailles, s'agenouillent et prient... Dieu va-t-il se manifester? L'attente est étrangement tragique...

Or, voici que des *alleluias* se font entendre au dehors. Sang, qui a *senti* que le miracle s'accomplissait, entre, extasié encore, et suivi d'une procession de fidèles. Dans le même moment, Clara, la paralytique, ouvre la porte de sa chambre et marche

vers son mari, en disant: « Ainsi, dans ta splendeur, tu viens vers moi, mon bien-aimé. » Mais, aussitôt, elle glisse, et tombe, morte. Et Sang se baisse sur elle; il murmure: « Mais... ce n'est pas cela,... ce n'est pas cela,... ou bien,... ou bien... » Et il tombe sur le corps de Clara, en poussant un grand cri.
« Qu'a-t-il voulu dire? » demande un des pasteurs.
« Je n'en sais rien, dit un autre. Mais il est mort. »

Miracle? Hélas! non : car Charcot, et Richet, et Bernheim vous expliqueraient ces choses, et comment la malade a pu marcher un instant, et comment l'effort qu'il vient de faire devait tuer le guérisseur. D'ailleurs ne fût-il pas tiré au clair par ces savants hommes, ce miracle deux fois meurtrier resterait douteux; et le pauvre pasteur Bratt n'a pas fini de promener par les fiords son âme désolée. Et enfin, quand le miracle serait sûr, Bratt recouvrerait-il la paix? Exiger un miracle pour croire, c'est, comme j'ai dit, ne plus croire; et, d'autre part, un miracle, même dûment constaté, ne déterminera à croire que ceux qui croyaient déjà. Car nous ne saurons jamais si nous sommes en présence du « surnaturel », ou, simplement, de l'inconnu... Oh! l'affreuse ironie de ce mélancolique dénouement!

En somme, la pièce de Biœrnson est traversée des plus beaux cris que puisse faire entendre le besoin de la certitude exaspéré jusqu'à la douleur. Il faut donc remercier M. le comte Prozor et M. Lugné-

Poë, et M. Hermann Bang, qui présida aux répétitions, de nous avoir révélé cette œuvre candide et forte, pieusement impie, d'ironie et d'enthousiasme à la fois.

GERHART HAUPTMANN

Théatre-Libre : *Les Tisserands*, drame en cinq actes, en prose, de M. Gerhart Hauptmann.

4 juin 1893.

La pièce traduite de l'allemand que le Théâtre-Libre nous a donnée l'autre jour est d'une constitution particulière. Pas d'intrigue : ce n'est que l'histoire, en cinq tableaux, d'une émeute ouvrière, d'une révolte de tisserands silésiens en 1848. Pas de caractère développé : il y a une quarantaine de personnages, — sans compter ceux qui ne parlent pas ; mais la plupart ne font qu'apparaître, jeter leur plainte ou leur menace, et disparaître ; et de nouvelles têtes surgissent de l'ombre à chaque tableau. On pourrait presque dire que l'unique personnage, c'est la foule des artisans miséreux : personnage à mille têtes, anonyme et grouillant, aux voix confuses. C'est peut-être le principal mérite de M. Gerhart Hauptmann de nous avoir donné, en plusieurs endroits, une impression de multitude. Et il est vrai de dire aussi que M. Antoine a su, par la perfection vivante d'une mise en scène à la fois très complexe et très sûre, aider merveilleusement à cette impression.

Autre mérite de l'écrivain allemand : ces cinq tableaux de misère, de famine, de désespoir et de révolte, il a eu l'art de les soutenir par la minutie des détails, et surtout d'en graduer l'horreur : les noires peintures qu'il nous déroule avec une âpreté patiente échappent en partie à la monotonie inévitable par la vertu du *crescendo*.

Enfin, son impartialité de peintre me paraît certaine. Quels que soient ses sentiments secrets, il laisse parler les hommes et les choses. Ses misérables ne font point de théories ; ils poussent des cris, ils disent seulement : « C'est trop ; il faut que ça change. » M. Hauptmann n'oppose pas, systématiquement, à la vertu des pauvres la dureté des riches. Le patron qu'il nous montre n'est ni bon ni méchant : il est ce que seraient, selon toute probabilité, la plupart des ouvriers, s'ils devenaient subitement patrons. Et, de même, lorsque l'auteur nous montre le soulèvement des pauvres, il ne pallie en aucune façon la férocité, la stupidité, la bestialité de leurs fureurs déchaînées. Il ne veut que nous faire pitié et peur, nous communiquer le sentiment de ce qu'il y a d'incurable et de désespéré dans le mal social.

Je feuillette La Bruyère (c'est une de mes petites bibles) : « Il y a des misères sur la terre qui saisissent le cœur : il manque à quelques-uns jusqu'aux aliments, ils redoutent l'hiver, ils appréhendent de vivre. L'on mange ailleurs des fruits précoces ; l'on force la terre et les saisons pour fournir à sa délicatesse ; de simples bourgeois, seulement à cause qu'ils étaient riches, ont eu l'audace d'avaler en un seul morceau la nourriture de cent familles ; tienne qui voudra contre de si grandes extrémités ; je ne veux être, si je le puis, ni malheureux, ni heureux ; je me jette et me réfugie dans la médiocrité. » (Chapitre *Des biens de fortune.*) — Ou bien : « Il faut des saisies de terre et des enlèvements de meubles, des prisons et des supplices, je l'avoue » (et Dieu sait si l'on pourrait allonger l'énumération !), « mais justice, lois et besoins à part, ce m'est une chose toujours nouvelle de contempler avec quelle férocité les hommes traitent d'autres hommes. » Et encore : « Il y a une espèce de honte d'être heureux à la vue de certaines misères. » (Chapitre *De l'homme.*) Et je vous fais grâce du passage sur « les animaux farouches, mâles et femelles, répandus dans la campagne. » — Eh bien, ces phrases d'un bourgeois de France d'il y a deux cents ans, ces phrases écrites par le précepteur du petit-fils du grand Condé, expriment, en somme, assez exactement la disposition d'esprit où nous conduit et où nous laisse le drame de l'auteur allemand. Si ce drame a pu être qualifié de « socialiste » (il ne s'agit pas ici de théories, mais d'aspirations vagues et violentes et peut-être, hélas ! irréalisables et contradictoires), c'est que l'observation naïve de certaines souffrances est en effet la meilleure instigatrice de sentiments qui, poussés par la réflexion et la logique, deviennent révolutionnaires le plus aisément du monde. Dieu me garde d'imiter tels petits lettrés jouisseurs qui se sont fait, ou du socialisme ou de l'anarchie, une carrière ! Il est déloyal et honteux d'afficher des idées qui, si l'on en était réellement pénétré, vous imposeraient des sacrifices, des renoncements et des vertus dont on est fort incapable. Mais la pitié est bonne, même indignée, pourvu qu'elle soit humble, pourvu que nous tournions un peu de cette indignation contre nous-même. Car alors les œuvres suivront peut-être, ou du moins un petit commencement d'œuvres et d'efforts.

Il ne saurait donc être mauvais de nous rappeler que la grande majorité des hommes souffre abominablement et injustement. Chacun ne peut parler que de ce qu'il a vu ; mais ce qu'on devine derrière ce que l'on voit !... Il y a à Paris des milliers et des milliers de femmes qui, leur ménage fait et leurs haillons lavés et raccommodés, cousent des sacs ou des « confections » dix heures par jour pour gagner huit ou dix sous ; et quelle nourriture ! et quels logis et quelle vie ! Et ce ne sont pas les plus malheureuses ! N'est-il pas odieux et n'est-il pas presque incroyable, notre planète étant donnée, avec toutes ses ressources naturelles, que les hommes qui grouillent épars à sa surface ne puissent, au bout de dix mille ans (je ne garantis pas le chiffre), vivre tous d'elle, et qu'il y ait de si formidables inégalités de partage entre ses nourrissons ? Et que faire ? Vous me trouveriez sans doute d'une étrange ingénuité, si j'accusais d'une grande part de ces maux la civilisation industrielle, qui ne profite, tout compte fait, qu'à une toute petite minorité ; dont les nécessités imposent à tant d'hommes une vie proprement *inhumaine* (songez à l'existence des mineurs) ; qui a créé enfin les grandes villes modernes, et ces monstrueuses agglomérations où l'on peut dire que les hommes *ne se connaissent pas entre eux*, où la misère est anonyme et cachée, où les classes sociales extrêmes sont plus réellement séparées les unes des autres que les classes politiques de l'ancien régime ?... Enfin, je ne sais pas, moi ; et peut-être que les économistes n'en savent pas davantage...

Et tout ça ne veut pas dire que je conseille de jouer *les Tisserands* à l'Ambigu ou au Château-d'Eau. Devant de « sales riches », l'autre soir, cela n'avait pas d'inconvénients. Je ne crois pas que cela leur ait fait beaucoup de bien : cela ne pouvait toujours pas leur faire de mal.

Mais racontons le drame.

Quand je dis raconter... cela ne se raconte guère, puisque ce n'est qu'une juxtaposition de détails multiples, d'où se doit dégager une impression totale. Au premier tableau, nous voyons des ouvriers tisserands, des femmes, des enfants, assis sur des bancs, chacun son rouleau d'étoffe entre les jambes, qui viennent toucher leur salaire à la caisse de la fabrique de M. Dreissiger. On rogne le plus qu'on peut sur leur maigre paye : on rend à quelques-uns leur ouvrage pour « malfaçon. » Les commis ont une dureté indifférente de ronds de cuir, et il y a une espèce de contre-maître rageur, qui fait du zèle, et qui semble se venger sur les ouvriers de n'être pas patron. Des réclamations éclatent, et des discussions violentes. Un ouvrier surtout s'emporte. On lui a jeté par terre les quelques pièces de sa paye, qu'il trouvait insuffisante : il exige que le caissier les ramasse et les lui mette dans la main. On le chasse, mais non avant qu'il ait dit ce qu'il avait sur le cœur. Et ceux qui attendent leur tour causent entre eux de leurs peines et de leur misère ; et une petite fille se trouve mal, étant venue de très loin sans manger.

Mais Dreissiger, le patron, survient en personne. Je vous rappelle que la chose se passe il y a une cinquantaine d'années, au moment où les machines commencent à remplacer les métiers à la main. Dreissiger, avec une bonhomie affectée, expose aux mécontents ses embarras, et que la concurrence le ruine, et que les temps sont durs, et qu'il faut pourtant bien qu'il vive, lui aussi ; il fait appel à leur bon sens, à leur bonne foi. Puis, comme cela ne les empêche pas de maintenir, — oh! timidement et humblement, — leurs réclamations, alors le patron se fâche, arpente la salle à grands pas, devient brutal et menaçant. Dans sa colère, il crie des choses qui seraient peut-être avouées des économistes ou des hommes, même honnêtes, habitués aux affaires. Ah ! les lois atroces de la « concurrence », et tout cet impitoyable et fatal mécanisme de ce qu'on a appelé les « crises pléthoriques », quand l'excès de production, n'étant plus en proportion de l'échange, amène en bas le chômage et la faim, en haut les spéculations scélérates et les banqueroutes !... Enfin, il paraît qu'il n'y a rien à faire à cela, et qu'au surplus il est un peu tard pour revenir à la civilisation d'Abraham ou d'Eumée...

Ici, un trait charmant et triste. Tandis que le patron se démène, une pauvresse remarque qu'il a sali sa redingote, et, humble par habitude : « Pardon, M. Dreissiger, vous avez de la poussière... » Et, doucement, elle la secoue du bout de ses doigts respectueux.

Le second tableau nous montre le taudis d'une famille de tisserands. Nous faisons superficiellement (car les personnages passent comme des flots sur cette mer de détresse, et Hugo compare les flots à des bouches, et les bouches, ici, sont pleines de faim); nous faisons, dis-je, la connaissance du père Baumert, un vieux pauvre tordu comme un cep, et de sa vieille femme impotente ; et nous entrevoyons, derrière les fils tendus du métier à tisser, ses pâles filles, Emma et Bertha, pareilles à des araignées faméliques... et je ne compte pas la marmaille. Une voisine vient pour emprunter une poignée de farine; mais les Baumert n'en ont pas. Ils avaient un chien, qu'ils ont tué pour le manger, et qui cuit sur le petit poêle de fonte aux tuyaux disjoints, d'où se répand dans le taudis une âcre fumée...

Mais voici un grand gars qui entre. C'est un fils ou un neveu; il s'appelle Jœger, et revient du service; il explique qu'il n'était pas trop malheureux parce qu'il ne connaissait qu'une chose : obéir, et qu'il avait d'ailleurs la chance d'être brosseur de son capitaine. Et comme il a dix thalers dans sa poche, il paye à boire : une des mômes rapporte une bouteille d'eau-de-vie; chacun à son tour y boit à même, et Jœger s'en va, poliment, appliquer le goulot aux lèvres de l'aïeule paralytique...

Les langues vont maintenant plus vite. Tout le monde convient qu'une pareille misère ne peut durer. Par une évolution un peu rapide et, je crois, insuffisamment préparée, Jœger, qui tout à l'heure semblait se vanter d'avoir su obéir quand il était au régiment, nous révèle un insurgé que nous n'attendions pas; soit que l'affreuse misère des siens, qu'il avait peut-être oubliée, lui retourne subitement le cœur ; soit qu'il voie dans la révolte une heureuse occasion d'essayer son prestige et d'employer ses talents de beau parleur. On s'attable ; on mange la ratatouille de chien, et l'on continue à boire. Jœger lit aux vieux la « Chanson du Linceul », — une rude chanson et tapée, déclare le bonhomme; une sombre et sinistre chanson que M. Gerhart Hauptmann a empruntée à Henri Heine, et dont les trois refrains sonnent comme un triple glas :

> Avec nos fill's et nos garçons,
> C'est not' linceul que nous tissons !

Puis, pour les patrons et les contre maîtres :

> C'est leur linceul que nous tissons !

Et, enfin, pour la « vieille Allemagne » :

> C'est son linceul que nous tissons !

La chanson lue et commentée, on la chante... Mais le vieux Baumert, les mains sur son ventre, sort un instant. C'est que le ragoût de chien n'a pas pu passer. « Ah ! dit le bonhomme en rentrant, c'est pas de chance tout de même. Pour une fois qu'on a quelque chose de bon à manger, faut le rendre ! »

Troisième tableau : le cabaret. Eh oui ! le cabaret. Il est évident qu'ils feraient mieux de donner toute leur paye à leur femme, et c'est très bien de conseiller aux ouvriers les joies saines et pures de la famille et du foyer ; mais il faudrait que le foyer fût moins sordide, moins étroit, moins étouffant, moins puant

de vermine. Le cabaret, c'est l'oubli et c'est le rêve...
Et je ne nie pas que ce ne soit aussi l'abrutissement,
l'ivrognerie et souvent, dans la vapeur des alcools
empoisonnés, la fermentation contagieuse des idées
fausses et violentes, des révoltes meurtrières — et
inutiles... Mais, n'est-ce pas ? tout le monde ne peut
pas aller au café Riche.

Une partie de ce troisième tableau m'est restée
assez confuse. Des ouvriers se disputent avec un
paysan, je ne sais plus trop pourquoi. Je n'ai pas
trop bien compris non plus le rôle de certain com-
mis-voyageur, ou du moins j'ai oublié ce que j'y
avais compris. Je me rappelle seulement un épisode
assez saisissant. Au fond du cabaret, un ouvrier
juif se lève avec des yeux de fou ou d'illuminé, et
jette une citation de la Bible, une phrase où Jéhovah
maudit les riches. Les ouvriers le font taire, et ils
ont tort, car, s'il ne paraît pas précisément que la
richesse extravagante des financiers d'Israël soit
faite pour hâter l'avènement de la justice sociale, il
n'en est pas moins vrai que le sentiment et le besoin
de cette justice furent jadis profondément ancrés au
cœur de la race juive et que ce fut même sa
« spécialité » dans l'histoire. Mais le socialisme d'à
présent est malheureusement fort impie, pour des
raisons historiques que je n'ai pas besoin de vous
remémorer ; et qui lui parle de Dieu lui fait toujours
l'effet d'un calotin...

Et l'on chante la Chanson du Linceul. Des gendarmes viennent, qui l'interdisent. On bouscule un peu les gendarmes et l'on reprend la chanson en chœur.

Le quatrième tableau nous transporte dans le salon de Dreissiger. La chanson terrible gronde autour de la maison... Jœger, le chef des émeutiers, est arrêté et amené devant son patron. Il raille et menace. Le pasteur Kitelhaus, qui se trouve là, essaye de lui dire quelques bonnes paroles. Ce n'est pas un mauvais homme que ce pasteur ; il n'est que banal, épais et d'âme endormie. C'est comme qui dirait un abbé Bournisien protestant. « Ah ! dit-il à Jœger, malheureux enfant, tu ne te souviens donc pas des leçons que je t'ai données pour ta première communion ? — Que si ! répond Jœger, ça m'a coûté assez d'argent. — L'argent, l'argent... Quelle sottise ! » répond le pasteur empêtré. Et il dévide quelques phrases d'exhortation religieuse... Un peu après, Jœger, emmené par le commissaire, est délivré par ses camarades ; et bientôt, pendant que Dreissiger emporte à la hâte son argent et ses papiers, la foule des insurgés envahit la maison. Hurlants, armés de bâtons et de haches, saouls d'alcool et de haine (M. Hauptmann ne les flatte point), ils sont épouvantables à voir. Le vieux Baumert, en haillons, monte sur une table et gueule en se tapant sur le ventre : « Je n'ai pas l'air d'un prince... Eh bien ! dans mon ventre, il y a de la nourriture de prince ! » Et le pillage commence...

Le dernier tableau me paraît d'une grande beauté. Le vieux tisserand Hilse semble un échappé des romans de Tolstoï. Oh ! l'héroïque résignation et la sublime simplicité de ce bonhomme ! Il croit à Dieu, à l'Evangile, à la justice future ; il croit, il espère, et ne sort pas de là. Et il tient peut-être la solution du problème ; car il suffirait, n'est-ce pas ? que tous, les patrons comme les ouvriers, et les ouvriers comme les patrons, eussent seulement une parcelle de la foi du vieux Hilse, pour que la vie devînt tolérable à tous ; et, d'autre, part, si la foi est une illusion, il est évident que, morts, nous n'en saurons rien et que nous n'aurons donc jamais à nous repentir d'avoir été dupes... Mais cette solution, c'est sans doute la dernière à laquelle l'humanité viendra, si jamais elle y vient. (Et notez qu'il faudrait qu'elle y vînt *tout entière* ; sans cela, rien de fait.) En attendant, Hilse est vénérable. Il envoie ses petits enfants rendre une cuillère d'argent que leur ont donnée les émeutiers. Il croit, il espère, il prie, pendant que sa fille Louise, mauvaise chrétienne, vomit sur les riches et sur Dieu (car Dieu et les riches semblent complices aux misérables) d'affreuses imprécations... Et la Chanson du Linceul gronde aux alentours ; et l'émeute parcourt les rues du village ; et la troupe arrive, et tire sur les insurgés ; et, comme le vieux Hilse s'est remis à son métier près de la fenêtre, il est frappé au front par une balle perdue, et meurt sans pousser un cri... Sa vieille femme, assise dans un coin, ne sait pas ce qui se passe, car elle est aveugle et sourde. Et telle est la justice ici-bas.

Il y a dans ce drame bien des choses qui rappellent *Germinal*, savez-vous ? Ce « savez-vous ? » n'est point pour vous suggérer une idée de « contrefaçon. » Je ne veux voir là que des rencontres sans doute inévitables. Mais, je ne sais comment, l'ensemble de la pièce m'a paru rendre un son moins allemand que francais ; et cela n'a rien qui puisse nous déplaire.

MAURICE MÆTERLINCK

BIBLIOGRAPHIE : *Alladine et Palomides; Intérieur; La Mort de Tentagiles*, trois petits drames pour marionnettes, par M. Maurice Mæterlinck (chez Edmond Deman, Bruxelles).

1ᵉʳ juillet 1894.

Encore trois petits drames de rêve, ou plutôt de réalité ramenée à une sorte d'imagerie de rêve, et traduite par une sorte de balbutiement précieux et terrifié. *Alladine et Palomides* rappelle beaucoup *Pelléas et Mélisande* ; *Intérieur* ne ressemble pas mal à *l'Intruse* et aux *Aveugles*, et *la Mort de Tentagiles* diffère peu, dans le fond, de *la Princesse Malène* ou des *Sept Princesses*.

Mais je serais assez tenté de mettre les trois nouveaux poèmes de M. Mæterlinck au-dessus de ceux qu'il nous avait déjà donnés. Lui-même paraît savoir mieux ce qu'il a fait ou voulu faire. Il appelle cela « trois petits drames pour marionnettes. » Puisse ce judicieux avertissement nous épargner d'indiscrètes et forcément grossières tentatives de représentation par de misérables comédiens en chair et en os! M. Maurice Mæterlinck s'est d'ailleurs débarrassé, dans ces trois songeries exquises et douloureuses, de quelques-unes de ses manies, et, par exemple, de celle qui consistait à faire répéter à ses personnages, comme à de tout petits enfants ou à des hydrocéphales, dix ou vingt fois le même mot, sous forme de question, de réponse, ou de constatation effarée... Il s'est retranché aussi, en grande partie, ce luxe inutile de symboles, tantôt trop faciles et tantôt trop peu clairs, dont s'empêtraient ses premières inventions.

Ce qui reste, c'est quelque chose de très heureusement étrange et de très caressant, et aussi de très poignant. Les impulsions secrètes, inconnues de nous-même, qui précèdent et préparent les passions mortelles ; ce qu'il y a d'involontaire dans nos paroles, dans nos gestes, dans nos regards ; les communications muettes de la pensée, d'une créature à une autre ; les signes extérieurs qui parfois nous présagent, à notre insu, notre destinée ; de mystérieux rapports soudainement dévoilés entre le monde des corps et le monde moral ; la stupeur dont nous frappe quelquefois ce simple fait, que *nous vivons*, et comme cela est extraordinaire et incompréhensible ; corollairement, la peur de la mort et aussi les pressentiments, les divinations, la peur sans cause présente, la peur imprécise de quelque chose d'indéterminé ; certains phénomènes de télépathie ; toute la partie de nous-même que nous ignorons et que nous ne gouvernons point ; ce qui se passe dans les limbes de l'âme et qui est comme en deçà de la pleine existence psychologique ; ce qui affleure à peine à la surface de notre « moi » ; nos ténèbres intérieures, et, pour le dire d'un mot, la vie inconsciente de l'esprit (cherchez-en la définition dans Schopenhauer), voilà principalement ce que M. Maurice Mæterlinck exprime en images abrégées et frissonnantes, par le moyen de petits personnages simplifiés, lointains, « délocalisés », habitants de palais et de forêts vagues, et qu'il nomme avec raison des « marionnettes », car, contrairement à l'impérieuse et spécieuse théorie de M. Brunetière, ils ne font exactement que « subir », supporter, trembler, et ils sont, ensemble ou tour à tour, invinciblement mus par des désirs obscurs dont l'origine et la formation leur échappent, et totalement accablés par les impressions qui leur viennent des choses environnantes. Oui, M. Mæterlinck est le poète effrayé et subtil de l'inconscient, de ce qu'il y a de non-moi dans le moi, dirait un métaphysicien, de ce qui est antérieur psychologiquement et physiologiquement (pardon pour ces « deux adverbes joints ») aux sentiments et aux actes où le drame et le roman trouvent leur matière accoutumée.

Des poèmes dont l'objet est si mystérieux se

prêtent mal à l'analyse. Je vous dirai en quelques mots l'histoire d'Alladine et de Palomides. Ce sont deux jolis et tendres enfants, en proie, — qui dira pourquoi? eux-mêmes n'en savent rien, — à l'amour qui ne pardonne pas, un amour qui les grise, puis les brise, ainsi que de fragiles marionnettes, comme s'ils étaient trop petits vraiment pour le contenir. Alladine, « petite esclave grecque venue du fond de l'Arcadie », était fiancée au vieux roi Ablamore, et le jeune chevalier Palomides devait épouser la bonne Astolaine, fille du roi. Mais, dès que Palomides et Alladine se sont rencontrés, ils s'aiment silencieusement et désespérément. Alors le vieux roi les fait porter tous deux, les mains liées et les yeux bandés, dans des grottes souterraines qui communiquent avec la mer. Ils parviennent à défaire leur bandeau et leurs liens ; et ils s'embrassent délicieusement ; et, cependant, la blême et glauque lumière que roulent les vagues illumine la grotte, la fait ressembler à un palais magique ; et tandis qu'ils jouissent de cette féerie et de leur amour, ils ont la peur atroce que cela ne dure point. Et, en effet, la bonne Astolaine et les sœurs de Palomides viennent délivrer les captifs en arrachant les pierres de la voûte, et la féerie s'évanouit sous la lumière crue du soleil ; et le rêve se dissout au heurt brusqué de la réalité. En vain, pour éviter ce malheur, les deux amants se sont laissés glisser dans l'eau On les en retire, on les soigne dans deux chambres séparées, car le médecin a dit qu'ils mourraient s'ils se revoyaient, ou seulement s'ils s'entendaient parler. Mais ils se parlent à travers les portes fermées. Ils se redisent leur amour, si tristement! « Tu songes à quelque chose, dit la voix de Palomides. — Ce n'étaient pas des pierreries, là-bas, dans la grotte, dit la voix d'Alladine. — Et les fleurs n'étaient pas réelles. — C'est la lumière qui n'a pas eu pitié... Je ne regrette plus les rayons du soleil. — Alladine ! — Palomides ! » Un silence, puis tous deux meurent.

Le symbole est charmant, et il est clair. Celui de l'agneau qui suit partout Alladine, et qui s'enfuit la première fois qu'elle voit Palomides, et qui, à la seconde rencontre des amants, se noie dans le fossé du château, était peut-être inutile. — Mais, presque partout, des traits d'une grâce bizarre ou d'un pittoresque inattendu. Ainsi, le vieux roi se penchant vers Alladine endormie : « Je vais l'embrasser sans qu'elle s'en aperçoive, *en retenant ma pauvre barbe blanche.* » M. Mæterlinck aime les cheveux (vous vous rappelez ceux de Mélisande), les cheveux qui sont si beaux, et par où nous continuons d'appartenir un peu au règne végétal, — comme nous appartenons au règne animal par les racines du désir, — lequel, d'autre part, épuré et spiritualisé par l'illusion, nous rapproche du règne angélique... C'est d'abord avec ses beaux cheveux que la petite Alladine est bâillonnée et enchaînée par le roi Ablamore...

Je goûte aussi... comment dire?... certains raccourcis d'expression dramatique tout à fait saisissants. La première fois qu'Alladine voit Palomides, elle ne lui adresse pas la parole ; mais elle se met à bavarder avec le vieux roi. Et le vieux roi lui dit : « Toi qui ne parlais pas, comme tu parles ce soir ! » Quand la bonne Astolaine, ayant connu que Palomides ne l'aime plus, vient dire à son père qu'elle s'était trompée sur ses propres sentiments et qu'elle ne désire plus se marier, le vieillard s'approche d'elle à pas lents, s'arrête, la regarde, et dit simplement : « Je te vois, Astolaine... » Et elle : « Mon père ! » Et elle sanglote en l'embrassant. Et lui : « Tu vois bien que c'était inutile. » — Et quand Palomides explique à la bonne Astolaine qu'il l'adore toujours, mais enfin qu'il aime la petite Alladine tout en sachant bien que celle-ci « n'a qu'une âme d'enfant, d'une pauvre enfant sans force » et qu'il s'engage peut-être dans un grand malheur, il trouve ceci qui me semble une merveille d'expression abrégée : « Astolaine, *je t'aime aussi... plus que celle que j'aime.* »

Car, dans ce drame simplifié, les marionnettes supérieures assistent, pour ainsi parler, à la fatalité qui les mène, et sentent les ficelles sombres qui les tirent. Et cela est d'une mélancolie assoupissante et douce, d'ailleurs parfaitement malsaine. « Ecoute, dit le vieil Ablamore à Alladine, j'étais venu pour te pardonner tout... Je croyais que tu avais agi comme nous agissons presque tous, sans que rien de notre âme intervienne. » Puis, quand il a surpris les deux amoureux et qu'il a déjà résolu de les enfermer dans le souterrain : « Je ne vous en veux pas. Vous avez fait ce qui est ordonné, et moi aussi. » Et, pareillement, la bonne Astolaine, consolant Palomides : « Ne pleurez pas... Je sais qu'on ne fait pas ce que l'on voudrait faire... Il faut bien qu'il y ait des lois plus puissantes que celles de nos âmes dont nous parlons toujours. » Fatalisme languissant et tendre; on dirait de l'Eschyle pour *pupazzi* malades.

Elle est adorable, cette petite Astolaine, qui, lorsqu'elle sait que son triste fiancé ne la veut plus pour femme, l'embrasse en lui disant : « Je t'aime davantage, mon pauvre Palomides. » Elle ajoute ce mot profond : « Je puis respirer avec moins d'inquiétude, puisque je ne suis plus heureuse. » Mais je veux transcrire pour vous les phrase pures, délicates et pieuses qui nous décrivent la bonté de cette petite princesse. « Hier soir, dit le vieux roi à la faible Alladine, j'ai surpris le baiser que vous vous êtes donné sous les fenêtres d'Astolaine. En ce moment, j'étais avec elle dans sa chambre. Elle a une âme qui craint tant de troubler d'une larme ou d'un simple mouvement des paupières le bonheur de tous ceux qui l'entourent, que je ne saurai jamais si elle a, comme moi, surpris ce baiser misérable. »

Et Palomides, essayant de lui expliquer le charme surhumain qui est en elle : « Il y eut des soirs où je vous quittais sans rien dire, et où j'allais pleurer d'admiration dans un coin du palais, parce que vous aviez simplement levé les yeux, fait un petit geste inconscient ou souri sans raison apparente, mais au moment où toutes les âmes autour de vous le demandaient et voulaient être satisfaites. Il n'y a que vous qui sachiez ces moments, parce que l'on dirait que vous êtes l'âme de tous... »

... Oui, tout cela me plaît extrêmement, et tout cela est, au fond, si bien dans la tradition classique ! Imaginez des figures encore plus générales que celles de nos tragédies, et encore moins « situées » dans le temps et dans l'espace; mais, en revanche, non séparées de cet univers physique où tout commence, où toutes les forces, y compris nos passions, ont leur origine cachée. Imaginez que ces petites Ombres, si largement représentatives, s'abstiennent de toute rhétorique discursive et ne prononcent que les mots essentiels des drames humains ; des mots tels que :

... Chaque jour je la vois
Et crois toujours la voir pour la première fois.

ou : « Qui te l'a dit ? » ou :

Bajazet, écoutez, je sens que je vous aime ;

ou : « Entre au couvent ! » ou « Etre ou ne pas être ! » ou : « Parle-lui, Hamlet ! » ou : « Jamais le soleil ne verra ce demain, » ou : « Nos mains sont de la même couleur, » ou : « J'ai tué le sommeil. » Supposez que ces Ombres prononcent ces mots avec une sorte d'étonnement d'avoir à les prononcer et une vague épouvante de vivre ; qu'elles se voient elles-mêmes comme des Ombres, en effet ; qu'elles se voient comme se voit Macbeth au moment où il apprend la mort de sa femme : « Je suis un spectre qui s'agite parmi des fantômes... La vie est un rêve conté par un homme en délire... » Supposez enfin que ces Ombres nous soient surtout présentées non de face, mais à l'envers, non du côté par où elles communiquent avec la société humaine, mais du côté par où elles tiennent encore à la Vie inconsciente et communiquent avec ce grand réservoir de forces obscures... et vous concevrez à peu près ce que M. Mæterlinck réalise quelquefois. Ses poèmes dialogués sont de la quintessence de drame dans du rêve.

J'aurais bien voulu ne lui rien reprocher aujourd'hui. Car nous aimons aimer entièrement, ou totalement haïr. Toutefois je dirai, — avec un vrai chagrin, — que M. Maurice Mæterlinck abuse encore un peu de certains procédés trop faciles, comme de personnifier des abstractions dans des images toutes petites et précises à l'excès. Dans le même couplet, très court, Ablamore dit que « les jours lui semblent plus légers et plus doux que des oiseaux inoffensifs dans les mains », et qu'Astolaine « a une âme que l'on voit autour d'elle, qui vous prend dans ses bras comme un enfant qui souffre. » — Au reste, les objets les plus divers amènent les mêmes comparaisons mièvres. Si les jours ressemblent à des petits oiseaux, les os d'Alladine ressemblent a des petits enfants : « J'ai entendu tes os gémir comme des petits enfants ; je ne t'ai pas fait mal ? » lui dit le vieux roi, après lui avoir serré les bras un peu fort. Vous sentez l'affectation et la monotonie.

... Et puis, le soupçon me vient que, simplifier à ce point la description des âmes, c'est s'épargner bien du labeur ; que le « mystère », c'est, en un sens, chose infinie, mais que c'est aussi, en littérature, chose simple comme bonjour, puisqu'il faut bien qu'on se borne à le constater et que, si on le pénétrait, il ne serait plus le mystère ; et que, tout de même, *l'Ecole des femmes, Bajazet* ou *Monsieur Alphonse* doivent être plus difficiles à écrire que *Alladine et Palomides*. Mais là n'est pas la question. J'ai senti un charme en M. Maurice Mæterlinck, voilà tout. Entre son génie propre et celui de poètes même plus grands que lui, nous perdrions notre temps à chercher une commune mesure.

Il n'y a point, à parler juste, de « mystère » dans *Intérieur*, point d'obscures divinations, point de phénomènes télépathiques : et, à cause de cela, l'œuvre me paraît encore supérieure à *l'Intruse* et aux *Aveugles*. Les conditions du petit drame sont toutes naturelles et vraies ; et l'angoisse, une angoisse effroyable et grandissante, en sort toute seule.

C'est bien simple. La scène est un vieux jardin planté de saules. Au fond, une maison, dont trois fenêtres du rez-de-chaussée sont éclairées. On aperçoit assez distinctement une famille qui fait la veillée sous la lampe. Le père est assis au coin du feu. La mère, un coude sur la table, regarde dans le vide. Deux jeunes filles, vêtues de blanc, brodent, rêvent et sourient à la tranquillité de la chambre. Un enfant sommeille, la tête sous le bras de la mère. « Il semble que lorsqu'un d'eux se lève, marche ou fait un geste, ses mouvements sont graves, lents, rares et comme spiritualisés par la distance, la lumière et le voile indécis des fenêtres. »

Or cette calme famille n'est pas au complet. La fille aînée, partie le matin pour un voyage de quelques jours, s'est noyée dans un étang. Un étranger a retiré le cadavre. Il vient, accompagné d'un vieillard ami de la famille, apporter la triste nouvelle.

Tous deux entrent avec précaution dans le jardin. Ils voient, par les fenêtres, la famille assemblée, si paisible et si confiante. Et alors ils n'osent plus, ils ne peuvent plus entrer dans la maison...

Cependant, les gens du village apportent, à travers les prairies, le corps de la morte... Et, dans la chambre familiale, la mère tricote, et le père suit des yeux le grand balancier de l'horloge, et les deux sœurs se sont levées, et semblent regarder dehors... Et le vieillard, pénétré d'épouvante, se livre à des réflexions : « Je ne sais pas pourquoi tout ce qu'ils font m'apparaît si étrange et si grave... Ils attendent la nuit, simplement, sous leur lampe, comme nous l'aurions attendue sous la nôtre ; et je crois les voir du haut d'un autre monde, parce que je sais une petite vérité qu'ils ne savent pas encore... Et rien ne serait arrivé que j'aurais peur à les voir si tranquilles... Ils ont trop de confiance en ce monde... Ils sont là, séparés de l'ennemi par de pauvres fenêtres. Ils croient que rien n'arrivera parce qu'ils ont fermé la porte et ils ne savent pas qu'il arrive toujours quelque chose dans les âmes et que le monde ne finit pas aux portes des maisons... Ils sont si sûrs de leur petite vie, et ils ne se doutent pas que tant d'autres en savent davantage ; et que moi, pauvre vieux, je tiens ici, à deux pas de leur porte, tout leur petit bonheur, comme un oiseau malade, entre mes vieilles mains que je n'ose pas ouvrir... »

L'angoisse devient intolérable. A voir si tranquilles ces gens qui ne savent pas que leur enfant est morte, une jeune fille dit ce mot admirable : « Oh ! qu'ils sont malheureux ! » et : « Quelle patience ils ont ! » Enfin, le funèbre cortège arrive dans le jardin sombre. Le vieillard s'est décidé à frapper à la porte de la maison. On le voit, du dehors, entrer dans la chambre éclairée, on assiste à la conversation, à l'annonce graduée de la mauvaise nouvelle, *sans entendre les paroles*. A un moment, on voit la mère tressaillir et se lever ; et quelqu'un s'écrie : « Oh ! la mère va comprendre !... »

Cela est extrêmement poignant, et cela est, au plus haut point, du théâtre (encore que malaisé à mettre sur les planches). Nous ne sommes jamais plus angoissés que lorsque, dans un drame, nous savons qu'il est arrivé malheur à un personnage, et que celui-ci l'ignore, et que *nous attendons* qu'il le sache. (Tout le tragique d'*Œdipe-Roi* est dans cette attente.) Or, ce cas dramatique, M. Mæterlinck s'en est emparé, l'a rendu aussi général qu'il se pouvait, puis l'a traduit aux yeux de la façon la plus concrète et la plus intense. A la minute où j'écris, *Intérieur* me paraît une espèce de chef-d'œuvre.

La Mort de Tintagiles est encore un cas dramatique à la fois généralisé et je voudrais pouvoir dire intensifié, mais avec plus de convention dans les moyens. J'en remets l'étude à la semaine prochaine.

Alladine et Palomides ; *Intérieur* ; *la Mort de Tintagiles*. trois petits drames pour marionnettes de M. Maurice Mæterlinck (chez Edmond Deman, Bruxelles), suite et fin.

18 juin 1893.

Je continue, je l'avoue, à subir le sortilège des petits drames de M. Maurice Mæterlinck. *La Mort de Tintagiles* ne m'a pas moins pris qu'*Alladine* ou *Intérieur*.

Vanité des préceptes d'esthétique ! On cite toujours le vénérable axiome d'Horace :

> Segnius irritant animos demissa per aurem
> Quam quæ sunt oculis subjecta fidelibus...

Cela est vrai, et cela n'est pas vrai. Oui, souvent, ce qui est mis sous nos yeux nous frappe plus que ce qui nous est raconté ; oui, l'action est d'ordinaire plus émouvante que le récit. Mais ce qui dépasse infiniment en pathétique l'action racontée ou vue, c'est l'action *devinée*. Victor Hugo a dit que rien n'est plus intéressant qu'un mur derrière lequel il se passe quelque chose. Ce mur tragique est dans tous les poèmes de M. Mæterlinck ; et, quand ce n'est pas un mur, c'est une porte ; et, quand ce n'est pas une porte, c'est une fenêtre voilée de rideaux...

Dans *la Mort de Tintagiles*, il y a deux portes. Et, la première fois, le petit prince est de ce côté-ci de la porte ; et, la seconde fois, il est de l'autre côté. *La Mort de Tintagiles*, c'est simplement l'histoire de l'assassinat d'un enfant royal, — par des mains qu'on ne voit pas.

Un autre axiome d'art théâtral sur lequel on s'accorde assez, c'est que, plus le lieu de la scène, les événements antérieurs et le caractère, la vie passée, les mobiles et les intérêts des personnages nous seront connus, et plus nous nous intéresserons au drame. Or, non seulement le petit prince Tintagiles est étranglé par des mains invisibles, mais ceci se passe dans une île sans nom ; et nous ne savons pas non plus le nom de la vieille reine qui a ordonné le meurtre de son petit-fils ; et nous ne la voyons pas un instant, et nous ignorons pourquoi elle est à ce point défiante et cruelle, et ce qu'elle peut avoir à craindre de ce petit enfant autour duquel nous n'apercevons ni partisans ni conspirateurs. Voici tous les renseignements que nous donne Ygraine, la sœur de Tintagiles, sur cette vieille femme mystérieuse : « Elle ne se montre pas... Elle vit là, toute seule, dans sa tour... Elle est très vieille ; elle est la mère de notre mère et elle veut régner seule... Ses ordres s'exécutent sans qu'on sache comment... On dit qu'elle n'est pas belle et qu'elle devient énorme... » Et, ailleurs : « Elle est là sur notre âme comme la pierre d'un tombeau, et pas un n'ose étendre le bras... On ne sait pas sur quoi repose sa puissance... » Nous ignorons d'où vient Tintagiles ; un navire est allé le chercher là où il était, par ordre de la vieille reine. Et, des deux sœurs de l'enfant, nous savons uniquement qu'elles s'appellent Ygraine et Bellengère, et que Ygraine est la plus courageuse, et que toutes deux ont de très beaux cheveux (comme en avaient Mélisande et Alladine) et qu'elles aiment bien leur petit frère, et qu'elles ont eu une jeunesse immobile et terrifiée : « Ma sœur et moi, dit Ygraine, nous nous traînons ici depuis notre naissance, sans oser rien comprendre à tout ce qui passe... Il régnait un tel silence qu'un fruit mûr qui tombait dans le parc appelait les visages aux fenêtres... » Et nous ne savons rien non plus du vieil écuyer Aglovale, sinon que c'est un très vieil écuyer, et qu'il a vu bien des choses, et sans doute des choses terribles, mais qu'il ne s'en souvient plus. Et le danger même qui menace le petit prince Tintagiles, nous ne l'apprenons que par des mots vagues et chuchotés, des paroles de servantes, que Bellengère, égarée dans les corridors de la tour, a surprises par une porte entr'ouverte...

Mais, d'abord, tout ce vague agrandit le drame, comme le crépuscule agrandit les formes dans la campagne. — L'aventure de Tintagiles devient représentative de tous les meurtres de jeunes princes

royaux à travers l'histoire et la légende. Tintagiles
fait songer à la fois aux petits-fils de la reine Athalie,
à l'adolescent Britannicus, aux fils de Clotaire, aux
enfants d'Edouard, à tous les petits princes qui
gênaient une aïeule, une belle-mère, un oncle ou un
frère, et qui furent silencieusement empoisonnés,
ou étouffés entre deux matelas, ou poignardés entre
deux portes. Et qu'avons-nous besoin d'être infor-
més par le menu de la politique et du caractère de
la vieille reine qui tue l'enfant Tintagiles ? Nous le
connaissons bien, ce spectre absent, car c'est Athalie, c'est Tibère, c'est Glocester, c'est Louis XI. Le
pouvoir de la méchante aïeule, non seulement sur
les corps mais sur les consciences, reste plus mystérieux par cet éloignement, et je sais gré à l'auteur
de nous avoir en effet présenté cette puissance
comme un mystère. Il faut bien que l'énormité et
l'esprit de suite dans le crime en imposent même aux
honnêtes gens, et que la volonté mauvaise ait,
comme l'autre et plus que l'autre, son magnétisme :
car comment expliquerait-on le bonheur et la durée
de certains tyrans ? Il parle très bien, le vieil écuyer
Aglovale : « Vous allez essayer de vous défendre,
dit-il à Ygraine... Nous avons essayé plus d'une fois...
Ils ont tout essayé... Mais au dernier moment ils ont
perdu la force... Vous aussi, vous verrez... La reine
m ordonnerait de monter jusqu'à elle ce soir même,
je joindrais mes deux mains sans rien dire, et mes
pieds fatigués graviraient l'escalier, sans lenteur et

sans hâte, bien que je sache qu'on ne le descend pas les yeux ouverts... Je n'ai plus de courage contre elle... »

Secondement, tout ce vague se tourne en terreur. — Notez, d'ailleurs, que, si le lieu de la scène, le drame lui-même et les personnages sont aussi généralisés qu'il se puisse, en revanche, les moyens matériels sont toujours d'une extrême précision, d'un pittoresque naïf et familier de conte populaire. Ce sont inventions du même goût que la clef de Barbe-Bleue, par exemple, ou la pantoufle de vair de Cendrillon. Après que les servantes de la reine, venant chercher Tintagiles pour le faire mourir, ont échoué une première fois, — car les deux sœurs et le vieil écuyer veillaient sur l'enfant, et la porte, entr'ouverte par des mains invisibles, s'est refermée sous leur poussée, — Ygraine et Bellengère ont mis leur petit frère entre elles deux, et l'ont lié de leurs chevelures pour qu'on ne puisse l'enlever pendant leur sommeil. Et alors les servantes rusées ont l idée de couper avec des ciseaux les cheveux des deux sœurs, et elles emportent Tintagiles, dormant toujours, et serrant les tresses coupées dans ses petites mains.

Au tableau suivant, c'est bien simple. Il y a une grande porte de fer sous des voûtes très sombres. Ygraine a monté de longs, longs escaliers, et suivi de longues, longues galeries ; de temps en temps, elle découvrait sur une marche une boucle blonde (tels les cailloux blancs du Petit-Poucet), et cela lui indiquait son chemin. Elle arrive devant la porte de fer. Elle la tâte : « Oh ! elle est froide !... Elle est en fer uni, tout uni, et n'a pas de serrure... Par où s'ouvre-t-elle ? Je ne vois pas de gonds... » Puis, avec un grand cri : « Ah !... encore des boucles prises entre les battants !... Tintagiles ! Tintagiles !... » Alors, on entend frapper à petits coups de l'autre côté de la porte ; c'est l'enfant. « Sœur Ygraine, ouvre vite !... *Elle* est là !... *Elle* n'a pas pu me retenir... Je *l*'ai frappée... J'ai couru... Vite ! vite ! *Elle* arrive. » Mais Ygraine se brise les ongles contre les battants de fer. « N'aie pas peur, mon petit Tintagiles... C'est que je n'y vois pas... — Mais si, dit l'enfant, je vois bien ta lumière... Il fait clair près de toi, sœur Ygraine... Ici, je n'y vois plus... — Tu me vois ? Où est-ce que l'on voit ? Il n'y a pas de fente. — Si, si, il y en a une... ici, ici... Mais elle est si petite !... On ne peut pas y passer une aiguille... » Ygraine frappe la porte à grands coups, à l'aide de sa lampe d'argile, qui s'éteint et se brise. « Hélas ! dit l'enfant, je ne vois plus la petite fente claire. » Et en même temps il sent une main qui lui serre le cou. « *Elle... elle* me prend à la gorge... Oh ! oh ! sœur Ygraine, viens ici... — Débats-toi, défends-toi, déchire-la !... Je vais t'aider... embrasse-moi... au travers de la porte... ici... ici... — Ici... ici ? dit l'enfant d'une voix toujours plus faible. — C'est ici, c'est ici que je donne des baisers, tu l'entends ? Encore! encore!... — J'en donne aussi... ici... sœur Ygraine!... Oh!... » Et l'on entend la chute d'un petit corps derrière la porte ; et cela est terrible, *parce qu'on n'a rien vu*, rien, ni l'enfant frissonnant de peur, ni *elle*, celle qui n'est même pas nommée, la méchante vieille dont la main centenaire est si lente à étrangler l'enfant qu'elle lui laisse le temps de coller sa bouche sur le battant de fer.

THÉATRE LIBRE

Théatre Libre : *La Belle au bois rêvant,* un acte en vers, de M. Fernand Mazade ; *Ahasvère,* un acte en prose, de M. Hermann Heyermans.

18 juin 1893.

Je n'ai gardé, je l'avoue, de *la Belle au bois rêvant* qu'une vision incohérente et vague. Il y a un bois, et il y a une belle dame qui rêve, comme l'indique le titre. Cette dame s'appelle la comtesse Magali. Il y a un lieutenant de spahis, un beau gars en bottes rouges, en manteau rouge, avec une longue chechia rouge, qui se tient droite comme une casquette à triple pont, et il y a un vieil herboriseur en chapeau de paille, en veston blanc doublé d'écarlate, et qui se nomme Pétrus. Il y a aussi un jeune peintre à béret, à boucles blondes flottant dans le dos, et qui s'intitule Sylvaïs, tout bonnement. Et il y a un chien rose et un chien bleu ; mais ces deux chiens ne sont qu'un même chien, et ce chien appartient au jeune peintre, qui le badigeonne, selon les minutes, de la couleur de son rêve, car sa spécialité est d'avoir de la fantaisie. Le botaniste blanc et le lieutenant rouge font leur cour à la comtesse Magali, sur qui chatoie une robe changeante, à la Loïe Fuller. Elle promet d'être à celui des deux qui lui rapportera la fleur qu'elle aime. Quand ils sont partis, le jeune peintre survient. Il persuade à la comtesse Magali de le suivre dans une grotte, d'où elle sort peu après en disant : « J'ai perdu ma couronne. » Ce n'est donc que l'histoire du troisième larron.

Je n'ai aucune opinion sur cette petite chose. Tout ce que je sais, c'est que j'ai vu de M. Fernand Mazade dans le *Gaulois*, je crois, des sonnets délicats et joliment tortillés... Mais, de *la Belle au bois rêvant*, je n'ai pas entendu un vers sur dix. Ce n'est pas assez.

Et puis, outre que je n'entendais pas grand'chose, j'étais absorbé par une préoccupation impérieuse : je cherchais à surprendre les rimes et, quand je croyais en avoir happé une, à guetter l'autre... C'était difficile, et je n'y ai pas réussi plus de cinq ou six fois, car les interprètes de M. Mazade affectaient une diction extraordinairement indépendante. Les malheureux ne tenaient compte que du sens des phrases, ou plutôt de leur construction grammaticale ; de la rime, jamais.

Ces gens, évidemment, n'aiment pas la musique.

Du reste, le cas est commun chez nos acteurs.

Cela n'est pas trop sensible dans les pièces classiques, où les arrêts et, si vous voulez, les « temps forts » de la période coïncident généralement avec la rime : là, ils se contentent de manger les muettes, tant qu'ils en peuvent manger, et de faire des alexandrins boiteux. Mais, dès que les vers sont un peu brisés, ils dévorent les rimes aussi ; aucune ne demeure ; et, si des inversions un peu fortes ne l'avertissaient çà et là, l'innocent bourgeois reprendrait son paletot sans s'être douté un instant que « c'était des vers. »

Ai-je besoin de vous faire remarquer que cette pratique est profondément absurde, et d'affirmer que dans les vers, quels qu'ils soient, classiques, romantiques, parnassiens, funambulesques, symbolistes, il faut *toujours* faire sentir les rimes, pour cette raison simple et lumineuse que, si les rimes n'avaient aucune importance, le poète n'en aurait pas mis ? Cette règle est absolue, et ne souffre pas d'exceptions. Il faut, dis-je, accentuer toujours la syllabe sonore qui est à la rime, et toujours la faire suivre d'un silence, ne fût-ce que d'un silence d'un dixième de seconde, — et cela, même et surtout quand la rime tombe sur une préposition, sur un pronom relatif, sur un adjectif possessif, sur la plus légère et la plus fuyante des proclitiques, comme il arrive dans les amusettes où s'exercent quelquefois les doux versificateurs. Car, alors, justement, ils ont voulu que la rime devînt comique, en imposant au lecteur ou au comédien une prononciation anormale et baroque, en le contraignant à mettre un accent très fort sur des syllabes non accentuées et à donner, dans la phrase mélodique, une extrême importance à des mots qui n'en ont aucune dans la phrase grammaticale. Je prends, au hasard, dans les *Odes funambulesques* de Théodore de Banville:

> Danser toujours, pareil à Madame Saqui !
> Sachez-le donc, ô Lune, ô Muses, c'est ça *qui*
>   Me fait verdir comme de l'herbe.

On doit fortement accentuer *qui*, cela ne fait pas l'ombre d'un doute : d'abord, parce que c'est amusant et que cette irrégularité de prononciation a, toute seule, la valeur d'une élégante plaisanterie, et puis, parce qu'elle affirme, avec une outrance lyrique et dont le poète se divertit, que le rythme qui a, dans la rime, son clou, son agrafe ou son coup d'aviron (pour reprendre les métaphores de Sainte-Beuve), est l'essentiel dans les vers et importe vraiment beaucoup plus que le sens ; que nous refusons délibérément d' « asservir la rime au joug de la raison », et qu'elle a un charme propre et qui se suffit, comme on le voit par certaines chansons populaires et par ces rondes d'enfants où il n'y a que des assonances et aucune idée suivie... Oui, vous proclamez tout cela en élevant insolemment la voix, contre tout bon sens, sur le modeste pronom relatif qu'il a plu à Banville de promouvoir à la dignité de rime, en quoi il a voulu montrer que le bon poète est le monarque absolu des mots et qu'il honore ceux qu'il veut : *exaltavit humiles.*

J'ai pris un cas extrême et d'une exagération joyeuse, pour que vous jugiez par là des autres... Et si je voulais entreprendre les comédiens sur les syllabes muettes ou sur la désinence des mots tels que sacri*fi-er* ou consola*ti-on*?... Combien en avons-nous entendu qui, dans le distique suivant, faisaient le premier vers de onze syllabes et le deuxième de dix :

> Je donnai par devoir à son affection,
> Tout c' que l'autre avait par inclination,

ou qui réduisaient à quatre syllabes l'hémistiche :

> Arian' ma sœur... !

La prononciation de la prose est une chose ; la prononciation des vers en est une autre : elle défend l'intégrité des vocables que le parler de la conversation met en bouillie. Cette vérité n'a rien de rare. Pourtant, la plupart des acteurs ne paraissent pas la soupçonner, et c'est horrible.

*
* *

Le rapide et sombre tableau que nous a présenté M. Hermann Heyermans dans *Ahasvère* est une vision plutôt qu'un drame. Nous sommes en Russie, dans une maison de juifs pauvres, au lendemain d'un soulèvement populaire contre les Juifs. C'est le soir du sabbat : toutes les chandelles sont allumées sur la table de famille. Le vieux Karalyk, un bonhomme à lèvre rasée et à barbe de prophète, une barbe blanche qui n'ondoie pas, mais qui tombe et pend tout droit comme un maigre écheveau de chanvre, et sa femme, pâle et dure sous son serre-tête noir, attendent avec inquiétude leur fils, Piotr, qui n'a pas reparu depuis la veille. Sur le haut poêle de briques, la grand'mère est couchée : elle est folle depuis que les chrétiens, voilà trois ans, ont égorgé son mari après lui avoir arraché la langue et crevé les yeux. De temps en temps, avec un rire d'idiote, elle rampe vers une chandelle qui est accrochée au mur, un peu hors de la portée de sa main, et qu'elle voudrait éteindre, pour s'amuser... Or, pendant une courte absence de Karalyk, sa femme reçoit la visite du pope. Il est sordide, ivre d'eau-de-vie, affreusement jovial ; il annonce à la mère, entre deux hoquets, que son fils s'est converti, et il ajoute qu'elle devrait bien en faire autant. La vieille juive, indignée, met l'ivrogne à la porte. Piotr arrive alors, c'est un petit hébreu grêle, pâle et fin, avec de beaux yeux : une fille. Il avoue sa lâcheté, et que, la veille, poursuivi à coups de pierres et s'étant réfugié dans une église, il s'est laissé baptiser, craignant la mort.

La mère étouffe de honte et de douleur. Mais,

avant tout, il faut cacher cette infamie au père... Il rentre, le vieux Karalyk, et serre tendrement dans ses bras le fils retrouvé. On se met à table ; le père ordonne à Piotr de réciter la prière ; mais les rudes paroles hébraïques déchirent la gorge de l'apostat : il ne peut continuer, il pâlit, il va défaillir.

A ce moment, l'un des officiers de cosaques envoyés pour rétablir l'ordre dans le pays vient demander au vieux juif ses papiers et son permis de séjour. Le malheureux n'en a pas. On l'expulse donc de sa maison, avec sa femme. « Et mon fils ? — Ton fils est en règle, dit le cosaque : il est baptisé depuis hier. » Karalyk maudit le fils parjure, et lance contre lui les imprécations dont Jéhovah accabla jadis Abiron, Dathan, Coré, Doëg et Achitophel. Et Piotr et l'aïeule idiote restent seuls dans la maison vide.

J'attendais de ce tête-à-tête des choses tragiques. Je pensais que, une lueur de connaissance se réveillant dans l'esprit de la folle, elle allait peut-être étrangler de ses vieilles mains sèches son petit-fils renégat... Mais point: elle se contente, n'étant plus surveillée, d'éteindre, en riant d'un rire imbécile et terrible, le flambeau accroché près du poêle. Et si vous voulez que cette chandelle éteinte soit un symbole, je ne m'y opposerai point.

Ahasvère n'est donc qu'un noir croquis. Le drame n'est pas assez développé, ni les caractères et les sentiments des personnages, pour que nous en soyons sérieusement émus. Mais la mise en scène est d'une tristesse et d'une horreur assez saisissantes.

En tout cas, le sujet indiqué par M. Heyermans ne serait qu'un épisode accessoire du drame que pourraient inspirer, à un auteur dramatique qui aurait quelque génie, la situation et le rôle de la race juive dans le monde contemporain. Race singulière entre toutes. Aucune n'a une plus belle histoire ni plus tragique. Aucune n'offre plus de contrastes dans le temps : car, pastorale et guerrière, et foncièrement héroïque il y a trois mille ans, vous savez à quels travaux elle s'applique principalement aujourd'hui. Et, de même, aucune ne présente, à travers l'espace où elle est dispersée, des contrastes plus forts. Car il y a d'abord les juifs de la haute finance internationale, les rois de l'or, plus puissants que les porte-sceptres ; il y a ce légendaire « Rothschild », dont la destinée revêt, dans l'imagination du peuple, un caractère presque fantastique, et qui, au fait, n'existe peut-être pas. Et il y a les jeunes hommes névropathes, maladivement raffinés, qui ont tant contribué à inventer la littérature et la peinture symbolistes et mystiques, — et l'anarchie : car les sémites abondent, comme vous savez, dans les Revues décadentes et révolutionnaires. Joignez-y plusieurs de nos vaudevillistes et humoristes les plus distingués, quelques-unes de nos meilleures comédiennes, quelques-unes de nos mondaines et de nos

« esthètes » les plus accomplies. Mais il y a aussi les juifs d'Alger, les brocanteurs de la rue de la Lyre, sordides avec leurs turbans, leurs braies de calicot et leurs bas bleus. Et il y a enfin les juifs de Russie, ceux que les moujiks massacrent à certains jours, et que nous devons donc saluer comme d'humbles martyrs. Bref, les conditions sociales les plus extrêmes, puisque cela va de ce que nous connaissons de plus misérable à ce que nous voyons de plus puissant ; et les extrémités morales les plus surprenantes, puisque cela va du plus pur héroïsme religieux et du plus ardent amour de la justice, héritage du vieil Israël (plusieurs des grands théoriciens socialistes ont été des juifs) à la cupidité la plus inhumaine, à la vanité la plus féroce, à l'esprit de mercantilisme le plus carthaginois. Et tout cela, cependant, depuis les colporteurs méprisés des moujiks jusqu'aux rois de Paris et de Londres, tout cela, c'est la même race (Renan ne voulait pas qu'on dît cela ; il voulait qu'on dît seulement « la même religion », mais vraiment il semble bien qu'il y ait quelque chose de plus) ; c'est, dis-je, la même race, et qui a conscience de son unité, et qui garde jalousement cette conscience. A Paris du moins, qui touche à un israélite touche à tous les autres, et qui se permet, au théâtre ou dans le roman, de les traiter comme on traite d'autres collectivités : les Auvergnats, les Marseillais ou les notaires, c'est-à-dire de les peindre, ou dans des types d'exception et présentés comme tels, ou dans des types si généraux qu'ils n'atteignent plus personne, celui-là, au fond, les a tous contre lui, je le sais. Nous expliquerons, si vous voulez, par l'atavisme cette susceptibilité ombrageuse de gens dont les ancêtres furent si longtemps et si atrocement persécutés. Et je n'y vois de remède que de plaire à leurs femmes et d'épouser leurs filles. Ils ne sont sans doute « réductibles » que par là. Et cela est admirable, en somme, et la déclaration que j'en fais est bien désintéressée : les hommes sont si bêtes qu'on va encore, j'en suis sûr, me qualifier d'antisémite.

Ah ! oui, il y aurait là un beau drame à faire. On reprendrait Shylock, on le moderniserait ; on en ferait un roi de l'argent, et qui commettrait des crimes grandioses pour avoir de l'argent. mais qui pourtant ne tiendrait pas précisément à l'argent, qui ne verrait dans son énorme puissance qu'un moyen de venger la longue souffrance de sa race en humiliant et en avilissant les chrétiens, — ce qui n'est pas toujours très difficile, mon Dieu ! — et qui pourrait faire, en outre, ce rêve d'une Jérusalem nouvelle que Dumas a indiqué dans *la Femme de Claude*. Et, pour l'opposer à cet orgueilleux, ne pourrait-on tirer de quelque steppe ou de quelque pouilleux Orient le plus misérable de ses coreligionnaires, quelque pauvre diable de martyr qui serait un saint sans le savoir, et qui porterait en lui la vraie religion, la religion universelle, la pure flamme de justice et de charité des vieux Prophètes. Ainsi se rencontrerait ce qu'Israël eut de meilleur et ce qu'il a de pire, l'esprit de l'antique Israël et l'esprit de l'Israël nouveau, tel qu'on dit que l'a fait le crime des chrétiens, — crime depuis longtemps expié, s'il est vrai que le commerce de l'argent, juif dans son origine, est devenu, par les excès de la spéculation, une des plaies des sociétés modernes. Et il y aurait aussi, dans ce drame, un coulissier et un journaliste, il y aurait une névrosée, et il y aurait, naturellement, quelque prince d'Aurec... Mais, par exemple, je n'ai plus le temps de chercher ce qui pourrait bien se passer entre tous ces gens-là... Enfin, vous me pardonnerez, une fois de plus, d'avoir écrit au hasard, et comme on songe.

HENRY FOUQUIER

Matinées des Variétés: Conférence de M. Henry Fouquier sur Bouffé et Déjazet.

17 décembre 1893.

D'une voix grave et bien timbrée, d'un ton détaché, juste et froid, — comme un Phocéen qui ne veut pas avouer, — M. Henry Fouquier nous a fait, sur le vieux vaudeville, sur Bouffé et sur Déjazet, une conférence très spirituelle et très élégante, — et si jolie que le calme orateur a eu jusqu'à trois « rappels », — comme une étoile.

Nous avons retrouvé, dans cet entretien, l'esprit souple, robuste et indulgent de ce maître de la chronique. Il nous a dit à peu près : — Je ne comprends guère la querelle qui divise les partisans du vaudeville et ses « tombeurs. » Il serait si facile de s'entendre! Le théâtre est tout. Je ne vois rien dans la pensée humaine qui n'ait rencontré son expression scénique. Le théâtre, c'est la légende religieuse s'humanisant, avec Eschyle et Sophocle; c'est la philosophie, la fantaisie et la passion avec Euripide; c'est le journalisme, c'est la satire politique et sociale avec Aristophane; c'est toute l'humanité douloureuse et c'est le rêve avec Shakespeare; c'est l'héroïsme moral avec Corneille, la psychologie avec Racine, la peinture des mœurs avec Molière. Mais c'est aussi tout simplement le rire innocent, pour rien, pour le plaisir.

Une des choses qui recommandent le vaudeville d'il y a cinquante ans, c'est l'ingénuité, la bonhomie, la moralité sentimentale. Vous verrez cela tout à l'heure, au premier acte de *Boquillon à la recherche d'un père*. Ce Boquillon est un vieux garçon égoïste, douillet, ami de ses aises et qui déteste les enfants. Un soir, il trouve dans sa chambre un poupon, qu'une main mystérieuse y a déposé. Il crie, tempête, traite l'inopportun nouveau-né d'intrus, d'aventurier et de vagabond. Mais l'enfant tend vers lui ses petites mains; et Boquillon s'apaise, Boquillon payera les mois de nourrice, et le sucre et le savon et la chandelle. Et, plus tard, quand il peut croire que le poupon égaré est de lui, il en pleure de joie. Et peut-être, Mesdames, sentirez-vous çà et là votre rire se mouiller un peu. C'est candide, c'est gentil, c'est inoffensif, c'est modestement et humblement humain; ça n'est pas cruel, ni amer, ni pervers, ni orgueilleux, ni malfaisant, et ça n'est pas plus faux qu'autre chose.

Les personnages, vous les reconnaîtrez. C'est la petite bourgeoisie et le petit peuple cordial du Paris d'autrefois ; ce sont les personnages de Paul de Kock, de ce Paul de Kock qui plaisait tant à l'un des derniers Papes (je ne sais plus si c'était Grégoire XVI ou Pie IX). Oh ! que ce Pape avait raison d'être indulgent à la gaieté sans prétention, fût-elle un peu gauloise, et même à la galanterie tendre et joyeuse ! Ce père des âmes espérait sans doute que ces ingénuités nous préserveraient des perversités du naturalisme, et de sa dureté foncière, et de son obscénité morose...

Donc, autour de Boquillon, s'agitent quelques-unes des figures chères à l'historien de *Gustave le Mauvais Sujet :* la portière (qui n'est pas encore « concierge »), le rapin, l'Auvergnate, le gros bourgeois censitaire. Leur comique est parfois bas, mais sain. Nulle recherche dans le dialogue. Ce sont les situations toutes seules qui font rire.

M. Henry Fouquier a parlé ensuite de l'acteur Bouffé, qui joua Boquillon. Ce rôle fut un des cent quatre-vingts qu'il « créa. » Il paraît qu'auprès de Potier, qui était la Finesse ; d'Arnal, qui était la Diction ; de Geoffroy, qui était le Naturel, Bouffé fut la Souplesse. Allons, tant mieux. Je n'y étais pas. M. Fouquier émet cette remarque que les grands « comédiens de genre » de ce temps-là avaient un répertoire beaucoup plus varié que ceux d'aujourd'hui ; que c'est une manie fâcheuse de faire toujours le même rôle, sur mesure, pour le même acteur, et qu'il en résulte une grande monotonie dans le vaudeville contemporain. C'est possible ; mais je soupçonne que la monotonie ne fut pas absente non plus du vaudeville d'autrefois...

Tandis que M. Fouquier célébrait les mérites de Bouffé, je me rappelais ce lieu commun : que la gloire des comédiens est la plus fragile et la plus vide de toutes, puisqu'ils meurent tout entiers et qu'il ne reste vraiment d'eux que leur nom. Mais, en y réfléchissant, je me disais que ce lieu commun a peut-être tort. Oui, sans doute, la gloire des grands peintres et des grands statuaires, de qui les œuvres survivent, et celle des grands écrivains que l'on continue de lire un peu, est plus solide et plus réelle que celle des histrions. Mais la gloire des écrivains célèbres qu'on ne lit pas (et c'est le plus grand nombre)? En quoi, je vous prie, la gloire de Rachel ou de Talma, ou d'Arnal et d'Alcide Tousez, est-elle moins consistante que celle du grand Arnaud et de l'excellent Nicole? ou de Ménandre et de Trogue-Pompée? ou même de Zeuxis et d'Apelle? ou même d'Alexandre et de Tamerlan? Que reste-t-il des uns comme des autres, si ce n'est un nom et le souvenir de l'action, totalement éteinte, qu'ils ont exercée sur des générations disparues? Et j'entrevois que, de plus en plus, les grands comédiens et les autres hommes illustres s'égaliseront dans la vanité des renommées posthumes, s'il est vrai que, vu l'encombrement, la postérité aura de moins en moins le loisir de connaître les œuvres survivantes des morts. Et c'est là une sérieuse consolation pour les ignorés... « Combien, dit La Bruyère, d'hommes admirables, et qui avaient de très beaux génies, sont morts sans qu'on en ait parlé ! Combien vivent encore, dont on ne parle point et dont on ne parlera jamais ! »

Sur Virginie Déjazet, M. Henry Fouquier a été délicieux. Déjazet est une des apparitions féminines qui ont le plus longtemps diverti les hommes. Car elle débuta en 1806, et elle jouait encore en 1875. Cela fait soixante-dix ans de planches. Elle aurait presque pu célébrer ses noces de diamant avec Momus. Elle eut, dit-on, au plus haut point la grâce et l'esprit ; elle eut le génie de la chanson. Elle était très bonne ; jamais le sou ; cinquante années de charges de famille supportées vaillamment. Elle aima beaucoup ; moins souvent qu'on n'a dit, car on prête aux riches. Mûre, et jouant encore les travestis (pauvre femme !), elle adora un comédien de vingt-cinq ans plus jeune qu'elle, et nous voyons, par des lettres qu'a publiées son historiographe, M. Lecomte, qu'elle fut infiniment moins ridicule que touchante dans cette posture délicate. Elle était parfaitement naturelle : au premier tournant de vie trop mélancolique, elle se mit à aimer Dieu. A soixante-deux ans, elle se fit baptiser (elle était née avant le Concordat), et elle eut pour parrain son régisseur. Sa piété était confiante. Dans ses dernières années, elle racontait un rêve qu'elle avait fait : « J'étais morte. J'entrai dans le vestibule du Paradis ; j'y rencontrai mes bons amis d'autrefois. Ils ne se gênèrent point, et, tout en causant, ils m'appelaient Virginie tout court. Je songeai : « Me voilà bien compromise. » Mais le Père Eternel entra et, en me voyant, il laissa échapper : « Virginie ! » Je me dis : « Lui aussi ! Je suis sauvée. »

L'HOMME A L'OREILLE CASSÉE

GYMNASE : *L'Homme à l'oreille cassée*, conte en trois actes et en deux époques, tiré du roman d'Edmond About, par MM. Pierre Decourcelle et Antony Mars.

23 avril 1893.

L'Homme à l'oreille cassée a ce premier mérite, que c'est un conte, et qui fait songer.

Nous devons tous faire les mêmes rêves, ou à peu près, car nous sommes tous les mêmes êtres chétifs, et consumés de vains désirs ; bornés, éphémères, et dévorateurs du temps et de l'espace. Sûrement, vous vous êtes posé cette question : — Que sentiraient les hommes d'autrefois, ceux qui sont morts depuis des siècles, si quelque prodige les ramenait parmi nous ? Quelle tête feraient Euripide, Virgile, Dante, Racine, et quel serait *le son de leur voix* ? Et quel effet produiraient-ils sur nous ? Ou bien encore vous avez songé : — Tout ce que je puis espérer, c'est de vivre quatre-vingts ans. Qu'est-

ce que cela ? Et qu'aurai-je vu, s'il est vrai que
l'humanité doit durer encore des milliers et des
milliers d'années ? Que sera-t-elle dans cent ans,
dans mille ans, dans trois mille ans ? O ironie !
Les choses passées, nous nous piquons de les expliquer clairement ; nous démontrons que ce qui a
été ne pouvait point ne pas être ; nous démêlons
avec assurance l'enchaînement fatal des causes et
des effets, et cela s'appelle la philosophie de l'histoire : et cependant nous sommes incapables de
prévoir quel sera l'état, je ne dis pas du monde,
mais de la France, dans un demi-siècle. Cette
impuissance est affolante quand on se met à y penser.
Certes je consentirais à être « fauché dans ma
fleur », — pour ce que j'en fais ! — à condition de
revivre chaque siècle pendant un an, pendant un tri-
mestre, pendant un mois, afin de voir, d'étape en
étape, où en seront les choses humaines, et ce qu'auront fait les races supérieures, et quelle sera la carte
d'Europe, et ce qu'on saura, et comment on vivra,
après moi, dans les siècles des siècles... Vœu puéril
et imprudent! Car, ou ce serait toujours la même
chose, sauf quelques changements extérieurs, et
alors à quoi bon revenir ? Ou ce serait totalement
différent de ce que j'aurais déjà vu, et alors je n'y
comprendrais rien du tout. Et, dans tous les cas,
comme je reviendrais, chaque fois, avec mon âme
antérieure, de quoi aurais-je l'air, je vous prie, dans
ce monde nouveau ? Je n'y trouverais, pour répondre

un peu à la mienne, que l'âme immuable des laboureurs et des bergers, si toutefois il y en avait encore ; et ainsi la mélancolie de ces renaissances serait affreuse. Chaque siècle, successivement, me traiterait d'inconcevable baderne, et chaque siècle aurait raison... Et, néanmoins, je m'entête dans mon vœu : car, si nous ne vivons pas par curiosité, pourquoi vivons-nous ? Peut-être, d'ailleurs, ces réapparitions à travers les âges m'apporteraient-elles moins de surprises — hélas ! — que je n'en attends.

Toutefois... — vous trouvez que j'oscille ? qu'est-ce que ça fait ? — il me semble qu'un colonel du premier Empire, mort en 1813, et revenu au monde en 1886, c'est-à-dire soixante-treize ans après, doit constater quelques petites modifications dans le train des choses, et en concevoir quelque étonnement, surtout s'il ignore d'abord qu'il a dormi pendant quinze lustres. — Les chemins de fer, le télégraphe, le téléphone et la lumière électrique suffiraient à l'ébouriffer. Ajoutez les modifications survenues dans les façons de penser, de sentir, de parler et d'écrire, et n'oubliez pas que ce colonel est une âme éminemment simple. Les générations qui se suivent immédiatement sont déjà peu intelligibles les unes aux autres : tout va si vite aujourd'hui ! Nous-mêmes, qui avons autour de quarante ans, il y a des jeunes gens de trente ans qui nous considèrent avec pitié et mépris, comme les types d'une humanité abolie, cependant que, de notre côté, nous demeurons stupides à leurs discours et à leurs imaginations. On est toujours « l'homme à l'oreille cassée » de quelqu'un. Jugez si l'héroïque et naïf et violemment idéaliste colonel Fougas, retombant, après trois quarts de siècle, en pleine veulerie de la troisième République, doit être épouffé, et s'il doit épouffer les autres ! Là est le vif et philosophique intérêt du conte d'Emond About, et de l'adaptation dramatique que MM. Decourcelle et Antony Mars en ont très adroitement tentée.

Donc, nous sommes d'abord en 1813, avant la bataille de Leipsig. Le colonel Fougas, un héros de vingt-quatre ans, empanaché comme un guerrier de l'*Iliade*, à l'âme enfantine, aux discours innocents et emphatiques (lauriers de Mars, myrtes de Vénus, olivier de la Paix, torches de l'Hyménée, autels de l'Amitié, gloire, victoire, amours, tambours), est appelé, par un ordre subit de l'empereur, aux frontières de la Silésie, le jour même où il doit épouser Mlle Clémentine Blanchard. Il froisse, contre les broderies d'or qui recouvrent son cœur vaillant, la tête blonde de sa fiancée à gigots et, « sans murmurer », enfourche son grand cheval : « Pour l'empereur et pour la France ! » Et c'est le premier tableau.

Or, les rotifères sont des petites bêtes, toutes petites, d'un dixième de millimètre environ, qui, desséchées, ne sont point mortes, mais qu'on peut ranimer après autant d'années qu'on veut, en les humectant d'une goutte d'eau. Le docteur Frantz Nibor, de Prague, estime que cette opération peut être pratiquée avec succès sur les hommes et cherche depuis longtemps un « sujet ». La Providence lui adresse le colonel Fougas, condamné à mort par les Autrichiens. Le vieux savant lui offre une hospitalité de quelques heures, l'endort avec un certain élixir qui le fait passer pour mort, et le dessèche avec soin sous sa cloche pneumatique. Et c'est le deuxième tableau.

Soixante-treize ans après. — La Clémentine du premier acte a attendu son colonel pendant dix ans ; puis elle s'est mariée ; elle est devenue mère, puis grand'mère et, ce jour-là même, sa petite-fille, la Clémentine n° 3, doit épouser un brillant ingénieur.

Le brillant ingénieur, voyageant en Autriche, y a déniché une momie chez un marchand de bric-à-brac, et l'a rapportée en France. Cette momie, c'est le colonel Fougas. Un papier épinglé à son uniforme révèle son état civil et la manière de le ressusciter. Il ne s'agit que de le laisser tremper une heure ou deux dans de l'eau tiède.

Et, en effet, le digne guerrier, humecté avec précaution, se dilate et revit, comme une rose de Jéricho. Il éternue, ouvre les yeux, et s'écrie : « Garçon ! l'Annuaire ! » et, après divers étonnements, apercevant tout à coup la Clémentine n° 3 en toilette de mariée, il croit que c'est sa Clémentine à lui, la traite en conséquence et se fait une affaire avec le freluquet d'ingénieur...

La famille ne tarde pas à trouver cet ancêtre encombrant. Mais le terrible colonel revoit sa vraie Clémentine, qui a présentement quatre-vingt-onze ans, puis son ancien brosseur, « le petit Pascal », qui en a quatre-vingt-quinze. Il y a là d'aimables scènes et d'une fantaisie mélancolique... Enfin, le ressuscité s'endort ; la nature se rattrape pendant son sommeil ; il a, en se réveillant, le corps, le poil et l'âme d'un homme de quatre-vingt-dix-sept ans. Le voilà donc rentré dans la règle, réassorti à la Clémentine n°1. Décidément, c'est mieux ainsi. Il ne bouscule ni n'effare plus personne ; et, apaisé, il bénit la Clémentine n° 3 et son fringant ingénieur... Et la morale, c'est que le mieux pour nous est de vieillir en même temps que les camarades : ce à quoi nous n'éprouvons généralement aucune difficulté.

Chicanerons-nous MM. Decourcelle et Mars ? Dirons-nous que deux actes d'exposition sur trois, c'est beaucoup ? que le troisième acte se trouve, par là, un peu bien serré et tassé ? et qu'un quatrième n'eût pas été de trop pour donner au colonel Fougas le temps de s'y reconnaître et pour laisser un peu de champ à ses surprises et à ses ahurissements ? Ceux que les auteurs lui ont prêtés sont, à vrai dire, un peu courts et sommaires, et il y avait, je crois, autre chose à tirer des ignorances de ce revenant. Peut-être aussi ce conte bleu demandait-il un peu de musique; et peut-être...... Mais qu'importe ? La pièce, telle qu'elle est, n'est pas ennuyeuse un seul instant. Cela est charmant aux yeux et, çà et là, glorieux et sonore aux oreilles. Ce colonel de vingt-quatre ans, ces chaises à lyres, ces faisceaux d'armes sculptés dans les boiseries, ce mobilier du vieil Horace, ce Léonidas aux Thermopyles qui décore la pendule, ces femmes vêtues comme les Romaines de David, ces uniformes, ces boisseaux empanachés, ces galons en pointe sur les cuisses, ces sabretaches battant les jarrets des héros... Ah! l'empire et l'Empereur, comme nous en tenons encore ! Vous rappelez-vous le premier chapitre de *la Confession d'un enfant du siècle ?* Ce chapitre, nous l'avons tous dans les moelles. Rien, évidemment, n'est comparable à la puissance de fascination et de suggestion que ce chapeau, ce profil de médaille et cette redingote grise ont exercée sur les hommes. Et cela continue. Cet homme nous possède ; nos pires et nos meilleurs instincts l'adorent, car il a fait connaître à nos aïeux, dans toute leur plénitude, la vie brutale et la vie désintéressée, l'orgueil insolent d'être matériellement les plus forts, et, en même temps, les joies du renoncement et du sacrifice, et le sentiment de quelque chose de préférable à la vie même. Oh! le grand semeur d'illusions que ce fut ! Soit que l'éminent historien Henry Houssaye, avec une sobriété et une précision enflammées, nous raconte, dans son *1815*, le miraculeux retour de l'île d'Elbe ; soit que l'éminent clown Footit, au Nouveau-Cirque, flageole des jambes en voyant aller et venir, sous la lune, montant la garde, la silhouette familière et sublime du « Petit Caporal », nous frémissons intérieurement, nous ne savons plus où nous en sommes. Et c'est parce que Son Ombre plane de nouveau sur les planches où les colonels de Scribe exprimèrent tant de nobles sentiments qu'il faut aller voir *l'Homme à l'oreille cassée.*

VICTORIEN SARDOU

VAUDEVILLE : *Madame Sans-Gêne,* pièce en quatre actes, dont un prologue, de MM. Victorien Sardou et Emile Moreau.

5 novembre 1893.

C'est une charmante pièce et, dans le fond, une assez petite pièce, mais une petite pièce si bien aménagée, filée et distendue, qu'elle tient beaucoup de place, fait beaucoup de bruit, nous amuse les yeux, et même l'esprit, durant deux ou trois heures d'horloge : pareille à ces tissus diaphanes et chatoyants qui, déployés, peuvent faire toute une robe et qui, pourtant, passeraient à travers une bague ou tiendraient dans le creux de la main. Un vaudeville historique, — ou anecdotique, — à cinquante personnages, — ou figurants, — pittoresque, papillotant et somptueux. Assurément, c'est une des moindres œuvres de l'illustre auteur de *Patrie*, de *Fernande*, de *Rabagas* et de *Divorçons*, une de celles où il est le plus visible qu'il a uniquement songé à plaire ; mais c'est aussi une de celles où, dans maint endroit, il y a le plus parfaitement réussi.

Et ne dites point que la plus grande partie de ce succès revient au costumier, au décorateur et au metteur en scène. D'abord, le metteur en scène, c'est M. Sardou en personne ; puis, si l'art du peintre ou du costumier a pu étaler ici, avec tant de bonheur, tous ses prestiges, c'est qu'après tout la pièce s'y appropriait excellemment, les appelait comme un complément nécessaire, était conçue de sorte que ces prestiges y vinssent à propos et y fussent naturellement mêlés à la fable légère ; et c'est qu'enfin le décorateur et le costumier n'étaient, dans toute la vérité du mot, que les instruments de l'auteur. Jamais peut-être n'est plus clairement apparu ce qui distingue M. Victorien Sardou entre tous les dramaturges. Pour les autres, du moins pour presque tous, une pièce est *finie* quand ils en ont écrit la dernière phrase. Mais non pour M. Sardou. Une pièce n'est pas pour lui un cahier de prose : c'est un spectacle, et cela, dès le premier mot qu'il trace sur le papier. Très réellement, il compose sa pièce autant avec ce qu'il n'écrit pas qu'avec ce qu'il écrit. Longtemps avant la représentation, il ne la conçoit que « représentée ». Les gestes, les mouvements, les groupements des acteurs, les décors, les costumes et les accessoires sont, à ses yeux, des éléments intégrants de l'œuvre dramatique au même titre que le dialogue, des moyens d'expression égaux en importance et en efficacité à la parole même, et qui, au surplus, ne peuvent s'en séparer. Il imagine et emploie, pour traduire une idée dramatique, les jeux de scène et les sensations visuelles concurremment avec les mots, et cela sans effort. Pour lui, « faire une pièce », ce n'est pas seulement l'écrire, mais c'est la voir, ou plus exactement, c'est en inventer et en prévoir le spectacle entier. Je vous abandonne, d'ailleurs, sa philosophie et sa psychologie, choses dont il se pique peu, — et même son style, qui a cependant la rapidité, la précision et quelquefois la couleur, — et je crois qu'il y a des auteurs dramatiques supérieurs à M. Sardou par le contenu de leurs œuvres, mais on pourrait dire de lui qu'il est « le théâtre même », — un peu, et malgré l'énorme différence des objets, au sens spécial où l'on dit, par exemple, que Lamartine n'est pas un poète, mais « la poésie ».

Ceci étant bien entendu, j'aurai moins de scrupule à vous raconter sans gêne *Madame Sans-Gêne*.

Mme Sans-Gêne, c'est la belle Catherine, blanchisseuse, rue Sainte-Anne. Le premier acte se passe dans sa boutique, le 10 août 1792. Des coups de canon, de temps en temps, font sursauter tout un petit pensionnat de jolies blanchisseuses d'opéra-comique. Une conversation de Catherine avec un de ses clients, Fouché, — actuellement sans autre profession que celle d'orateur de club, et qui attend que d'autres aient fait la Révolution afin de l'« organiser », — nous apprend que les patriotes assiègent les Tuileries et que le sergent Lefebvre, — l'amoureux de Mme Sans-Gêne, — est avec eux... Or, à peine Catherine, restée seule, a-t-elle mis ses volets, un jeune officier autrichien, le comte de Neipperg, blessé et poursuivi, entre par la petite porte de la boutique et supplie la belle blanchisseuse de le sauver. Catherine a bon cœur, et puis, n'est-ce pas ? en se battant pour Marie-Antoinette, ce garçon défendait sa payse. Elle le cache donc dans sa propre chambre. Au même moment, on frappe contre les volets : c'est Lefebvre avec des camarades. Le brave sergent veut aller dans la chambre laver ses mains noires de poudre : il s'étonne de la trouver fermée, a des soupçons, force la porte..., puis reparaît en disant : « C'est vrai, il n'y a personne. Tu as voulu me donner une leçon. » Mais, les camarades partis : « Pourquoi, demande-t-il à Catherine, ne m'as-tu pas dit qu'il y avait là un mort ? » Sur quoi, Catherine a un mouvement de pitié si évidemment innocente que Lefebvre est enfin rassuré. Le blessé n'est pas mort ; on le fera évader, et Lefebvre ne sera plus jaloux...

Tout ce prologue est un bijou d'adresse et, vers la fin, d'émotion. Et puis, tout le monde y est si gentil ! Catherine « blanchit » pour rien un petit lieutenant corse, qui s'appelle d'un drôle de nom : Buonaparte, et qui vient d'être cassé de son grade. Et ce Fouché ! Il nous fait si spirituellement les honneurs de sa piquante canaillerie ! Et ces patriotes, qui viennent de massacrer, dix contre un, la garde du roi et de mettre les Tuileries à sac, ont l'air de si braves cœurs !... Oh ! l'exquise idylle !

Dix-huit ou vingt ans après. Le petit lieutenant est devenu l'empereur Napoléon et le gendre de l'empereur d'Autriche. Catherine a épousé le sergent Lefebvre, qui est maintenant le maréchal Lefebvre, duc de Dantzig. Nous sommes au château de Compiègne ; et c'est la duchesse de Dantzig qui doit recevoir la cour ce soir-là.

Chose surprenante ! cette femme qui n'est pas bête et qui montrera, tout le long de la pièce, la plus vive intelligence, n'a pu, devenue maréchale et duchesse, se défaire, même un peu, de ses façons et de son langage de blanchisseuse mal embouchée... Oui, je sais, la maréchale Lefebvre est restée célèbre pour la familiarité populaire de son langage. Mais on ne me fera pas croire que cette fille de Paris n'ait pu apprendre ce qu'apprendrait en quelques mois la première venue des ouvrières de Montmartre ou des Batignolles, et qu'elle n'ait pas acquis tout au moins, en vingt ans d'élévation progressive, le « comme il faut » bourgeois d'une boutiquière aisée. On ne m'ôtera pas de l'idée que, lorsque la maréchale Lefebvre disait : « C'est nous qui sont les princesses » ou : « Ça te la coupe ! » elle s'amusait, elle « faisait des blagues ». Au reste, on a dû lui en prêter.

J'aurais compris qu'à certains moments, par inadvertance, ou sous le coup d'une impression vive, le fonds populaire, ou même faubourien, reparût sous la gaucherie d'une correction incomplète ; et ces distractions, ou ces échappées de verve familière, espacées et imprévues, n'en eussent été que plus plaisantes. Mais la commère qu'on nous montre semble s'appliquer à accumuler sans trêve les plus niais pataquès. Nous assistons d'abord à une réédition alourdie de la scène du Bourgeois gentilhomme avec son maître de danse. Puis, lorsque les princesses sont entrées : « Excusez-moi d'être en retard, Mesdames... C'est ma sacrée robe... C'est que, voyez-vous, j'ai voulu me mettre sur mon trente et un... » Puis, le thé offert : « Vous êtes comme moi, n'est-ce pas ? C'te eau chaude, ça ne vous dit rien... Vous préféreriez du rude ?... Si on prenait un vin chaud ?... » Et, présentant des petits fours : « Voulez-vous une lichette ? » Etc., etc..., et des ahurissements, et des roulements d'yeux effarés, et des emberlificotements dans sa traîne... C'est Mme Gibou à la cour. C'est d'un comique si bas et si offensant que je ne conçois point que M. Sardou ait daigné le ramasser. Et je ne me plains même pas que cela soit archifaux et dépasse même la convention vaudevillesque : je me plains que cette convention y soit dépassée sans profit, et même pour notre plus vif déplaisir. Ce qui d'ailleurs n'empêchera pas cette fâcheuse maréchale Pipelet de rappeler aux princesses, un peu plus loin, leurs origines et « les bienfaits de la Révolution » dans un couplet de théâtre très soutenu et très travaillé...

Mais qu'importe ? Je dois reconnaître que ce comique de tréteaux a visiblement réjoui une partie du public. Puis le spectacle est brillant, les femmes sont jolies, les costumes somptueux, le décor et les meubles exquis. Ce style Empire avec sa raideur de lignes, et ce qu'il y a d'ingénument académique dans le détail de son ornementation, a vraiment, et tout compte fait, de la grandeur ; il me paraît même supérieur au style Louis XIV, qui a surtout de la « pompe ». Un peu ridicule à le prendre par le menu, l'ameublement Empire donne, dans son ensemble, une impression de beauté et de fierté. Il a l'aspect « héroïque »... Je me rappelle une page de Louis Veuillot dans ses délicieuses *Lettres à sa sœur* : « J'occupe la chambre de Mme R... Il y a un lit qui égale presque en dimensions celui d'Epoisses. Il fut celui de la maréchale ; et il est couvert d'ornements on ne peut plus cocasses et belliqueux : des palmes, des lauriers dans des cornes impayables, des casques, des étoiles d'or, un glaive. Tout cela est bête et massif au possible, mais respectable par la matière et par l'idée. Ces rudes soldats de l'Empire jouissaient d'une sincérité militaire qui ne leur permettait pas le ruolz, ni aucune autre supercherie. Il leur fallait du vrai et du cher, des lames d'or sur des blocs de cuivre et sur des billes d'acajou. Quand le maréchal fit son établissement, il y eut pour cinq à six cent mille francs de ciselures et de dorures, et c'était une maison où l'on comptait. Ces vieux meubles n'ont pas changé. Tout cela est neuf et brillant. En comparaison, les modernes font de la peine, et, pour conclure, nous ne sommes que de la chiasse... Je parle des autres, bien entendu. »

Mais, décidément, elle se tient trop mal, cette duchesse Gibou. Elle n'est plus « possible ». Et c'est pourquoi l'empereur a fait mander le maréchal Lefebvre, et lui a signifié qu'il eût à divorcer dans le plus bref délai. Lefebvre annonce la nouvelle à sa femme. « Et qu'as-tu répondu ? demande la maréchale Sans-Gêne. — Qu'est-ce que tu aurais répondu, toi ? dit le maréchal. — Que l'empereur peut tout, mais qu'il ne peut pas m'ôter mon Lefebvre, ni séparer un brave homme et une brave femme qui s'aiment comme nous nous aimons. — Eh bien, voilà justement ce que j'ai répondu. — Ah ! mon homme ! — Ah ! ma femme ! » La scène est jolie et cordiale, et a beaucoup plu.

Il est plein d'une rude et savoureuse bonhomie, cet excellent maréchal. Si toutefois vous estimez que M. Victorien Sardou ne nous montre ici que la superficie des choses ; qu'il eût été intéressant d'étudier un peu à fond le type du parvenu de l'Empire, de l'homme du peuple devenu prince par son épée, mélange de simplicité, de brutalité et d'idéalisme (car, pour le soldat de ce temps-là, la guerre fut réellement, pendant vingt ans, un métier, — ce qui ne s'est pas revu depuis, — et il y eut en lui du condottiere et de l'homme de proie, et aussi du troubadour, comme en témoigne la naïve et fastueuse phraséologie du temps; et tout cela ensemble faisait un héros), si vous regrettez que l'auteur de *Madame Sans-Gêne* n'ait point essayé de nous peindre « l'état d'âme » très spécial et très curieux d'un de ces protagonistes soudains de la grande épopée, et les contre-coups et les retentissements d'une si invraisemblable fortune dans une âme fruste et mal préparée, et les étonnements, et l'espèce d'assurance éblouie devant une pareille destinée... je vous répéterai que M. Victorien Sardou ne l'a pas voulu.

Oh! que le troisième acte, presque tout entier, est charmant! C'est assurément une des choses les plus parfaites que M. Sardou ait écrites. Les remontrances de Napoléon à ses sœurs, la princesse Caroline et la princesse Elisa; leur attitude devant le chef de la famille, devant celui qui les a faites tout ce qu'elles sont; les deux princesses « s'empoignant » tout à coup en patois corse, et le grand empereur leur imposant silence dans le même patois; cette remontée soudaine de canaillerie et de pouillerie italiennes, ce lavage de linge sale en famille dans la solennité du décor et parmi l'appareil de la pompe impériale... que tout cela est spirituellement et justement noté ! Et la scène suivante est supérieure encore.

Mme Sans-Gêne arrive, le dos rond sous l'orage prévu, très tranquille au fond. Brutalement, avec une phraséologie un peu commune (on sait que, parmi les innombrables personnages dont se composa le grand empereur, il y eut un Prudhomme), il lui reproche de déshonorer la cour par ses incorrections. « Cela ne peut pas durer, le divorce s'impose. » Elle répond, point trop troublée, comme Lefebvre avait déjà répondu. L'empereur grommelle; la maréchale continue à se défendre, et déclare enfin que, si elle a relevé si vertement les deux princesses impériales, c'est « qu'elles parlaient mal de l'armée ». Ici, comme dit mon bon maître Sarcey, « la scène tourne ». L'empereur, intéressé et touché, interroge Mme Sans-Gêne ; elle énumère ses campagnes et ses blessures (car elle fut vivandière). L'empereur sourit peu à peu aux souvenirs que cette énumération lui rappelle. Il finit, entre deux prises de tabac, par tirer l'oreille à la maréchale, comme à un grognard. La fine commère s'enhardit de plus en plus. Le mouvement de la conversation l'amène à dire qu'elle a connu l'empereur autrefois... il y a longtemps... quand il était sous-lieutenant, et qu'elle le blanchissait pour l'amour de Dieu. Même il y a une note qu'il n'a jamais payée : soixante francs, dont quarante pour le raccommodage du linge. Napoléon, amusé, marchande ; mais elle n'en peut rien rabattre. « Enfin, que vous doit l'empereur ? — Trois napoléons, sire. » L'empereur ne se tient plus de joie, il a un moment de vraie simplicité et de vraie bonhomie, comme il devait en avoir *quand il se souvenait*, quand, réfléchissant au miracle de sa stupéfiante destinée, il avait l'impression que ce n'était pas lui, que c'était un autre, — et quand Madame Mère, gardant sa tête au milieu de ces prodiges, disait : « Pourvou qué ça doure ! » Il y a là une détente, un subit oubli du masque, qui nous ravit d'aise. Et puis, l'empereur s'aperçoit que l'ancienne cantinière est encore diablement appétissante ; il la pousse vers un canapé, demande la permission de baiser la cicatrice de son bras, veut aller plus loin... « Pardon, sire ! je n'ai pas d'autre blessure. » Le conquérant n'insiste pas.

Le reste... eh bien ! le reste m'est égal. Et pourtant c'est la pièce elle-même, qui s'est fait bien attendre.

Il est tard dans la nuit. L'empereur entend du bruit du côté des appartements de l'impératrice Marie-Louise. Il fait éteindre les lumières... et le fidèle Roustan s'empare du comte de Neipperg, qui allait pénétrer chez l'impératrice. De quoi Napoléon est deux fois furieux, — comme mari et comme empereur. On a trouvé mauvais qu'il fût jaloux à la façon des bourgeois. Mais que voulez-vous ? Si grand qu'il fût, il y avait cependant une foule de choses,

— et c'étaient les plus nombreuses, — qu'il sentait ou faisait comme un bourgeois. Ce Napoléon en caleçon me paraît fort plausible. Il arrache à Neipperg ses aiguilles; Neipperg ose lever l'épée sur lui; Napoléon donne l'ordre de le fusiller rapidement et secrètement. Mme Sans-Gêne, moitié par perrichonisme (vous vous rappelez qu'elle a sauvé Neipperg au prologue), moitié pour épargner un crime à son maître, parvient à faire évader l'Autrichien, dont l'innocence est reconnue au dénouement Le subtil Fouché repêche dans la bagarre son portefeuille de ministre de la police, — et ceci nous amuse un instant. Mais, en dépit de très ingénieux détails, que nous fait le reste? C'est une habileté qui s'exerce dans le vide, qui ne plaît que par elle-même; et cela ne nous suffit point tout à fait.

UNE PAGE D'AMOUR

Odéon : *Une Page d'amour*, pièce en sept tableaux, tirée du roman de M. Emile Zola, par M. Charles Samson.

Vaudeville : *Drames sacrés*, un prologue et dix tableaux, en vers, de MM. Armand Silvestre et Morand, musique de M. Charles Gounod.

19 mars.

Le drame méritoire de M. Charles Samson, *Une page d'amour*, nous a montré, une fois de plus, que la physiologie n'est pas « chose de théâtre ».

Qu'est-ce que *Une Page d'amour* ? C'est un peu le roman, — assez banal, — d'une jeune veuve qui s'ennuie, mais c'est surtout l'histoire d'une petite fille de dix ans, qui tombe raide sur le carreau toutes les fois qu'un homme touche sa maman.

Mais pourquoi cette petite fille tombe-t-elle sur le carreau ? Parce que sa grand'mère était hystérique ; parce qu'elle-même est profondément détraquée, au point d'avoir à tout bout de champ, et même quand aucune approche virile ne menace sa mère, des évanouissements qui durent plusieurs heures, et parce que, à ce détraquement congénital, s'ajoute la jalousie, une jalousie physique, mystérieuse dans ses causes, brutale dans ses effets.

Brutale, — et muette, et par là d'autant plus pénible à considérer. La jalousie est toujours un assez vilain sentiment. Il y a, dans cette mainmise d'une créature sur une autre, je ne sais quoi d'insultant et de provocant, d'hostile à toute la communauté humaine. Seulement, lorsque ce sentiment fâcheux se rencontre chez un être capable de l'exprimer et de le définir, chez Othello ou chez Hermione, nous voyons clairement que le jaloux, s'il torture, est lui-même torturé; s'il nous répugne comme bourreau, il nous intéresse comme victime; et la jalousie devient alors matière de drame. Mais cette petite Jeanne Grandchamp ne parle point : elle n'a pour langage que les caresses frénétiques, la bouderie silencieuse, ou la pâmoison, surtout la pâmoison. Et, sans doute, ce silence vaut mieux, car, si elle savait parler, que dirait-elle, cette fillette malade et dont l'âme est pubère avant le corps chétif? Donc, elle se contente de tourner l'œil six fois (quelqu'un a compté), soit sur les planches, soit dans la coulisse. Mais tout de même, outre que c'est pénible à voir ou à concevoir, c'est peut-être un peu monotone.

Il fallait laisser la petite Jeanne à M. Zola. Il

fallait d'autant plus se défier d'*Une Page d'amour* que, dans la pensée du maître, *Une Page d'amour* est un roman chaste. Or, quand M. Zola se mêle d'être chaste, c'est terrible. On le voit bien ici. On l'a vu pareillement dans *le Bonheur des dames* et dans le *Rêve*. M. Zola ne nous laisse vraiment pas assez ignorer les raisons physiologiques de la bonne santé morale de Denise et de l'exaltation religieuse d'Angélique. N'est pas chaste qui veut. M. Zola est condamné à l'impureté. Ses vierges sont des lis sanglants et trop visiblement soumis aux lunaisons.

Et puis, dans cette idylle neurasthénique d'*Une Page d'amour*, il y a une chose que M. Samson ne pouvait transporter dans sa pièce : il y a Paris ; il y a le panorama de la grande ville vue des hauteurs du Trocadéro, à toutes les heures du jour, par toutes les saisons et par tous les ciels. Hélène Grandchamp est courageuse, incertaine ou défaillante, selon la façon dont est éclairé le dôme des Invalides, suivant que la façade de l'Ecole Militaire est gris sale ou gris-perle, suivant qu'à l'horizon le Panthéon est mauve ou paraît en pain d'épice, et suivant que la Seine est couleur d'émeraude, couleur de marne ou couleur d'étain. Ces descriptions, dont la moindre déborde sur dix pages d'imprimé, sont restées fameuses. On les admire beaucoup, sans toujours les avoir lues. Je crois que ce qu'on admire au fond, c'est l'étrange effort dont elles témoignent.

Ç'a été l'une des plus grossières erreurs littéraires

de ce temps, de confondre l'énumération des parties avec la peinture, de croire que la juxtaposition interminable de détails, même pittoresques, peut finalement « former tableau », nous rendre sensibles les vastes spectacles de l'univers physique. En réalité, une description écrite ne se compose et ne s'ordonne dans notre esprit que si l'impression des premiers traits dont elle est formée se prolonge et retentit assez en nous pour que nous les puissions rejoindre aisément à ceux qui la complètent et la terminent. Bref, un morceau descriptif ne vaut que si nous pouvons en retenir et en embrasser à la fois tous les détails. Il faut que ces détails coexistent tous dans notre mémoire, comme ceux d'une toile peinte coexistent sous notre regard. Cela devient presque impossible, quand la description d'un objet déterminé comporte un quart d'heure de lecture. Plus elle s'allonge, et plus elle s'obscurcit. Les traits particuliers s'effacent et s'oublient à mesure qu'ils nous sont présentés ; et c'est ici qu'on peut dire que les arbres empêchent de voir la forêt. Toute description qui dépasse cinquante lignes cesse d'être clairement perceptible à un esprit de vigueur moyenne. On n'a plus alors qu'une série de peintures partielles dont la succession fatigue et accable.

Il est vrai que, dans les livres de M. Zola, cet accablement même nous fait sentir, je ne sais comment, la force du peintre. De cette énorme juxtaposition de détails, que leur multiplicité même rend indistincts et confus, une lueur s'échappe çà et là, qui se reflète sur les paragraphes compacts, ainsi qu'un éclair sur des pans de muraille ; et le travail que M. Zola a fait sur les choses pour les décrire (car il choisit et résume, après tout, malgré qu'il en ait), nous le refaisons nous-mêmes sur ses descriptions.

Mais revenons au drame de M. Charles Samson. Tout compte fait, il reste intéressant. Le premier acte a un vrai charme d'intimité ; le second papillote agréablement ; le rendez-vous de la petite Mme Deberle avec Malignon dans le salon rose est de bonne comédie ; et quand, au troisième acte, le docteur, apprenant la maladie de la petite Jeanne, se retrouve subitement médecin et oublie qu'il est amoureux, c'est là, à coup sûr, une très juste et saisissante indication, que je voudrais seulement un peu plus poussée.

*
* *

Ce qui ressort le plus clairement de la représentation des *Drames sacrés*, au Vaudeville, c'est que M. Eugène Morand est un élève très habile des « quattrocentistes », M. Jusseaume un très ingénieux décorateur, et M. Albert Carré un directeur très « artiste », ce que l'on savait déjà.

Je m'étais tu obstinément sur la *Passion* de la Bodinière et sur la *Passion* de l'ancien Alcazar. Ce silence était une opinion. Il n'a pas fallu moins que les artifices réunis de MM. Jusseaume, Morand, Carré et Charles Gounod, pour endormir en moi de vieux scrupules très mystérieux, mais d'autant plus tenaces que je n'en saurais rendre compte que par un assez grand effort de réflexion. Ces scrupules survivants, cette gêne que me donne l'Évangile mis en vers parnassiens et livré aux bouches d'interprètes éminemment profanes, il semble qu'une foi vive serait seule capable de les justifier, et c'est pourquoi je ne les confesse qu'avec hésitation. Cédé-je ici à de très anciennes impressions d'enfance et d'adolescence, restées intactes au plus profond de moi-même, et peut-être à mon insu ? ou simplement à d'importuns ressouvenirs du commandant Laripète et de Cadet-Bitard ? Soupçonnerais-je par hasard la sincérité religieuse des heureux auteurs de *Grisélidis* ? Ce soupçon est très probablement injuste ; mais j'avoue que, partout ailleurs qu'au Vaudeville, j'aurais eu peine à m'en défendre.

Une chose encore qui, si je ne m'étais surveillé, eût contribué à me rendre suspecte la piété de MM. Silvestre et Morand (à tort, je le reconnais, car on peut être pieux par instinct et hérétique par ignorance), c'est le peu de sûreté de leur orthodoxie. Cela apparaît dès le prologue, où Fra Angelico, dans son clair couvent de Fiesole, s'applique, nous dit-il, à dérouler sur les murs « *la légende* du Christ » ? La légende ? Je sais bien qu'on appelle la Vie des Saints

« la Légende dorée » et peut-être les auteurs s'en sont-ils souvenus. C'est égal, cet archaïsme m'inquiète, et plus d'un détail me fait craindre ensuite que MM. Silvestre et Morand n'aient eu la singulière étourderie d'employer ce mot de « légende » au sens courant et vulgaire. M. Homais non plus n'hésiterait pas à dire : « la légende du Christ ».

Donc, les tableaux qu'on va nous montrer, ce sont les fresques animées de Fra Angelico. Les pieux versificateurs ont parfois prêté à ce saint moine des idées qui le surprendraient fort.

Au premier tableau, nous sommes à Nazareth, dans le jardin de la Vierge. Mlle Yahne apparaît, dans un tronc de figuier, à Mlle Thomsen, et lui annonce qu'elle enfantera le Sauveur. Voilà qui va bien. Mais j'ai vraiment peur que, au tableau suivant, le mystère de la Nativité n'ait été réduit à une historiette un peu étroite. Mlle Sanlaville est désespérée d'avoir perdu son enfant. MM. André Michel et Peutat, déguisés en bergers, essayent vainement de la remonter ; elle blasphème et accuse Dieu. Alors Peutat lui dit : « Regarde ». La toile du fond s'éclaire, et Mlle Thomsen élève une poupée articulée dont les bras et les mains marquées d'une petite tache rouge s'étendent sur une croix lumineuse. D'où il appert que le Christ est spécialement venu au monde pour consoler Mlle Sanlaville. Quelques-uns ont jugé que cette conception manquait peut-être d'ampleur.

Puis, sur une terrasse florentine, c'est Hérodiade, son mari Antipas et quelques seigneurs Renaissance. Hérodiade est charmée que sa fille ait obtenu du roi la décapitation de Jean-Baptiste. Le bourreau apporte la tête sur un plat. Salomé le suit. Elle explique (telle la Pauline de *Polyeucte*, mais c'est ici plus imprévu) que la mort du saint lui a révélé la vérité et qu'elle s'en va faire pénitence dans la solitude. MM. Morand et Silvestre ont une extrême facilité à convertir les gens. (Nous en verrons d'autres exemples.) Ce sont de bien bonnes âmes. Ils interprètent la loi de pardon avec une sentimentalité et une veulerie « bien parisiennes ».

Et, dès que la tête de Jean-Baptiste a été posée sur la table, crac ! un ressort a joué, et la tête s'est auréolée d'un cercle de lumière électrique...

Je voyais approcher avec terreur la scène de Jésus et de Madeleine. Je redoutais quelque marivaudage romantique. Je me souvenais du vers ineffable de M. Armand Silvestre :

Je ne plains pas Jésus : les femmes l'ont aimé.

Mais les auteurs se sont méfiés, de quoi je les félicite grandement. Madeleine, entourée de seigneurs à toques florentines, se vante de mettre dans sa poche ce jeune prophète galiléen, ennemi des jeux et des ris. Là-dessus, Mirelet fils, c'est-à-dire M. Mayer (vous le rappelez-vous dans l'*École des veufs* ?), c'est-à-dire Jésus, cheveux roux et robe blanche, passe au fond du théâtre, suivi de ses disciples. Il leur récite quelques paragraphes, — imparfaitement mis en vers français, — de son Evangile. Madeleine écoute ; elle est toute saisie ; sans rien dire, elle arrache sa couronne de roses et se précipite, extasiée, à la suite de Jésus. Cette scène muette est de beaucoup la meilleure de l'ouvrage, soit dit sans nulle raillerie.

Un coin de Jérusalem, le jour des Rameaux. Trois belles personnes exécutent une danse du ventre — d'ailleurs tempérée — dont l'objet est de nous ragaillardir. Puis Jésus s'avance entre deux haies de curieux agitant des palmes. Il avise les enfants qui sont là, et dit :

Laissez venir à moi jusqu'aux petits enfants.

Ce « jusque » est un bien beau contresens. Un autre poète avait dit avant M. Armand Silvestre :

Laissez venir à moi les petits enfants blonds,

ce qui était désobligeant pour les bruns et les châtains. Il se pourrait que le texte de l'Evangile fût le meilleur.

Le décor du « Jardin des Oliviers », qu'il faut aller voir, me paraît le chef-d'œuvre de M. Jusseaume. Il suffirait à faire pardonner à M. Morand quelques-uns des vers de M. Silvestre. Mirelet fils, dans une lumière de bengale, y profère maintes choses hardies, propres à étonner les théologiens. Il est dévoré de doutes. Il ne craint pas de dire :

Mon Père, apprenez-moi du moins pour qui je meurs.

Il parle aussi, en charabia hugolesque, du « réveil auguste de l'Idée ». Nous avions déjà vu, dans *le Christ aux Oliviers*, de Vigny, un Jésus-Hamlet, et même quelque peu nihiliste. Le morceau, si j'ai bonne mémoire, n'était pas mauvais. Je le relirai.

Après cet audacieux monologue, la généreuse hétérodoxie de MM. Silvestre et Morand ne connaît plus d'obstacles. Ils suppriment carrément le baiser de Judas. Au moment où M. Grand s'approche, M. Mayer lui dit : « J'ai à te parler ». Il éloigne les curieux et reprend : « Pourquoi me trahis-tu ? » Judas répond, ou à peu près : « Parce que tu mens et que je te hais », et il objecte le mal et la souffrance où l'univers est en proie. Mayer réplique par l'annonce d'un monde que l'amour aura renouvelé. Il ajoute : « Et maintenant, baise-moi ». Mais Judas n'ose plus, il est converti, comme l'a été tout à l'heure Salomé, comme Barabbas le sera dans un instant. Evidemment, nos deux lyriques sont « pour que tout aille bien ». Et c'est Jésus qui se livre lui-même aux soldats.

Pendant le jugement, Mlle Anglochère, déguisée en Vierge âgée, converse avec Mlle Malvau (Marie Madeleine), derrière le palais du procurateur romain.

La Vierge ouvre ses bras à la courtisane repentie, en disant ce vers, qui appartient à l'espèce des beaux vers, très différents des bons :

Je l'ai fait naître au monde : il t'a fait naître au ciel.

(Ne cherchez pas quel secret rapport d'idées peut bien relier ces deux hémistiches dans la pensée de Mlle Anglochère.) Soudain, nouveau truc : la toile de fond s'illumine et le paisible jardin de Nazareth apparaît rouge de sang.

Huitième tableau : Des arbres, qui ont vaguement des formes humaines, gourmandent le bûcheron qui vient abattre du bois pour faire le gibet. Le bûcheron recule, impressionné. Les deux vaillants poètes pousseraient-ils le désir de tout arranger et l'humanité boulevardière jusqu'à supprimer le crucifiement ?

Non ; car voici, groupés sur les murailles de la ville, des curieux qui, de loin, assistent au supplice... Reste maintenant à convertir Candé, je veux dire Barabbas, après Salomé et Judas. Ça ne traîne pas. Au moment où, « tout étant consommé », le ciel, comme dit Molière, s'habille en scaramouche (expression tout à fait convenable à un ciel de théâtre), et se raye presque aussitôt de lueurs sanglantes, Candé, retourné, déclame un article de la *Libre Parole*, à quoi il coud divers propos qui rappellent ceux de Barabbas dans *la Fin de Satan*. Seulement, chez Hugo, c'était plutôt mieux.

Dernière image : le tombeau de Jésus, creusé dans un roc. Mlle Malvau et M. Candé, — non plus sous la souquenille de Barabbas, mais bien mis et rasé de frais, ce qui signifie sans doute l'humanité régénérée, — se rencontrent près du tombeau, et échangent quelques strophes. Puis Mirelet fils apparaît en habit de gala, au haut du rocher, entre deux jeunes comédiennes qui balancent des encensoirs.

Mais pourquoi, à propos de l'Evangile, ces tableaux-là, et non pas d'autres ? Je n'en sais absolument rien ; les auteurs non plus.

Un bon catholique me disait : « Il y manque un tableau essentiel : celui de Jésus chassant les vendeurs du temple ». Heureusement pour le Vaudeville, les bons catholiques se font rares. La religiosité de MM. Silvestre et Morand est tout à fait à la mesure des femmes du monde, et pareillement des bourgeoises, et très exactement appropriée à leurs besoins spirituels. Ce qui m'a offensé les laissera bien tranquilles et peut-être même les édifiera. Elles viendront en foule à ces fantaisies sur l'Evangile, et feront ainsi très agréablement leur semaine sainte ; car les vers des *Drames sacrés* sont harmonieux et fleuris ; car elles aimeront ceux mêmes que j'ai cités et cet autre qui me revient et que Candé crie à Mayer :

Monte plus haut les cœurs, jette plus bas les chaînes,

et tous les vers qui ressemblent à celui-là ; car les

décors sont le délice des yeux ; car la musique de M. Gounod est religieuse et belle ; car, si j'ai pu dire que ces mysticailleries en christocale (pardon !) me rendraient voltairien et me feraient trouver du charme à la *Pucelle* ou à la *Guerre des dieux,* c'est une vivacité que je regrette.

PIERRE LOTI

GRAND-THÉATRE : *Pêcheur d'Islande,* pièce en cinq actes, neuf tableaux, tirée du roman de M. Pierre Loti par MM Pierre Loti et Louis Tiercelin.

VAUDEVILLE : *Flipote,* comédie en trois actes, de M. Jules Lemaître.

27 février 1893

On parle, du moins dans les contes, de certaines essences merveilleuses, tellement pénétrantes qu'une goutte versée suffit à parfumer une chambre. C'est l'âme de milliers et de milliers de roses enfermées dans un flacon. Supposez que l'on répande ce flacon sur la poussière d'une place publique, et vous aurez une idée assez juste de ce qu'on a fait de ce délicieux livre de *Pêcheur d'Islande,* en le transportant au théâtre. Certes, un peu du roman de Pierre Loti a survécu, et, pour parler comme l'ardente Desbordes-Valmore, on en peut encore respirer, dans la salle du Grand-Théâtre, « l'odorant souvenir ». Mais ce n'est qu'un souvenir, en effet.

Après tout, c'est bien quelque chose. Même dans

cette sorte de dispersion et d'évaporation de ce qui faisait le charme du roman, nous avons continué de sentir et d'aimer l'âme de Pierre Loti. C'est une âme délicate et profonde, mélancolique et sensuelle. C'est aussi une âme ombrageuse, je le sais. J'avais, il y a déjà sept ou huit ans, (comme le temps passe!) tâché d'exprimer ma tendresse pour l'auteur du *Mariage de Loti*, du *Roman d'un spahi* et de *Mon frère Yves*, et je crois qu'il en avait été touché. Or, l'an dernier, quand il fut nommé à l'Académie, j'écrivis sur lui, pour l'en féliciter, un article que vous n'avez pas lu et qui parut dans le journal *l'Eclair*. J'y développais cette idée, que Pierre Loti était le moins « académisable » des hommes, attendu qu'il vivait à sa guise, qu'il n'avait nul souci du *cant* et de la considération bourgeoise, qu'il aimait les déguisements « pour changer d'âme », et qu'il était le plus candide, mais le plus décidé des nihilistes, donc très « mal pensant ». J'en concluais que, si l'Académie l'avait choisi malgré tout cela, c'était donc qu'elle l'avait choisi, chose inouïe, uniquement parce qu'elle l'avait lu et que « sa grâce avait été la plus forte ». La chose, comme vous voyez, n'avait rien de désobligeant pour le doux écrivain. Seulement, voilà! l'article était « humoristique » (genre déplorable) et peut-être m'étais-je laissé entraîner à quelque exagération dans le développement des prémisses afin de rendre la conclusion plus frappante. Or, M. Pierre Loti, à qui l'ironie est étrangère, m'en témoigna du chagrin. Et ainsi, pour avoir voulu faire le plaisant, je perdis, hélas! presque un ami... Mais, bah! je suis resté le sien, et cette sympathie, ne pouvant plus être que lointaine et toute spirituelle, est désormais à l'abri des accidents et des variations...

J'aurais donc souhaité vivement retrouver dans le drame toute la poésie du roman. A vrai dire, si elle n'y est pas demeurée toute, ce n'est la faute de personne. Pouvait-on transporter sur les planches, exprimer, sous l'étroite et sèche forme du dialogue continu, la grande tristesse laiteuse de la mer de brumes, la rencontre fantastique des bateaux dans le brouillard, l'agonie du petit Silvestre dans sa cabine, de l'autre côté de la terre, et la chétive silhouette de l'aïeule, décroissant sur la route solitaire, après qu'elle vient d'apprendre, aux bureaux de la marine, la mort de son petit-fils là-bas, là-bas?... Et puis, voyez-vous, les comédiens peuvent nous représenter avec une suffisante exactitude des hommes du monde, des bourgeois, ou même des paysans de la banlieue, bref des hommes comme nous ; ils sont forcément moins heureux dans la reproduction d'êtres vraiment primitifs et tout près encore de la nature. Si peut-être ils nous en rendent à peu près l'image extérieure, ils n'en attrapent jamais l'accent ; et, quelle que soit leur habileté, l'idylle sincère, simple et un peu rude tourne enfin, par eux, soit au mélodrame, soit à l'opéra-comique.

Énumérons cependant les principaux « tableaux » de *Pêcheur d'Islande*. Les décors du grand peintre Jambon « vaudraient le dérangement » à eux seuls. Ce sont eux qui ont le plus retenu de la poésie du livre. Il y a là une placette de vieille ville bretonne ! Et une apparition de village tassé et comme accroupi sous un ciel d'automne balayé de grands vents ! Et des visions de bruyères et de landes et de calvaires désolés au bord de l'Océan !... Les décors, ici, complètent le dialogue, en approfondissent et en parachèvent la mélancolie pénétrante et si doucement monotone...

Au premier tableau, c'est jour de Pardon, à Paimpol. Nous y faisons connaissance de la bonne petite Marie et de son fiancé, le bon petit Silvestre, qui doit bientôt partir pour son service, et de la vieille Maon, fille, femme, sœur, mère et grand'mère de marins, et de la belle Gaud, la fille la plus riche de Paimpol, une « demoiselle » qui a vécu quelques années à Paris bien qu'elle continue à porter la coiffe bretonne, et enfin du grand Yann, le beau géant timide, farouche, un peu brutal, pour qui la demoiselle Gaud sent déjà quelque tendresse de cœur. Tout ce monde-là cause sur la place et tend les maisons de draps blancs pour le passage de la procession. Elle passe enfin, la procession, très pieuse, très bretonne, je crois, et très bien réglée. Je n'y vois à reprendre que le suisse, qui semble un peu trop venir de la Madeleine ou de Saint-Augustin.

Puis, c'est la fête du soir. Tandis qu'on danse dans la grange voisine et que, de temps à autre, passent au fond de la scène des filles et des gars ingénument enlacés, la demoiselle Gaud essaye d'apprivoiser le grand Yann. Et il est visible que le bon colosse, qui aime au fond la jolie fille, se laisserait bientôt faire. Mais des camarades surviennent, qui le plaisantent. Et alors, le beau marin de se fâcher, de crier à tue-tête qu'il n'épousera jamais que la mer et de « lâcher » très impoliment la jolie Gaud toute déconfite.

Au troisième tableau, nous sommes introduits dans la maison cordiale des parents de Yann, où grouille une « touillée » d'enfants, d'une propreté invraisemblable. Yann et Gaud s'y rencontrent une seconde fois ; et, comme cette entrevue n'aboutit pas plus que la première, les lois inexorables du théâtre m'obligent à dire qu'il y en a peut-être une de trop.

Heureusement, le père de Gaud a fait de mauvaises affaires. Il est, en outre, mourant. Le curé, précédé de quelques enfants de chœur, lui apporte les saintes huiles, et ça fait encore une petite procession. Cependant la grand'mère Maon, appelée au bureau de la marine, sort un moment. Quand elle rentre, elle est folle, et des gamins, la croyant saoule, la poursuivent. C'est qu'elle vient d'apprendre la mort de son petit Silvestre. Et Mme Marie Laurent arrache sa coiffe, secoue ses cheveux gris, et exhale sa douleur d'une voix de spectre, vague, grêle, enfantine, — terrible. C'est vraiment très bien fait. On a beaucoup applaudi la Niobé bretonne

Le pont d'un bateau dans la mer d'Islande. Mais où est la mer ? Où l'odeur du brouillard marin ? Où le vent ? Où l'infini ?... Pourtant, il faut aller voir l'étonnante tête de M. Calmettes en vieux loup de mer. On rencontre un autre bateau de pêche qui apporte des lettres de France. Une de ces lettres annonce la mort de Silvestre, blessé au Tonkin, mort pendant le retour en pleine mer des Indes. Les pêcheurs s'agenouillent ; Yann commence à haute voix la récitation du *Pater ;* les sanglots l'étouffent... Troisième scène pieuse. Je les aime bien, mais ça en fait beaucoup.

Le tableau suivant me paraît le meilleur. Après la mort de son père, Gaud, ruinée, est venue demeurer, dans une humble maisonnette, avec la vieille Maon, qui est la grand'mère de Yann. Pour nourrir l'aïeule tombée en enfance, et pour manger elle-même, elle va en journée, comme couturière, chez les paysans. Et elle pense toujours à Yann, la pauvre fille ; mais elle n'espère plus. Or, un jour que les enfants du village « jouent » à injurier la folle après lui avoir tué un vieux chat qu'elle aimait, le grand Yann survient, disperse ces polissons, et se trouve tout à coup face à face avec Gaud. La coquette « demoiselle » d'autrefois n'a plus qu'une méchante petite robe ; elle est bien pâle, elle est bien triste, et l'on voit que ses yeux, ses beaux yeux ont tant pleuré ! Le grand matelot la considère attentivement ; son cœur se fond, et alors...

Mais pourquoi si tard ? Pourquoi a-t-il attendu deux ans ? Et pourquoi l'a-t-il tant fait souffrir inutilement, la charmante fille qu'il aime et dont il est aimé ? C'est d'abord qu'il est fier, le grand gars : il trouvait la demoiselle trop riche pour lui, et trop bien attifée. Puis, il est ombrageux, et il a eu peur des plaisanteries des camarades. Et, enfin, « il a fait son têtu » ; il n'a pas voulu épouser Gaud, tout simplement parce qu'il a dit qu'il ne l'épouserait pas. C'est une âme sérieuse et sans agilité, aux mouvements profonds et lents, qui, une fois commencés, continuent et se prolongent en lui, et quelquefois contre sa volonté. Longtemps après qu'il a consenti à aimer Gaud et résolu de le lui dire, il persiste dans une attitude de refus et d'entêtement farouche. Il a des susceptibilités de colosse, délicates dans leurs causes, lourdes et tenaces dans leurs manifestations. Ce matelot fieffé a des évolutions pesantes comme celles d'un monstre marin. Mais le fond de son âme est exquis et rare. C'est uniquement la souffrance de Gaud, et sa pauvreté, et sa robe élimée, et sa coiffe paysanne, et l'humilité héroïque de sa vie, qui donne au grand gars brutal et timide le courage de lui confesser son amour.

Trop tard, hélas ! Et c'est ce qui fait la mélancolie unique de cette scène d'aveu. Gaud, d'abord, défaille de joie au mot qu'elle attendait depuis deux ans et qu'elle n'espérait plus. Mais qu'il a été long à venir, ce mot ! Quelque hâte qu'ils mettent à se marier, ils ne pourront vivre ensemble plus de quatre ou cinq jours, car Yann sera obligé de partir pour la mer d'Islande. Le sentiment de tant de bonheur perdu, et cela par la faute du méchant garçon, et la mer qui le réclame, c'est-à-dire, peut-être, la mort, tout cela répand sur cette conversation d'amour une tristesse indicible, et jamais joie ne fut plus semblable au désespoir. L'angoisse de la séparation, peut-être éternelle, est déjà dans la première rencontre de leurs cœurs. Ils sentent que leurs quatre ou cinq jours de lune de miel ressembleront aux veillées funèbres de deux condamnés. Et pourtant ils sont heureux ; car, au surplus, la joie peut-elle être parfaite sans une secrète morsure de douleur ? et l'amour serait-il ce qu'il est sans l'idée de la mort ? Il est clair que, grâce à la mer qui guette leur rapide et torturant bonheur, ils se donneront des baisers incomparables. Au reste, puisque nous fuyons comme l'onde, et puisque tout ce qui tombe dans le passé est pour nous comme s'il n'avait jamais été, qu'importe d'avoir été heureux durant un jour, ou durant une année, ou durant toute une vie ? On ne jouit jamais que d'une seconde à la fois ; et plus cet instant est menacé, et plus la joie qu'il donne peut être intense... Donc la mort plane sur les fronts unis de Yann et de Gaud, et le regret et la terreur les étreignent au moment même où ils se disent leur amour, et c'est pour cela qu'ils sont heureux avec une extraordinaire violence, heureux à pleurer, — et à faire pleurer, — et que leur funèbre entretien d'amour est d'une beauté inexprimable.

Je passe rapidement sur les derniers tableaux, triomphe de M. Jambon, où le texte était d'ailleurs peu nécessaire et où nous l'avons à peine entendu. Gaud et Yann se sont mariés ; puis Yann est parti. Et déjà les autres Islandais sont de retour, mais Yann n'est pas revenu. Et Gaud vient à la chapelle de Notre-Dame-de-la-Délivrance, et elle lit, sur les plaques funéraires dont le porche est encombré, les noms de tous les parents de Yann qui sont restés là-bas. Au dernier tableau, Gaud est à genoux devant le calvaire, au bord de l'Océan. Elle y passe les jours, abîmée dans sa douleur. Sa famille vient la chercher ; le père de Yann lui dit qu'elle n'a plus qu'à prendre la coiffe des veuves. Et Gaud tombe tout de son long au pied de la croix.

*
* *

Ce qu'il y de meilleur ou, si vous voulez, de moins banal, dans *Flipote*, c'est évidemment Mlle Anglochère. J'avais une peur horrible de retomber dans Mme Cardinal, et alors j'ai imaginé ceci :

Mlle Anglochère est une vieille fille, — je dis une vieille vierge, — absolument honnête et respectable, mais d'esprit indépendant. Elle a été directrice de pensionnat en province, a été couronnée par l'Académie pour des ouvrages d'éducation, et s'est retirée, vers la quarantaine, avec de petites rentes. A ce moment, son frère, garçon de bureau au ministère de l'instruction publique, est mort en lui confiant sa fille (Flipote), et en la suppliant de ne pas quitter la jeune personne tant que sa « position » ne serait pas faite. Mlle Anglochère est donc venue s'intaller provisoirement à Paris. Elle n'a pu empêcher sa nièce d'entrer au Conservatoire, puis de devenir la maîtresse d'un de ses camarades, ce nigaud de Leplucheux, et enfin de l'épouser. Mais puisque Flipote a tant fait que de mal tourner (et il est clair comme le jour que, son caprice de ménage et de pot-au-feu passé, elle fera comme les autres et aura nécessairement des amants), la vieille demoiselle veut du moins que sa nièce « ne tourne pas bêtement ». Et le jour où éclate la brouille —prévue— entre la comédienne et son mari, elle confie à un brave homme, l'excellent baron des Œillettes, qui appartient à l'espèce des vieux messieurs sensibles, le dépôt qu'elle avait elle-même reçu de son frère. Leplucheux n'était pas « une situation » : le baron en est une. La tante l'aurait préférée régulière ; mais elle n'avait pas le choix, elle a vu cela tout de suite... Enfin ! elle pourra retourner dans son pays, planter ses choux.

Cette honorable demoiselle n'est donc pas une

tante Cardinal : elle est, dans tout ceci, entièrement désintéressée. Et, au surplus, elle est fort loin d'être inconsciente à la façon de l'ineffable « mère d'actrice » de M. Ludovic Halévy. Toutefois, si son ferme bon sens provincial a résisté au cabotinage ambiant et si elle méprise « cette sale vie de théâtre », elle n'a peut-être pas aussi victorieusement résisté à l'influence de cette facilité de mœurs qui est presque de règle dans ce milieu spécial. A force de voir pratiquer l'amour libre, elle a fini par ne pas le trouver si exorbitant ; elle s'y est habituée, et d'autant mieux peut-être qu'elle n'a pas été mariée, qu'elle est, comme j'ai dit, une vieille vierge, et qu'elle ne se fait guère, de cet amour, des représentations concrètes .. Il m'a paru que le cas de Mlle Anglochère pouvait être un bon exemplaire de « moralité individuelle ». J'ai cru qu'il pouvait être plaisant de prêter à cette personne irréprochable, un peu dévote, mais résolue et pratique, des actions douteuses, dont elle ne profite pas et dont, par suite, elle ne saisit plus le contraste avec sa réelle et même un peu revêche vertu, et de les lui faire justement commettre par une sorte d'honnête et rude dégoût pour ce monde sans morale où elle a été condamnée à vivre, et dont elle veut sortir à tout prix... Assurément, Mlle Anglochère est celui de mes personnages auquel je tiens le plus.

Quant à la pièce, elle est simple. Je vous assure toutefois que c'est bien une pièce, avec exposition, nœud, péripétie et dénoûment, et non, comme plusieurs se sont complu à le dire, une poignée d'articles de la *Vie parisienne*. Elle est sortie, sans trop d'effort, de la mise en œuvre combinée de trois remarques faciles à faire : 1° Nous avons pu constater maintes fois ce que coûte à une comédienne d'avenir le sentiment touchant et absurde qui la fait s'empêtrer d'un cabot qu'elle aime, et qu'elle traîne ensuite comme un boulet ; 2° il peut arriver à un comédien, qui n'a été jusque-là qu'un imbécile, de devenir, en un soir, un grand comédien. Ce n'est nullement par un effet de leur intelligence, mais en grande partie par leurs ridicules physiques et par l'assurance même de leur stupidité (pourvu qu'il s'y joigne un instinct de vérité et un don d'imitation de la vie) que certains de nos bouffons les plus célèbres nous plongent dans de telles gaietés ; et 3° (cette observation-là est moins neuve encore que les deux premières) la vanité professionnelle est, neuf fois sur dix, plus forte chez le comédien que tous les autres sentiments, y compris l'amour et même l'amour « pour de bon ».

Ce cabotinage est l'atmosphère même de ma petite comédie. Et comme je suis juste et que je sais fort bien que les comédiens n'ont point le monopole de la vanité, j'ai voulu que personne n'y échappât, ni le directeur, ni le vieux monsieur, ni la petite fille prodige, — ni l'auteur. C'est, chez tous (sauf chez la tante narquoise), une exagération superficielle de la sensibilité, une habitude de mal proportionner les mots aux choses, une rapidité à passer d'un sentiment à son contraire, une trépidation, un emprisonnement agité de toute leur vie morale et intellectuelle entre le côté cour et le côté jardin... J'espère avoir rendu quelque chose de la facticité et du mouvement endiablé de cette vie-là. En tout cas, *Flipote* a été écrite dans la joie. Je voudrais que cela se' vît. De braves gens ont déclaré s'y être amusés.

(C'est égal, si j'avais ignoré, il y a huit jours, que *Flipote* n'est pas une tragédie, je le saurais aujourd'hui, car on me l'a dit abondamment.)

TIBÈRE A CAPRÉE

Porte-Saint-Martin : *Tibère à Caprée*, drame en cinq actes, sept tableaux, de M. Stanislas Rzéwuski. — Bibliographie : *Tibère*, drame en cinq actes, huit tableaux, de M. Ferdinand Dugué, dans le 5e volume de son *Théâtre complet* (chez Calmann Lévy).

6 mai

Je vous préviens que les réflexions suivantes ne m'ont pas été inspirées par le drame de M. Rzéwuski : *Tibère à Caprée*. Je ne l'ai pas encore vu au moment où je les écris.

Mais j'ai entre les mains le *Tibère* de M. Ferdinand Dugué, et, avant de l'ouvrir, je songe :

— Je ne sais pas du tout ce qu'il y a là-dedans ; mais, puisque c'est un drame qui se passe à Rome et sous l'Empire, et qu'il s'appelle *Tibère*, je suis bien sûr d'y trouver... ce que j'y trouverais également s'il s'appelait *Caligula*, ou *Claude*, ou *Néron*, ou *Vitellius*, ou *Domitien*, ou *Commode*, ou *Caracalla*, ou *Héliogabale*, à savoir :

1° Un chrétien ou une chrétienne ;

2° Un Gaulois ou une Gauloise, qui pressent les destinées de la France, et entrevoit même la Révolution de 1789 et les désastres de 1870 ;

3° Tout un badigeon de couleur locale, à la façon de l'excellent Dezobry dans *Rome sous Auguste, impressions de voyage d'un jeune Gaulois.*

Et, là-dessus, je lis le *Tibère* de M. Dugué.

Ce drame est amusant ; il est, en quelques endroits, remarquable. Et les ingrédients que j'énumérais tout à l'heure s'y rencontrent, en effet.

Il y a une chrétienne (déjà !) : Blandine, fille de Nerva. Nerva ayant conspiré, Tibère s'empare de Blandine, et veut d'abord la déshonorer en la livrant à un esclave. Elle se tire de ce mauvais pas. Tibère, alors, la condamne aux lions, parce qu'elle a blasphémé les dieux de l'empire. Et, au quatrième acte, elle se venge du tyran en lui sauvant la vie.

Il y a un roi Gaulois : l'esclave Procula, qui est, en réalité, le fils du roi Vindex. Il aime Blandine ; c'est lui qui la sauve de la honte, — un peu de la même manière que Didyme préserve la vertu de Théodore dans la tragédie de Corneille, — et c'est lui qui la sauve des lions, — en les égorgeant. C'est lui enfin qui, tenant en son pouvoir Tibère, l'ennemi de sa race, l'épargne à la prière de la chrétienne Blandine.

Il y a aussi une Gauloise, et qui est même une druidesse : Kiomara. Jadis courtisane, présentement empoisonneuse et sorcière, elle joue, auprès de Tibère, le rôle de Lorenzaccio auprès du Médicis. Elle est l'âme damnée du tyran, en attendant l'heure de l'assassiner ; et c'est elle qui, dans un souterrain romantique, devant une assemblée imprévue de druides, livre Tibère à Procula, en qui elle a reconnu son propre frère.

Et la grandeur de la France est prédite non seulement par Procula et Kiomara, mais par Blandine la Romaine : « Ma patrie désormais, dit-elle à la druidesse, c'est la vôtre. Je suis prête à quitter sans regret la Rome avilie sous le joug des Césars, et je foulerai avec bonheur cette terre gauloise *qui porte dans ses flancs les germes de l'avenir...* »

Elle y est enfin, la terrible « couleur locale », la couleur empire romain. Je dois dire qu'elle n'y est pas plus malhabilement plaquée que la couleur espagnole dans *Ruy-Blas* ou la couleur Renaissance dans *Henri III et sa Cour*. Mais tout de même, c'est drôle quand on y pense. Lisez, je vous prie, ce petit morceau. Caligula raconte à son oncle Tibère comment il passait son temps à Rome :

« J'allais tous les jours à la porte Capène, ce rendez-vous élégant de l'opulence et de la noblesse romaine ; c'est un coup d'œil fort brillant... Des sénateurs, drapés de pourpre, se promènent en litière ; des chevaliers rentrent avec leur équipage de chasse ; des officiers de la garde prétorienne font caracoler leurs chevaux arabes ; dans les lourdes rhédas, attelées de mules, couvertes de lames d'or et de pierres précieuses, sont étendues les matrones voilées, et avec elles se croise le léger cisium, où la courtisane grecque, vêtue de robes splendides, conduit elle-même ses amants... »

Réfléchissez que c'est exactement, — mais là, exactement! — comme si chez nous un Parisien se mettait à dire, dans le courant de la conversation :

« J'allais tous les jours au bois de Boulogne, ce rendez-vous élégant de l'opulence et de la noblesse parisienne; c'est un coup d'œil fort brillant... Des messieurs, vêtus d'une redingote ou d'une jaquette longue, se promènent dans des coupés ; des hommes de sport conduisent leur mail ; des officiers de la garnison de Paris ou de Versailles font caracoler leurs demi-sang ; dans les lourds landaus, attelés de mecklembourgeois et peints en noir ou en tête-de-nègre, avec réchampi vert ou rouge, sont étendues des dames qui ont des voilettes, et avec elles se croise le léger buggy où l'horizontale de haute marque, vêtue de robes splendides, conduit elle-même ses amants... »

Non, mais supposez Paul Costard, si vous voulez, faisant cette petite description à son beau-père. Voyez-vous la tête du vieux Labosse !

Eh bien, c'est ça, la « couleur locale » dans le théâtre romantique ; c'est ça, et pas autre chose. C'est comme si les personnages, atteints d'un gâtisme particulier, éprouvaient, à certains moments, le besoin irrésistible de nommer ou de se décrire les uns aux autres les objets de l'usage le plus familier, et des choses auxquelles personne ne fait jamais plus attention dans la vie réelle : tels les petits enfants, lorsqu'ils commencent à parler, prennent plaisir à nommer par leurs noms, avec émerveillement, les ustensiles dont ils se servent, et tout ce que rencontrent, autour d'eux, leurs yeux encore frais. Oui, on dirait parfois que les personnages du drame romantique ont des sensations d'enfants de trois ans, et qu'ils découvrent, stupéfaits et charmés, la civilisation où ils vivent. Et la conclusion, c'est que, à cet égard comme à beaucoup d'autres, la tragédie classique, en s'abstenant presque totalement de cette fameuse couleur locale, est beaucoup plus près de la vérité. C'est une joie de ne trouver, dans *Britannicus*, ni laticlave, ni *rheda*, ni *lectisternium*, ni murènes, ni escargots de Phlionte, ni coquillages du lac Lucrin, ni l'inévitable plat de langues de rossignols... Et je n'y regrette point davantage le christianisme ni la Gaule.

Le drame de M. Ferdinand Dugué n'en a pas moins, comme j'ai dit, de belles parties. Tibère et surtout Caligula, sont nettement et vigoureusement dessinés, ont un puissant relief de théâtre. Je ne ferai à la figure de Tibère qu'un seul reproche : c'est d'être un peu croquemitaine. Il n'est pas assez distinct des autres méchants Césars. Ce monstre soupçonneux, cruel et farceur, s'appelle Tibère : mais il pourrait presque aussi bien s'appeler Domitien ou Néron.

Il est fâcheux que nous n'ayons, sur les premiers Césars, d'autres témoignages que celui de Tacite, un ennemi implacable, — et un poète, — et celui de Suétone, un portier sans discernement. Ils sont là une demi-douzaine d'empereurs qui nous apparaissent comme des êtres d'une méchanceté vraiment surhumaine. Je pense qu'il en faut rabattre et que, en réalité, leur qualité d'âme fut sensiblement approchante tantôt de celle d'un Louis XI, tantôt de celle d'un Henri III ou d'un Charles IX, ce qui est déjà bien joli dans le monstrueux.

Mais si je reproche au Tibère de M. Dugué une atrocité par trop monotone et tendue (car enfin Tibère fut autre chose qu'un roi Gléglé), je n'ai rien à redire à son Caligula. L'hypocrisie de ce jeune scélérat est admirable, devient une chose artistiquement belle. Sentant que Tibère hait en lui son héritier, il feint d'être un bon jeune homme très frivole, un peu idiot, et d'adorer son oncle. Pas un oubli, pas une distraction dans ce rôle. En vain l'oncle, qui sait bien que ce n'est qu'un rôle, s'ingénie à trouver le neveu en défaut. La lutte est du plus vif intérêt. Dans une scène dont la conduite est singulièrement habile et qui, écrite seulement par Victor Hugo, serait admirable, le vieil empereur dit à son neveu (je résume, bien entendu, ses discours) : « Mon ami, connais-tu bien ma vie ? Ce n'est point Pison ou Séjan, comme on l'a cru, c'est moi qui ai fait tuer trois de tes frères; c'est donc par moi que ta mère est morte de désespoir... » Et, à chaque aveu, il épie le visage et l'attitude de Caligula, il guette un frisson de douleur ou un mouvement de révolte; mais le subtil adolescent ne bronche pas. Tibère va jusqu'à lui faire honte de son insensibilité : « C'est mal de ne pas regretter sa mère. — Je l'ai regrettée, dit Caligula, mais je me suis dit qu'elle m'eût prouvé plus d'amour en supportant la vie... et d'ailleurs ne serais-je pas ingrat de me plaindre, quand c'est vous qui remplacez toute ma famille? — Enfin, dit l'oncle, je n'ai plus d'autre héritier que toi. — Qu'en voulez-vous conclure ? dit le neveu. — J'en conclus que tu dois mourir aussi, car tu me hais et tu conspires contre moi. » Alors Caligula : « Je suis prêt ». Un esclave entre avec une épée. « Frappe, Narsès, dit le doux jeune homme, frappe au cœur ! Il n'y en a jamais eu de plus dévoué, de plus loyal!... J'atteste les dieux que je n'ai pas une faute, pas même une mauvaise pensée à me reprocher contre Tibère ; la seule grâce que je leur demande, c'est de confondre un jour la calomnie et d'éclairer mon bienfaiteur sur ce pauvre petit Caïus qui l'a tant aimé ! »

La scène est amusante. Son seul défaut est même d'être amusante quand elle voudrait être terrible. Le jeu de Tibère est trop visible : un enfant ne s'y laisserait pas prendre. Il fait à Caligula la partie trop belle. Dès lors, l'épreuve ne signifie plus rien, et ce profond Tibère est un peu nigaud de ne pas s'en apercevoir. Tout cela, c'est, si je puis dire, de l'humanité de rampe et de la psychologie au blanc-gras.

Mais c'est très bien fait.

Et maintenant, pour en revenir à M. Stanislas Rzéwuski, s'il n'a mis, lui, dans son drame, ni Gaule, ni christianisme, ni « couleur locale », j'en conclurai que ce Slave charmant est un individu tout à fait extraordinaire. Nous verrons bien ce soir.

... J'en viens. Il n'y a pas de Gaulois dans *Tibère à Caprée*. Il y a des chrétiens, et du christianisme à foison. Il y a de la « couleur locale », — sans excès. Surtout il y a un grand effort, très noble, très méritoire et, finalement, heureux, pour nous peindre un Tibère plausible, pour nous montrer que Tibère fut un homme, un très intelligent et très méchant et très triste vieil homme, mais non point un ogre, un monstre uniforme et sommaire.

Le drame, très touffu, n'est pas facile à résumer. Simplifions d'abord et expédions vite les premiers tableaux. Tibère est à Caprée. A Rome, son favori Séjan conspire. Ce Séjan est un ambitieux, gêné par son cœur et par quelque reste de préjugés. Il a publiquement pour maîtresse Livie, la nièce de l'empereur. Couple tragique et torturé. Pour être à Livie, Séjan a chassé sa femme, Lucienne. Pour être à Séjan, Livie a empoisonné son mari, Drusus, le fils de Tibère. Mais elle soupçonne son amant d'aimer encore Lucienne et de la revoir secrètement, et c'est pourquoi, dans un accès de jalousie folle, elle va elle-même à Caprée dénoncer la conspiration.

Ah! qu'il s'ennuie dans sa Caprée délicieuse aux douze palais, le vieux César! M. Rzéwuski a fait de lui un nihiliste hypocondre qu'une hideuse expérience et le parfait mépris de l'humanité, joints au vertige de la toute-puissance, et aussi à une satiété affreuse qui n'exclut ni la peur de la mort ni la terreur de perdre ce dont il est pourtant assouvi, ont rendu en partie monstreux. Mais enfin il a aimé sa première femme Agrippine, qu'Auguste l'a contraint jadis à répudier, et il garde la plaie de cet amour. Il a aimé son fils Drusus. Et il aime Séjan.

Lorsque Caligula lui dit: « Séjan conspire », Tibère ne le croit pas. Lorsque Livie le lui répète, il ne la croit pas davantage. Mais elle donne des détails; puis, pour mieux perdre celui qu'elle a adoré et qu'elle hait à présent, elle ajoute : « C'est moi, César, qui ai empoisonné votre fils Drusus; Séjan le savait, Séjan fut mon complice. » Le vieillard pousse un cri de douleur ; c'est le père, c'est l'ami trahi, autant peut-être que le tyran menacé, qui va se montrer implacable, — oh! atrocement.

Et c'est d'abord, à Rome, la séance du Sénat, la lecture imprévue de la *verbosa et grandis epistola*, et le retournement subit et furieux des patriciens et de la plèbe. (*Faustine* nous avait appris déjà que M. Rzéwuski sait faire parler et mouvoir les foules et qu'il en connaît l'âme mobile, aveugle et violente.)

Séjan a donc été livré à la multitude, avec recommandation de l'écharper soigneusement, mais défense de lui donner le coup mortel. Tout sanglant, se tenant à peine, le malheureux est amené devant Tibère. L'empereur lui dit : « Je te confierai à des bourreaux adroits qui te feront très lentement mourir. Mais auparavant je torturerai ton âme. Je posséderai, en ta présence, ta maîtresse Livie, que tu adores toujours, je le sais. Puis je ferai mettre à mort ta chère fille Stella. Ne m'objecte point qu'elle est vestale et que, ainsi, je commettrai un sacrilège ; car j'aurai soin, auparavant, de la faire violer par le bourreau. » Alors Séjan, dont l'orgueil jusque-là n'avait point fléchi, s'effondre en supplications désespérées. Il crie aux prétoriens qui le gardent : « Vous avez été mes amis. J'ai été bon pour vous. De grâce ! tuez-moi tout de suite ! » Et, pris de pitié, l'un des soldats le frappe de son glaive. Tibère écume ; il promet au généreux meurtrier des supplices inouïs... Puis il regarde le cadavre de Séjan... Et il pleure, se souvenant de l'avoir aimé, et il fait grâce au bon soldat.

Il était temps ; car, vraiment, nous avions notre ration d'horrible.

Cependant Livie a pu échapper aux gardes et se jeter dans la mer du haut de la terrasse. L'empereur a laissé aller la petite Stella. Elle a été recueillie par des chrétiens, en mémoire de sa mère Lucienne, qui était chrétienne aussi (je crois que j'ai oublié de vous le dire). Mais, depuis l'effroyable jour, la pauvre enfant est folle, et ne parle plus.

Un personnage mystérieux, qu'on appelle « l'Apôtre », rend à Stella la raison et la parole à la fois par l'imposition des mains. Et l'Apôtre dit à la vierge : « Va, ma fille, auprès de l'empereur mourant, et porte-lui la bonne nouvelle. Qui sait s'il ne t'entendra point ? »

Or, Tibère se meurt, en effet, dans d'atroces souffrances, guetté par son bon neveu Caligula. Trasyllus, son médecin et philosophe familier, a la curiosité d'introduire auprès du vieillard cette petite vierge étrange qui sait, affirme-t-elle, des paroles de salut et des baumes guérisseurs. Et Stella explique à Tibère, naïvement et ardemment, la religion du Christ rédempteur. M. Rzéwuski a bien senti que Tibère ne pouvait pas, ne devait pas comprendre ; qu'il n'y avait aucun point de contact entre son âme compliquée, pourrie et sombre, et l'âme simple et pure de la petite chrétienne, et que, si le Christ récent put être révélé à de grands pécheurs, il ne put l'être qu'à des pécheurs qui avaient conservé, jusque dans leurs fautes, ou de la simplicité, ou de la pureté, ou de la bonté. Le César moribond « a des oreilles pour ne pas entendre ». Il accueille Stella comme il recevrait un alchimiste possesseur de remèdes secrets. C'est entre lui et la jeune fille le même malentendu, mais plus profond encore, qu'entre Louis XI et saint François de Paule dans le drame de Casimir Delavigne. Toutefois, Tibère subit l'influence apaisante de l'énigmatique et douce prédication de Stella ; ses souffrances se calment ; peu à peu, il s'endort, **pendant que** l'enfant prie, agenouillée à son côté...

Or, son médecin nous a dit que, s'il dormait seulement une heure, peut-être vivrait-il encore un peu. Et c'est pourquoi Caligula, qui veille, poignarde Stella, puis se met à étrangler son bon oncle. Le vieillard résiste, retrouve des forces au dernier moment, étreint à son tour le jeune homme et l'épouvante par ses yeux de spectre et par la foideur funèbre de sa peau : « Va, misérable, il y a longtemps que je te vois venir... Oui, tu seras César, et je m'en réjouis, car, si je te hais, je hais encore plus les hommes, et je suis charmé de leur laisser un maître qui me fera regretter... Mais tu seras malheureux, parce que tu es lâche... et tu mourras... à trente ans... oui... à trente ans... » Et le vieux César expire dans un spasme, en désespéré narquois.

Que vous dirai-je ? Il y a, dans ce *Tibère à Caprée*, un très beau drame, — mais trop de choses autour. Les premiers tableaux sont chargés d'épisodes inutiles, et qui ne sont pas tous clairs comme eau de roche ; le drame finit au cinquième tableau, et les deux derniers forment, non point un dénouement, mais un épilogue dont l'idée philosophique (il doit y en avoir une) reste incertaine. Les personnages discourent interminablement, « hamlétisent », s'abandonnent, en pleine action, à des considérations générales sur la vie et sur l'univers : c'est un mélange extravagant de rhétorique de *Conciones* et d'évangélisme russe. Mais c'est curieux ; mais il y a, en maint endroit, de la puissance ; mais Tibère est vivant ; mais Caligula est vivant ; mais Séjan a l'air de vivre ; mais il suffirait peut-être d'élaguer, de tailler, d'abattre tout au travers à pleins ciseaux pour que, du coup, le drame parût valoir dix fois mieux ; et enfin cela mérite d'être vu.

Quant aux rencontres de M. Rzéwuski avec Ben Johnson, Arnault, Victor Séjour, Marie-Joseph Chénier et M. Ferdinand Dugué, n'étaient-elles point inévitables ? Et est-il bien utile d'en parler ?

ÉDOUARD PAILLERON

Comédie française : *Cabotins !* pièce en quatre actes, de
M. Edouard Pailleron.

18 février 1894.

Un drame pas tout neuf et un vaudeville pas tout frais, — vaudeville qui voudrait bien se faire prendre pour une comédie de mœurs, — le tout cuisiné avec une adresse divertissante encore, mais qui parfois semble un peu lasse, qui ne choisit vraiment pas assez, et qui n'est pas exempte d'une sorte d'impudeur : telle est, en résumé, la nouvelle pièce de M. Edouard Pailleron : *Cabotins !*

Voyons d'abord le drame :

Mlle Louise-Valentine (elle n'a pas d'autre nom) a été recueillie jadis par M. de Laversée, ministre des beaux-arts, lequel la légua à son neveu, riche amateur et niais important, marié déjà mûr à une jeune femme, et qui prémédite une monographie de Murillo.

Valentine est une fille mal élevée, qui souffre de sa position fausse et qui a un très bon cœur. Ce type est cher à M. Pailleron : la petite Suzanne, du *Monde où l'on s'ennuie*, en est une variété ; Pepa Raimbaud, de la *Souris*, en est une autre. Et toutes sont les sœurs de la délicieuse Marcelle du *Demi-Monde*.

Valentine a donc grandi, parmi les artistes, dans le salon de Mme de Laversée, où elle était un peu le joujou des habitués. Mal surveillée, elle a fait des sottises. A dix-sept ans, elle s'est éprise d'un jeune peintre ; il y a eu des lettres échangées, et des serments, et des baisers dans un coin du jardin, un soir de bal. Puis, le jeune peintre a filé, en Amérique, je crois. L'aventure a été connue, et la réputation de Valentine compromise...

Or, la voilà maintenant qui tombe amoureuse d'un jeune sculpteur pauvre, mais de grand talent, Pierre Cardevent... Pierre, de son côté, l'ayant rencontrée au vernissage, a reçu le coup de foudre. Un hasard les rapproche ; Valentine va poser chez Pierre, pour son buste. Mais bientôt, à la froideur de l'accueil que lui fait la mère Cardevent, — une vieille paysanne arlésienne d'Alphonse Daudet, — elle comprend que la bonne femme « sait quelque chose » et ne consentira jamais à lui donner son fils. Et la pauvre fille n'ose pas retourner à l'atelier de Pierre.

Elle n'a pas fini de souffrir. Mme de Laversée a

vingt-six ans ; Valentine en a dix-huit, elle est belle, elle est amusante, les hommes sont tout le temps « après elle » ; c'est pourquoi Mme de Laversée la prend en haine. D'autant plus que l'amant de la dame, le docteur Paul Astier, je veux dire Saint-Marin, se met à en conter, lui aussi, à la jeune fille. Mme de Laversée le surprend, un soir, aux pieds de Valentine, qui n'en peut mais, et les jette tous deux à la porte.

L'abandonnée se réfugie alors, naïvement, chez son seul ami, le bon sculpteur Cardevent, qui, la soupçonnant indigne, est travaillé du même mal que Bardanne auprès de Denise ; ce dont la maman Cardevent se désole, comme Rose Mamaï dans l'*Arlésienne*... Toutefois la bonne femme, émue par le désespoir de Valentine, veut bien l'emmener avec elle dans sa petite maison de Provence.

Pierre, vous n'en doutez point, viendra l'y rejoindre. Mais comment la mère et le fils seront-ils amenés à croire qu'il n'y eut dans l'ancienne aventure de Valentine rien d'irréparable? Premièrement, elle le leur jure. Secondement, — car elle possède son théâtre, — elle pousse l'héroïsme jusqu'à dire à Pierre : « Je ne vous aime pas. » Sur quoi la mère s'écrie : « Tu vois bien qu'elle ment! » et ramène le garçon dans les bras de Valentine.

Et je ne vous ai rien dit encore du vieux bohème Grigneux. C'est peut-être que son histoire forme un autre drame dans le drame même. Grigneux est un raté sympathique, un artiste qui comprend, mais qui ne sait pas exécuter ; qui est éloquent, — comme le Chassagnol de *Manette Salomon ;* qui fut malheureux en ménage, — comme le Taupin de *Diane de Lys ;* qui veille sur Pierre et voudrait le faire profiter de son expérience, car il l'aime tendrement, — comme Mme Marie Laurent. Valentine, en effet, est née d'une maîtresse de piano qui, mariée à Grigneux, l'abandonna pour suivre un amant, accoucha huit mois après, et mourut. Grigneux, naturellement, adore toujours la morte, et il se morphinise pour oublier... « Ta mère était une sainte ! » dit-il délicatement à Valentine, tant il est pénétré du répertoire... Cette historiette, au surplus, ne sert absolument à rien dans l'action, pas même à nous attendrir. Il est évident que, ne fût-il pas son père, l'excellent Grigneux n'en interviendrait pas moins, comme il fait, en faveur de Valentine. Et quand Grigneux n'interviendrait pas du tout, nous voyons bien que le sculpteur amoureux et la jeune fille compromise mais généreuse s'épouseraient tout de même.

Mais dans cette pièce des *Cabotins,* où sont donc les « cabotins » ? Attendez ; voici le vaudeville après le drame et, après la *Denise* adoucie, le *Député de Bombignac* atténué : drame et vaudeville ne se tenant, d'ailleurs, que par le lien le plus lâche et le plus artificiel.

La « Tomate » est une Société de jeunes gens,

ligués pour « arriver » plus vite, — comme dans *la Camaraderie*, — et qui ont coutume de se réunir dans l'atelier de Pierre, où ils mènent grand bruit, — comme dans la *Vie de bohème*, — et qu'ils ont surnommé la « Boîte à l'ail », parce qu'ils sont tous du Midi, — comme les habitués de la pension d'étudiants au premier chapitre de *Numa Roumestan*. C'est le politicien Pégomas, — petit frère de Rabagas et de Numa ; — c'est le médecin Saint-Marin, le romancier Larvejol, l'avocat Lovel, le peintre Caracel, le substitut Brascommié.

« Cabotins ? » soit ; mais plutôt fumistes, petits fumistes. — C'était, certes, un beau sujet que le cabotinage. Sujet d'aujourd'hui, et de tous les temps. Car si le cabotinage paraît s'être développé de nos jours, c'est dans la mesure où s'est perfectionné l'outillage de la publicité et de la réclame, ni plus ni moins. Nous ne saurions être, dans le fond, plus cabotins que ne furent certains romantiques...

Ce beau sujet, l'auteur n'a pas su le préciser ni le circonscrire pour le mieux étreindre. On sent qu'il ne faudrait pas lui demander une définition rigoureuse du mot « cabotin ». Mme de Laversée, qui veut être dans les journaux, et ce nigaud de Laversée, le « neveu de son oncle », et le docteur Saint-Marin, sont des cabots si l'on veut, mais sont surtout autre chose. Quant aux cabots artistes et écrivains, M. Pailleron ne les fait, ce me semble, ni assez féroces ni assez naïfs. Le siècle de la publicité à outrance et de l'extrême badauderie devait être, par là même, celui de la scélératesse lettrée et vaniteuse. Il y a, dans l'art jeune et les jeunes Revues, des âmes gracieuses et divinement candides, mais aussi des âmes hargneuses, envieuses, vilaines, mauvaises. Les auteurs des deux derniers attentats anarchistes écrivaillaient des vers ; je ne serais pas surpris qu'ils aient vu, dans le « geste » qu'ils ont fait, le plus rapide moyen d'arriver à la « grande notoriété » et de remplir les journaux de leur nom, de leur portrait et de leurs poèmes autographiés. Une des très nombreuses raisons qui m'empêchent de les confondre avec les premiers chrétiens (vous savez que ce spirituel rapprochement est à la mode !) c'est qu'ils ne sont pas modestes...

Voilà des cabotins sérieux !... J'ai dit que les pauvres petits cabots de M. Pailleron manquaient aussi un peu trop de naïveté. Un jeune peintre dit à peu près : « Quand je travaillais et quand j'essayais d'avoir du talent, personne ne faisait attention à moi.. Alors je me suis mis à barbouiller des peintures sans nom, j'ai fondé le Salon des « à-partistes », et tout aussitôt j'ai été injurié, c'est-à-dire connu ». J'affirme que jamais peintre luministe ou tachiste ni poète symboliste ou instrumentiste n'a pu tenir de tels propos. Sauf de très rares exceptions, les jeunes rénovateurs de la poésie ou de l'art sont leurs propres dupes, croient dur comme fer à ce qu'ils font, leur foi étant d'ailleurs très compatible avec le

charlatanisme. Si, ayant écrit *Enceinte*, comédie
« rosse », ils la rebaptisent *Sainte* et la transforment
en légende pieuse, et s'ils passent du naturalisme au
mysticisme, c'est le plus souvent de la meilleure foi
du monde, et c'est que, en effet, ces grands inventeurs sont eux-mêmes des badauds et des snobs.

Au total, pas trace d'observation dans ces
esquisses de cabots ; cela est croqué de chic ; ce sont
silhouettes purement vaudevillesques, si faiblement
individuelles qu'elles en deviennent indiscernables,
que je crains de m'être embrouillé tout à l'heure
dans les Caracel, les Lovel et les Larvejol, et que je
ne sais plus qui est le peintre, qui le romancier,
qui l'avocat et qui l'auteur dramatique. Pégomas
est le seul dont on se souvienne nettement.

Reprenons l'histoire de la « Tomate ». Le bon
Pierre Cardevent ayant obtenu la grande médaille
du Salon, Mᵐᵉ de Laversée, qui aime à découvrir
les jeunes artistes après que le succès leur est
venu, le visite dans son atelier et invite à dîner, en
bloc, toute la boîte à l'ail. (Je note ici, en passant,
une figurine plus « distincte » que les autres : le
peintre Hugon, officier de la Légion d'honneur et
membre de l'Institut, vieux roublard, caressant avec
la jeunesse. « Je suis lâche, dit-il, pour n'être pas
lâché. » Mot médiocre, réflexion juste.) Cependant
Rabagas, c'est-à-dire Numa Roumestan, c'est-à-dire
Pégomas, devenu secrétaire de cet imbécile de
Laversée, joue auprès de lui le rôle du député de

Bombignac. Chargé de préparer l'élection de Laversée dans la petite ville de Caligou, il substitue sa candidature à celle de son idiot de patron. A vrai dire, c'est à peine sa faute, mais plutôt celle de sa naturelle et incompressible éloquence. Nous le voyons bien quand, dans l'atelier de Pierre, devant la statue de l'oncle Laversée, qui doit être érigée prochainement sur la place de Caligou, Pégomas improvise tout à coup le futur discours de Laversée jeune et s'épanche en phrases involontaires, dont le style rappelle celui du conseiller Lieuvain au comice agricole d'Yonville, ou de Numa dans le château de Bayard. Il est naturel que, éblouis par cet étonnant bagout, les électeurs aient fait à Pégomas une douce violence : c'est ce qu'il explique à Laversée dans une scène qui est une des meilleures de l'ouvrage.

La partie comique de ce dernier acte a beaucoup de mouvement et d'agrément. Tous nos cabots se trouvent réunis dans la petite ville ensoleillée, le jour des élections. C'est aussi ce jour-là que l'on inaugure la statue de feu Laversée et que le substitut Brascommié fait ses débuts en Cour d'assises. « Je viens d'obtenir ma première tête ! » s'écrie le bon jeune homme avec une allégresse canaque de fantoche sans conséquence. Pégomas est élu député ; il garantit, en retour, à ce crétin de Laversée un fauteuil à l'Institut. Tous nos fumistes triomphent.

Soyons équitable : le rôle de Pégomas est tout entier fort bien venu. Toutes les scènes où il piaffe sont amusantes. Et un rôle meilleur encore, je veux dire plus étudié et plus vrai, c'est le rôle antipathique de Mme de Laversée. Cette sotte perruche mondaine est, dans le fond, une sensuelle et une passionnée. C'est bien de toute sa chair qu'elle déteste son inepte mari et qu'elle aime son « petit féroce » de beau médecin, et elle exprime cette passion en termes assez hardis et forts. M. Pailleron n'a pas traduit non plus sans énergie la jalousie atroce, la souffrance enragée de la femme de vingt-six ans qui voit une petite fille, recueillie par charité et dont elle ne se méfiait point, lui prendre d'abord tous les hommes, — sans le vouloir, ce qui est peut-être pire, — et lui prendre enfin son amant. L'explication entre Mme de Laversée et Louise-Valentine est assurément la scène la plus vraie, la plus « humaine » de la pièce. — Vous me direz que cela non plus n'est pas neuf, que ce ne l'était déjà pas au temps de la querelle de Mme du Deffand et de Mlle de Lespinasse, et que j'avais donc tort de signaler avec tant d'insistance les réminiscences qui abondent dans *Cabotins*. — Eh! oui, les plus vieilles histoires et les types les plus connus peuvent être repris, cela va sans dire; mais alors nous voulons que l'auteur les marque d'une empreinte un peu neuve. Hormis l'épisode de Mme de Laversée et de Valentine, ce dont M. Pailleron nous fait ressouvenir est par trop supérieur à ce qu'il nous présente; et c'est de cela que je me plains. La pièce porte presque partout, je ne sais comment, un air d'insincérité, de truquage dans le « déjà vu » et, tranchons le mot, de vulgarité offensante parmi ses habiletés. Trop visiblement, l'auteur ne s'est préoccupé que de l'« effet », et, souvent, de quel effet ! sans nulle délicatesse sur les moyens. — Les rôles de Grigneux, de Pierre, de Mme Cardevent, sont de pure rhétorique de théâtre, affreusement convenue. L'auteur n'a songé qu'à « passer la rampe », comme disent les malins. Pas une phrase qui nous donne la surprise et la subite émotion de nous sentir en face de créatures réellement et naïvement vivantes, et non plus de simples *pupazzi* du vieux guignol tragique ou farce. « Passer la rampe », leurs propos n'y ont pas grande difficulté, car ils ne viennent pas de loin, — oh non ! — et n'ont donc pas un long chemin à faire. Rien, ici, qui rende le son d'une âme. —Quant aux « mots », l'auteur en a peut-être inventé quelques-uns de jolis ; mais vous ne sauriez croire ceux qu'il a osé ramasser. Voilà qui est plus horrible, à mes yeux, que tous les défauts de composition.

Malgré tout, et quoique les *Cabotins* ne vaillent pas la *Souris*, qui ne valait pas le *Monde où l'on s'ennuie*, qui, peut-être, ne valait pas l'*Age ingrat*, la chose ne vous ennuiera point. Le public a ri ; il se peut même qu'il ait pleuré. En résumé, la soirée a été bonne pour M. Pailleron.

Elle a été excellente pour MM. Dumas et Alphonse Daudet.

LES ROMANESQUES

Comédie française : *les Romanesques*, comédie en trois actes, en vers, de M. Edmond Rostand ; *le Voile*, pièce en un acte, en vers, de M. Georges Rodenbach ; *le Bandeau de Psyché*, comédie en un acte, en vers, de M. Louis Marsolleau.

27 mai 1894

A la Comédie, excellente soirée pour la versification française, et pour la mélancolie, et pour la gaieté, et même pour la poésie.

C'est un bien beau vieux mur que le vieux mur qui sépare les jardins du bonhomme Bergamin et du bonhomme Pasquinot. Les lierres, vignes vierges, glycines et aristoloches le tapissent et le fleurissent ; il est plein de trous qui sont des nids ; et de vieux arbres se penchent au-dessus. Et sur sa crête viennent s'accouder tous les jours, d'un côté, Percinet, fils du digne Pasquinot, et, de l'autre, Sylvette, fille de l'excellent Bergamin. Ces gentils amoureux, qui s'habillent chez Watteau, sont crédules au romanesque qui est, proprement, la poésie des jeunes filles, des adolescents et des grosses dames. Ils sont enchantés de se voir en cachette, de s'aimer malgré leurs parents, et de se dire : « Nous sommes comme Roméo et Juliette, et ton père est comme Montaigu, et le mien est comme Capulet ». Et Sylvette ajoute : « Comment réconcilier les deux vieillards ennemis, et les forcer de consentir à notre mariage ?... Bah ! c'est bien simple... Suppose, mon cher Percinet, que je sois enlevée par un pirate ou par un grand seigneur ; car ces choses arrivent communément... Je crie, tu parais, tu disperses mes ravisseurs ; et mon père, témoin de ton héroïsme, ne peut te refuser ma main. — Evidemment », dit Percinet.

Mais voici que s'approchent, chacun de son côté, les deux Gérontes. Prestement les petits amoureux, l'un à droite et l'autre à gauche, dégringolent de la crête hospitalière du vieux mur. Chacun des papas, avec de grandes imprécations contre le voisin, renvoie à la maison sa progéniture indocile. Et, quand ils sont bien sûrs d'être seuls, les deux bonshommes se hissent, à leur tour, et s'embrassent par-dessus la muraille complaisante en s'appelant : « Cher ami ! »

C'est que Pasquinot et Bergamin sont, en effet, les meilleurs amis du monde. Mais, désirant le mariage de leurs enfants et sachant les dégoûts biscornus de cet heureux âge pour les choses trop unies et trop simples, ils ont jugé que le meilleur moyen de rendre amoureux Percinet de Sylvette et Sylvette de Percinet était de faire semblant d'être eux-mêmes brouillés à mort.

Il s'agit d'achever leur ouvrage, de faire en sorte que leur consentement au mariage de Roméo et de Juliette soit d'une suffisante vraisemblance. Pour cela, le bonhomme Pasquinot s'inspire des propos de Sylvette, surpris par lui tout à l'heure. Il commande au spadassin Straforel un enlèvement pour rire. Un très bel enlèvement, un enlèvement riche (car Straforel en a à tous les prix), un enlèvement de première classe, avec chaise à porteurs capitonnée, deux nègres, six estafiers masqués, — et clair de lune romantique. Tout se passe à souhait : Sylvette crie, Percinet accourt l'épée haute ; les ruffians s'évaporent ; Straforel tombe transpercé ; Sylvette se jette dans les bras de son sauveur ; le bonhomme Bergamin n'a pas le courage de l'en arracher ; il dit au jeune héros : « Gardez-la », et tend la main à son vieil ennemi Pasquinot.

Vous croyez la pièce finie ? Non, Monsieur, elle commence. A l'acte suivant, le mur mitoyen est abattu : les deux compères ont réalisé leur rêve, qui était de réunir leurs propriétés et de vivre ensemble. Et les deux petits fiancés coulent leurs heures dans une extase puérile. Sylvette est persuadée qu'il y avait au moins trente estafiers autour de la chaise à porteurs, et que Percinet les a massacrés tous les trente, et Percinet n'est pas très éloigné de le croire.

Mais, trop rapprochés maintenant par la vie commune, le bonhomme Pasquinot et le bonhomme Bergamin se découvrent réciproquement des défauts insupportables ; ils se disputent toute la journée, ils en viennent aux gros mots. Puis, ils sont agacés par la niaise béatitude des deux amoureux, et par leur air de triomphe et de bravade. Et ils finissent par leur dire : « Vous êtes deux petits nigauds et nous nous sommes moqués de vous. A preuve, cette facture, d'ailleurs impayée, de Straforel ressuscité, où sont marqués le détail et le prix de l'enlèvement de Sylvette. » Patatras ! Quelle chute ! La désillusion de Sylvette et de Percinet les rend hargneux, presque méchants : ils enragent, elle, de lui avoir trouvé du prestige, et lui, de n'en avoir plus. Et, comme leurs dignes pères, ils échangent des mots désagréables.

Les voilà donc brouillés tous les quatre, jeunes et vieux, et tout est à recommencer. Percinet s'en est allé on ne sait où ; les deux bonshommes sont rentrés chacun chez soi ; ils font rebâtir leur mur mitoyen. Mais le maçon qui fait l'ouvrage est un faux maçon. Ce n'est autre que le spadassin Straforel. Il n'a qu'un moyen de recouvrer sa facture, c'est de refaire le mariage manqué, et, pour cela, de guérir les deux enfants de leurs visions romanesques. Voyant donc Sylvette toujours rêveuse, et qui appelle de « vraies » aventures, le faux maçon rejette sa longue blouse blanche, surgit en costume d'aventurier espagnol, épouvante la jeune fille d'un amour désordonné et farouche, et d'une perspective d'enlèvement pour de bon et de vie « hors la loi », traquée, sans le sou, avec pain dur et eau des torrents, à la Hernani, et pas même une chaumière ; non, une simple tente.

Ou, si vous préférez, — rien du tout, — les étoiles !

Du coup, Sylvette sent renaître dans son âme le goût du pot-au-feu.

Et, à ce moment, Percinet rentre au logis, fort éclopé. Il a voulu tâter, lui aussi, du « vrai » romanesque. Il s'en est allé, je crois, à Paris, et cette existence « poétique » dont il rêvait a consisté pour lui à se griser, à perdre son argent au jeu ou chez les mauvaises femmes et, finalement, à mendier sur les routes et à crever de faim. Et alors Sylvette et Percinet connaissent qu'ils ont été bien sots, que ce qu'ils prenaient pour poésie n'était que billevesées, inventions médiocres et mensonges de théâtre ; qu'au surplus ils ne savaient pas aimer, puisqu'ils ne se voyaient amants que sous certains costumes et dans certains rôles plus usés et d'une banalité plus cruelle que les chansons des orgues de Barbarie ; qu'il n'y a rien de commun, ou pas grand'-chose, entre la poésie et le romanesque, celui-ci n'étant qu'un arrangement convenu, et niais, et menteur de la réalité, et la poésie étant la vérité elle-même profondément sentie, et qu'enfin l'amour peut être délicieux et sublime dans les conditions de vie extérieure les plus ordinaires et les plus modestes. Ils conçoivent tout cela, nos deux petits amoureux en pâte tendre, et ils se pardonnent, et ils se rembrassent, et ils réconcilient du même coup leurs dignes pères, lesquels, depuis qu'ils ne se voyaient plus, éprouvaient l'impérieux besoin de se revoir...

Straforel sera payé, et le vieux mur ne sera pas rebâti.

Je ne vous dis pas que l'idée de cette comédie soit neuve de tout point; mais l'exécution en a paru supérieure. C'est très brillant, tout pétillant d'esprit et, par endroit, tout éclatant d'une gaieté large et aisée. On vous prie de ne point confondre cela avec la petite chose jolie, mais grêle, qu'est le traditionnel bijou odéonien. Il y a, déjà, dans les *Romanesques*, de la maîtrise. L'alliance y est naturelle et heureuse du comique et du lyrisme.

Autant que j'en puis juger à la simple audition, la versification est remarquable de souplesse et d'adresse, avec tout plein de consonances imprévues et amusantes et de jeux de rythme drôlement expressifs, mais sans vaines mièvreries livresques. Cela fait songer, on l'a dit, à Regnard, à Musset (*A quoi rêvent les jeunes filles*) et à Théodore de Banville; mais cela fait surtout songer, au bout du compte, que l'auteur est un habile homme qui s'inspire avec indépendance des maîtres du rire et de la rime et qui sait nous donner à la fois, — chose devenue rare chez nous, où la beauté semble la sœur de plus en plus inséparable de la tristesse, — une impression de franche gaieté et de grâce plastique.

Et à présent que nous avons ri, goûtons la douceur, au moins égale, d'être tristes, puisque, de nos langueurs, et de nos désirs insatisfaits, et du gonflement oppressé de nos poitrines, et de nos larmes mêmes, l'art nous fait des voluptés.

．•．

M. Georges Rodenbach, Flamand mélancolique et subtil, a su se faire, dans la poésie contemporaine, un coin qui est bien à lui. Il est l'homme *unius urbis*, l'envoûté d'une ville. Il est le poète de Bruges la Morte, de ses vieilles maisons aux pignons dentelés, de ses canaux plats, de ses ciels humides, où s'égrènent d'éternels carillons, de ses béguinages, où des femmes blanches travaillent à des ouvrages blancs ; il est le poète des cloches, des cierges et des voiles de lin ; le poète des vieilles chambres, des vieux meubles et des vieux miroirs, le poète de la pluie, de l'ennui doux, du silence, du blanc et du gris.

Tout cela apparaissait déjà dans un de ses premiers volumes : *la Jeunesse blanche.* Je n'ai pas les autres sous la main : je les ai sans doute laissés là-bas, à la campagne ; car c'est surtout à la campagne que je lis des vers. Mais vous trouverez dans la *Jeunesse blanche* la plupart des thèmes repris, avec plus de maîtrise et aussi avec une plus morbide sensibilité et plus d'effort pour exprimer l'inexprimable, dans ce doux livre chlorotique : *le Règne du silence,* où les vers font comme un bruit de pas feutrés dans une chambre de malade...

C'est d'abord la vie des vieilles chambres tout imprégnées de passé :

> Rien n'a changé ; les glaces seules
> Sont tristes d'avoir recueilli
> Le visage un peu plus vieilli
> Des mélancoliques aïeules.

Le poète se souvient de ses couchers d'enfant :

> ... Et les lits qui flottaient *dans ces lumières d'ambre*
> Semblaient de grands bateaux sur un fleuve qui dort...

Ces « lumières d'ambre », ne sont-ce pas celles de Rembrandt ? — Puis, c'est la vie des vieux canaux :

> Oh ! les vieux quais dormant dans le soir solennel,
> Sentant passer soudain sur leurs faces de pierre,
> Les baisers et l'adieu glacé de la rivière,
> Qui s'en va tout là-bas vers les ponts en tunnel.

Et la vie des vieux réverbères :

> Et ces fanaux semblaient remplis de sang qui brûle.

Et la vie de l'eau, de la pluie, des flaques, du brouillard. Oh ! l'admirable paysage dans la bruine, par un soir d'automne :

> Dans l'air s'éparpillait l'humide éclaboussure
> D'un jet d'eau qui laissait, sous le grand ciel blafard,
> S'égoutter son sang pâle à travers le brouillard,
> Comme si l'ombre blanche avait une blessure.

Et la vie des cloches, jetant les sons à la volée, tantôt comme des fleurs, tantôt comme des feuilles mortes, tantôt comme des poignées de terre pesante :

> Les chants du carillon, tombant du beffroi fier,
> S'effeuillaient dans le vent comme des fleurs de fer.
> . . . .
> Et voici que soudain les cloches agitées
> Ebranlent le beffroi debout dans son orgueil.
> Et leurs sons, lourds d'airain, sur la ville au cercueil
> Descendent lentement comme des pelletées.

M. Georges Rodenbach est le poète qui s'est appliqué à saisir et à fixer le plus de « correspondances » entre les sensations de l'ouïe et celles de la vue et à prêter aux choses, surtout aux humbles et aux vieilles choses, la vie la plus minutieusement humaine (cela va communément chez lui jusqu'à une sorte d'hallucination, un peu laborieuse). Très peu d'hommes enfin ont eu au même degré que lui le don précieux de s'amuser à être triste. Il est donc éminemment poète, si de percevoir une âme dans les objets matériels, et la vie dans la mort, et le passé dans le présent, cela est une grande part de la poésie, est presque la poésie même. Il procède directement de Baudelaire ; mais c'est un baudelairien chaste et sans perversité ; il n'a emprunté au poète des *Fleurs du mal* que sa piété, — et l'art d'établir des échanges entre les divers ordres de sensations. Seulement il y raffine à l'excès ; il lui arrive, dans le *Règne du silence*, de prêter tout de même un peu trop d'humanité à ce qui n'en a que par métaphore et, vraiment, de trop entendre avec ses yeux, de trop voir avec ses oreilles, et de glisser à un terrible gongorisme sensitif. Et puis, on voudrait parfois le voir quitter Bruges et pousser du moins jusqu'à Malines.

Je ne puis aujourd'hui que jeter ces indications à la hâte. Parlons du *Voile*. Je ne sais pas bien si le *Voile* est « du théâtre », mais je suis sûr que c'est de la poésie.

De la poésie silencieuse. Non seulement par le décor, par les costumes, et par les cloches qu'on entend tinter de moment en moment, mais par la couleur et le son de ses vers, M. Georges Rodenbach a su créer autour de son drame une atmosphère pieuse, recueillie et blanche. Nous en sommes, peu à peu, tout enveloppés. Et, dès lors, nous n'avons point de peine à comprendre la disposition d'âme du maître de ce calme logis, le méditatif Jean, qui, ayant fait venir une béguine pour soigner sa vieille tante malade, et vivant depuis des semaines auprès de cette jeune et douce et jolie sœur Gudule, a conçu pour elle, — ou plutôt pour ce qu'il ignore d'elle et pour l'idée qu'il s'en forme et qu'elle lui en suggère, bref, pour le mystère qui est en elle, — un je ne sais quel sentiment qui est peut-être de l'amour, un amour où il y a du respect, de la tendresse et de la curiosité, mais beaucoup plus de rêve que de désir.

Cependant, la curiosité de Jean se précise. Le voile de la sœur ne laisse exactement voir que son visage couleur d'hostie. Mais ses cheveux, de quelle couleur sont-ils? Jean ne peut plus vivre sans connaître la couleur de ses cheveux. Blonds pâles ? blonds fauves? blonds cendrés? noirs ou roux ? Après une conversation où il lui laisse entendre, en paroles nuancées, qu'il a pour elle une amitié très vive (et l'on ne sait si elle comprend, ni jusqu'où; si elle en est émue, ni de quelle façon), il a le courage de lui demander à elle-même quelle est la nuance de la mystérieuse chevelure... Et la béguine, comprenant sans comprendre, répond : « Je ne sais pas ; car, quand je me vêts, c'est avant le jour ; et quand je me dévêts, c'est au crépuscule ». Et, comme il insiste, la servante de Dieu se défend et se retranche en quelques mots tranquilles et froids qui semblent dresser entre elle et lui une grille serrée doublée d'un volet sûr.

Mais la tante est au plus mal. Et, la tante morte, sœur Gudule doit quitter la maison. Si Jean l'épousait ? Pourquoi pas ? Les béguines ne font point de vœux perpétuels. Il saurait alors de quelle couleur *ils* sont.

Tout à coup, on vient l'avertir que la tante est trépassée ; et, au même instant, paraît la sœur, qui, réveillée par la servante, n'a pas eu le temps de remettre son béguin ni sa cornette. En voyant ses cheveux, Jean s'écrie : « Ce n'est plus elle ! » Il ne l'aime plus : car, ce qu'il aimait, c'était le mystère de ses cheveux. Il ne songe plus qu'à sa vieille tante morte, et laisse partir la sœur Gudule sur un froid adieu. Et le cœur de Jean, et les choses autour de lui, retombent dans un silence que rythment, par intervalles, les lourdes cloches de la paroisse voisine...

Les vers sont beaux, contournés et malaisés quelquefois, presque toujours pénétrants, tout chargés de sens, et d'un sens rare, en même temps pittoresques et infiniment mélancoliques. L'effet a été grand. Bien que le *Voile* soit assurément de la poésie, il se pourrait que ce fut aussi « du théâtre ».

Je ne puis plus donner que quelques lignes au *Bandeau de Psyché*, de M. Louis Marsolleau, et vraiment cela est injuste. — La petite Psyché voudrait bien le voir enfin, cet Eros, dont elle reçoit les visites nocturnes, et dont les discours la chatouillent si doucement. Et c'est pouquoi elle ôte le bandeau bienfaisant que le prudent Eros lui avait attaché sur les yeux. Et alors elle constate que l'Amour est un jeune homme comme les autres, ou à peu près, et, de dépit, elle consent à épouser le financier vieux et laid, mais riche, que lui proposait sa mère. — Les vers sont d'un ouvrier consommé, souples, fringants, avec quelque excès de recherche et de préciosité verbale. Il s'y trouve de la drôlerie, de l'impertinence, de la sensualité et de la blague, le tout un peu livresque et d'un sautillement qui ne franchit pas toujours la rampe.

Bandeau de Psyché, voile païen ; voile de sœur Gudule, bandeau chrétien. L'amour ne vit que d'illusion et de mensonge ; et ce qu'on aime, c'est l'idée qu'on se fait de l'objet aimé. Oui, cela est vrai. Le contraire l'est aussi. On peut aimer, tout en connaissant bien ce qu'on aime. Quand on est pris, bien pris et touché à fond, on peut néanmoins saisir très nettement les défauts ou les infirmités de l'être chéri, et, comme on est peiné de ne le voir point parfait et qu'on s'en irrite (non contre lui), cette pitié et ce dépit redoublent encore notre tendresse. Nous voulons oublier et nous lui cachons ce qui se rencontre chez lui de fâcheux, comme nous nous cachons à nous-mêmes nos propres défauts, et ce soin délicat tient notre amour en haleine et nous le rend plus intime en le faisant plus volontaire et plus méritoire... — Vous me direz que ce que nous aimons alors, c'est notre bon cœur. Comment se tirer de là ?

M. BRIEUX

Les Escholiers : l'*Engrenage*, comédie en trois actes, de M. Brieux.

20 mai 1894.

Parmi la demi-douzaine de jeunes auteurs dramatiques sur lesquels nous pouvons compter, M. Brieux a sa physionomie bien à part. Son théâtre est d'un très honnête homme. On y sent partout une conscience droite, une belle et robuste candeur, et, — ce qui est en train de devenir rare chez nous, — un tranquille et sûr discernement du bien et du mal. Il a le bonheur de n'être ni boulevardier ni dilettante. Il connaît bien la province, et ses personnages sont presque toujours des provinciaux. Il peint leurs mœurs avec une exactitude paisible et minutieuse. Il a quelque chose de la simplicité ingénue du bon Sedaine. Les comédies de M. Brieux sont, proprement, des « moralités ». *O muthos déloï oti...* L'histoire de *Blanchette* nous montre que « le développement de l'instruction » a ses inconvénients ; qu'une fille de paysans, qui a son brevet supérieur, et point de place, a tout ce qu'il faut pour devenir une déclassée. L'histoire de *Monsieur de Réboval* nous enseigne qu'il ne faut pas avoir deux ménages, que c'est très bien sans doute de « faire deux fois son devoir », mais qu'il suffit peut-être de le faire une bonne fois, ce qui, du reste, est généralement plus difficile, et qu'enfin le pharisaïsme, le respect des convenances, n'est point la vertu. Et l'histoire de Rémoussin, dans l'*Engrenage*, nous apprend que la politique est une grande pervertisseuse de conscience et aussi que, « entre le suffrage universel et ses élus, il y a corruption mutuelle ». Ce sont des pièces sans intrigue (sauf *Monsieur de Réboval*), composées de détails significatifs mis bout à bout, conçues à la façon d'apologues démonstratifs. Et, chose remarquable, ces « moralités » ne sont point froides ; elles sont vivantes. Vivantes par la chaleur même du sentiment moral dont elles sont toutes imprégnées ; vivantes par le réalisme direct et franc de l'exécution, et par la plus véridique observation de l'humanité moyenne ; point d'inutiles curiosités de psychologie ou d'expression ; des traits frappants de justesse, volontiers un peu gros ; un relief très scénique ; un mouvement continu ; beaucoup de naturel ; et, au milieu de tout cela, je le répète, la grâce salubre, partout sentie, d'une âme droite et bonne.

Et, maintenant, je vais vous dire l'aventure de Rémoussin, qui fut honnête homme, puis homme politique et, finalement, redevint honnête homme. Je la résumerai assez pauvrement, et je vous avertis qu'elle vaut surtout par mille détails que je ne puis vous rapporter.

C'est une excellente créature que ce Rémoussin : ancien ouvrier, « fils de ses œuvres », usinier probe, patron juste et charitable, et qui a associé ses ouvriers à ses bénéfices. On lui demande de se présenter à la députation. Il résiste, d'abord, de très bonne foi, puis il cède. Ses bons sentiments, — et quelques autres aussi d'une qualité plus mêlée, — le jettent à la fois dans cette aventure. Il cède, un peu par faiblesse, pour faire plaisir à sa femme, à sa fille et à son gendre, et parce que le sénateur Morin l'en supplie. Puis, son concurrent, un certain M. de Vaudray, est un « aristo », un réactionnaire égoïste et dur : c'est œuvre pie que de barrer le chemin à ce gentillâtre. Enfin, il cède par générosité, par sentiment du devoir, pour servir le peuple ; il se promet bien de « n'être pas comme les autres » ; il dit naïvement : « ... Le sang me bout, en voyant comment on perd son temps à la Chambre, comment on vote,..., en voyant la sottise et le cynisme de ces cinq cents inutiles !... Mais il ne s'en trouvera donc pas un... qui montera à la tribune et leur dira : « Et la France, qu'est-ce que vous en faites ? Et le « peuple qui crève de faim et que vous avez flatté,

« quand donc penserez-vous à lui ? » J'aurais voulu être celui-là. »

Une fois sa candidature posée, il entend bien ne la faire triompher que par des moyens irréprochables. Il répudie la corruption électorale, les petits verres, la propagande des agents louches, les polémiques calomnieuses, les faveurs injustes promises aux électeurs influents, les professions de foi menteuses... Mais un candidat ne s'appartient plus, et d'ailleurs le suffrage universel veut absolument être corrompu et trompé. Toutes ces vilenies que Rémoussin réprouvait, on les pratique en son nom, malgré lui, et bientôt lui-même y consent, s'y laisse glisser. Le voilà qui serre des mains déshonorées ; le voilà qui ment, ou qui supporte qu'on mente pour lui. Lui qui tout à l'heure prétendait réduire la polémique à la discussion des idées, un article injurieux le fait sauter sur sa plume et répondre de la même encre. Le bruit s'est répandu que Rémoussin est partisan du droit sur les blés. Or, c'est tout le contraire, et il comptait le dire dans sa profession de foi. Mais la foule est là qui l'acclame. Il veut la détromper, les acclamations couvrent sa voix... Et ainsi notre honnête homme sera nommé pour avoir promis ce que sa conscience lui faisait un devoir de refuser.

Député, sa démoralisation va bon train. Il a voulu d'abord prononcer son grand discours, dire ce qu'il avait sur le cœur ; mais, ingénu et gauche, d'ailleurs isolé dans la Chambre, on s'est moqué de lui. Alors il est entré dans un groupe. Il est devenu protectionniste enragé ; il a cru que c'était l'étude qui avait modifié son opinion, et il n'a pas vu que c'était l'intérêt. Son second discours, sur les blés, a réussi, lui a donné de l'importance et, par suite, des airs importants. Sa conscience s'élargit à voir, autour de lui, la largeur des autres consciences.

Un incident achève de le désosser. Sa sotte de femme, à l'enterrement d'un amiral, a giflé un agent de la paix. Le ministre de l'intérieur peut seul étouffer l'affaire. Or, ce ministre, Rémoussin le considère comme une « crapule ». Il va pourtant le trouver, car il le faut bien. Notre honnête homme revient enchanté. « Ch...armant ! Il a été ch...armant ! » Rémoussin a rencontré là le fameux Balbigny, le publiciste incorruptible qui insulte tous les matins le ministre dans son journal. « Si tu les avais vus se serrer la main, s'appeler : Mon cher ami, se taper sur l'épaule !... » Cette rencontre a tout à fait déniaisé Rémoussin. « Vois-tu, dit-il à sa femme, à mesure qu'on s'élève, toutes les choses s'expliquent ; on s'aperçoit bien que la morale n'est pas la même pour un petit usinier ou pour un homme de gouvernement. » Pauvre Rémoussin ! il s'exprime à présent en « homme supérieur » ; cela veut dire qu'il est mûr pour les pires faiblesses.

Et, cependant, il est gêné dans ses affaires. Son usine, qu'il a été obligé de confier à son gendre, marche mal; la vie est chère à Paris; les vingt-cinq francs par jour ne vont pas loin. Il ne sait même où trouver les cinq mille francs qu'il a promis jadis, quand il était un simple brave homme, pour la fondation d'une crèche... C'est à ce moment qu'entre le Tentateur, sous les espèces du marquis de Storn.

Storn représente la Compagnie du Simplon qui demande au gouvernement le rachat, pour cent millions, des actions et des obligations qu'elle a émises. « Le chiffre n'a rien d'exagéré... Voici nos livres, nos copies de lettres, nos marchés, voyez et jugez... » Il parle d'un intérêt supérieur : « Nous voulons créer un lien de plus entre la France et l'Italie... » Et il ouvre des registres, déploie des cartes, remet à Rémoussin « une brochure qui répond d'avance à toutes les objections ». (La scène est impayable de comique grave.) Le bon Rémoussin est vite convaincu. Le marquis, en se retirant, dépose une enveloppe sur le bureau. L'enveloppe contient un chèque de vingt-cinq mille francs. Rémoussin se rebiffe, mais sa femme entre à ce moment : « Madame, dit le marquis, M. Rémoussin nous refusait la permission de collaborer à ses œuvres de charité... » Et, peu à peu, les sophismes spécieux, approuvés par sa femme, — et ponctués de lourds silences, — désagrègent ce qui reste de conscience à notre pauvre Rémoussin : « Remarquez, Monsieur, que vous m'aviez promis votre concours avant que j'aie... Et puis, est-ce qu'un avocat ne touche pas des honoraires?... Je vous ai dit, Monsieur, qu'il s'agit de charité... Tout le monde n'a pas vos scrupules... Consultez les talons de ce carnet de chèques... » Puis, un silence, plus long que les autres... Le marquis sort, lentement et cérémonieusement... Il a laissé l'enveloppe, sans rien dire, sur le coin de la table...

— Mon Dieu ! dit Rémoussin, quand on réfléchit bien...

Il continue, l'empoisonnement moral du faible Rémoussin : car toute mauvaise action laisse en nous de mauvais sentiments, tout prêts à engendrer de nouvelles actions mauvaises. La peur le rend lâche et dur. Il est revenu se terrer dans sa petite ville, attendant avec angoisse les résultats de l' « enquête sur le Simplon ». Les ouvriers de l'usine se sont mis en grève. On lui fait remarquer que leur situation n'est pas gaie : « Eh bien ! et la mienne ? s'écrie Rémoussin... Ils m'embêtent, vous pourrez le leur dire de ma part ». Et lui, l'ancien brave homme, l'ancien ami des pauvres gens, il ne parle que de « coffrer les meneurs ». — « Si, au lieu d'avoir un gouvernement de carton... nous avions un gouvernement vraiment digne de ce nom, un gouvernement fort... »

Il considère qu'un autre devoir, et capital, du gouvernement, c'est de le tirer d'embarras, lui Rémoussin, de ne pas laisser « compromettre en sa personne la dignité du Parlement ». — « Savez-vous où ça nous mènera, ça? Ça nous mènera au mépris de toute autorité, à l'oubli de tous les respects. » Heureusement il compte un peu sur l'influence de « la cousine Bourdier ». La cousine Bourdier est une femme galante, maîtresse d'un ministre, une femme que les Rémoussin « ne voyaient pas ». Ils la tiennent maintenant en haute estime et n'ont plus d'espoir qu'en elle. Encore une petite capitulation de conscience à ajouter aux autres.

Mais le sénateur Morin arrive, les jambes flageolantes et molles : il vient d'apprendre qu'un journal du soir a publié la liste des « chéquards » du Simplon. « J'y suis, et vous aussi. — C'est vous qui m'avez perdu, dit Rémoussin, vous êtes une canaille. — Si vous croyez être un honnête homme ! réplique Morin. Laissez-moi donc tranquille : vous êtes comme les autres ! » Et il met sous le nez du malheureux ses hypocrisies et ses lâchetés, les mobiles secrets de ses actes, et toute l'histoire de ses perversions successives. Et c'est alors comme une décisive secousse dans le tréfonds de la conscience de Rémoussin. Il se réveille, il se reprend, il se voit comme il est ; et, avec un grand effort, il se confesse : « Oui, là, vous avez raison, j'ai été lâche ». Et sa confession, très belle, très sincère, très courageuse, se termine par un grand cri de détresse, de repentir, d'humilité ; et cela sans phrases, sans mysticisme, sans tolstoïsme, sans norvégerie, avec une simplicité parfaite et en style de brave homme... Cela est émouvant, très émouvant

Dès lors Rémoussin sait ce qui lui reste à faire. Il sort ; il porte à un journal une lettre où il avoue sa faute, et s'arrange pour restituer les vingt-cinq mille francs qu'il a touchés. Or, pendant qu'il délivrait ainsi son âme, une dépêche annonce que le gouvernement a arrêté l'enquête, envoyé un démenti à l'agence Havas, bref, que les obligés du marquis de Storn n'ont plus rien à craindre. Et ainsi, l'acte par lequel le bon Rémoussin s'est racheté devant Dieu le perd aux yeux du monde ; et, seul honnête en cette affaire, il passera seul pour ne l'avoir pas été. « Si tu t'étais tenu tranquille, lui dit judicieusement Mme Rémoussin, nous aurions vingt-cinq mille francs de plus, et nous ne serions pas déshonorés. » Il subit les reproches insultants de sa femme et de son gendre. Au dehors, le peuple crie, sur l'air des lampions : « Rémoussin ! Le voleur ! Démission ! » Il leur jette avec dégoût, par la fenêtre, ses insignes de député. Et cependant, Morin lavé, Morin triomphant, harangue la foule : « Oui, mes amis, ce que je veux, c'est le bonheur du peuple, de ce peuple intelligent et fier, etc. » Et la foule crie : « Vive Morin ! » Sur quoi Rémoussin, avec un accent où l'on ne sait s'il y a plus d'amertume ou d'allègement intérieur : « Ah ! ah ! ils crient : « Vive Morin ! »... Allons, c'est complet... Me voilà maintenant tout à fait tranquille. »

L'œuvre est bonne. Elle nous rappelle clairement et fortement des choses que nous savions, mais que nous ne saurons jamais assez. Oui, la politique, ailleurs encore que dans une démocratie, mais dans une démocratie plus que partout, est une maîtresse de mensonge, d'hypocrisie et de lâcheté. Oui, les conditions naturelles, inéluctables, d'un régime de suffrage universel forcent le juste lui-même, dès qu'il entre dans cet engrenage, à « pécher » bien plus de sept fois par jour. Et, si c'est une nécessité qu'il y ait, comme on dit, deux morales, c'est donc une nécessité abominable, et qui fait frémir quand on y songe. Oui, la société où nous vivons est telle qu'un homme comme ce vieux corsaire paisible et gouailleur de sénateur Morin, qui, considéré en lui-même, est, très sûrement, un gredin, est après tout, et non moins sûrement, un homme « de moralité moyenne » ! Oui, dans cette vie que nous menons, où l'on n'a au fond pour objectif que l'argent, la vanité et le plaisir, où jamais on ne rentre en soi pour se juger et où, d'ailleurs, les principes manquent au nom desquels on se jugerait, la notion du bien et du mal finit par s'abolir en nous, et presque aucun de nous ne sait plus ce qu'il vaut moralement, ni ne se doute combien il vaut peu. Oui, il y a, à l'heure qu'il est, parmi nos hommes publics (et parmi nous autres semblablement) de gentils garçons et d' « honnêtes gens », parbleu ! qui ont commis de lâches et vilaines actions, et qui n'en ont eu quelque soupçon, — peut-être, — que le jour où ils se virent menacés au nom d'une morale abstraite (très mal connue et pratiquée des justiciers eux-mêmes) ; mais qui, depuis, sont rentrés dans leur quiétude et ont tout oublié : d'autant mieux qu'on a voulu que nous oubliions aussi, et que sans doute on a bien fait. Oui, nous vivons tous dans l'ignorance de notre démérite et de notre indignité ; et elles sont rares, bien rares, les secousses qui déchirent ces voiles de mensonge et d'illusion, brisent ce filet d'intérêts, de vanités et d'habitudes dont nous sommes enveloppés, nous mettent face à face avec notre âme véritable, nous en révèlent, comme au bon Rémoussin, la hideur, et, d'un jet de clarté brusque, nous dessillent assez les yeux sur les origines cachées, sur le sens et la valeur réelle de nos actes, pour que nous comprenions le mot terrible de Joseph de Maistre : « J'ignore ce qu'est l'âme d'un scélérat ; mais je crois savoir ce qu'est l'âme d'un honnête homme : c'est affreux. »

Ce jet de clarté contraignant et bienfaisant, il est dans la vaillante et probe comédie de M. Brieux. Qu'y pourrais-je donc bien reprendre? Dirai-je que j'y aimerais, quelquefois, un style plus ramassé et plus fort? Que j'y voudrais les rôles secondaires, et surtout ceux des femmes, moins effacés, moins « quelconques » (car il n'y a là, en somme, que deux personnages : Rémoussin et Morin, son mauvais génie) ? Que les défaillances de Rémoussin se succèdent avec une rapidité un peu monotone? Ou que son cas serait plus significatif, s'il était un peu plus intelligent? Regretterai-je enfin l'optimisme moral du dénouement? Et affirmerai-je que, dans la réalité, les yeux de Rémoussin ne s'ouvriraient pas et que, sauvé comme Morin, et condamné par cette heureuse chance à ne jamais se repentir, il descendrait à la benoîte inconscience de ce bon compère ? Non, je ne dis pas cela ; je souhaiterais seulement moins de soudaineté dans le revirement moral de Rémoussin ; il me plairait qu'il fût averti de son état, moins par les paroles brutales de Morin que par la tristesse et la désapprobation silencieuse de quelque simple créature restée modestement fidèle à la loi évangélique et, si vous le voulez, de sa fille Léonie... Mais qu'importent ces critiques, sur lesquelles j'hésite au moment où je les exprime ? C'est le cas, ou jamais, de citer la vieille sentence de La Bruyère : « Quand une lecture vous élève l'esprit, et qu'elle vous inspire des sentiments nobles et courageux, ne cherchez pas une autre règle pour juger de l'ouvrage : il est bon et fait de mains d'ouvrier. » Voilà un éloge que nous n'avons pas l'occasion d'accorder souvent.

ALBIN VALABRÈGUE

GYMNASE : *La Duchesse de Montélimar*, comédie en trois actes, de M. Albin Valabrègue.

31 décembre 1893.

Je souhaitais de bon cœur un très grand succès à la *Duchesse de Montélimar*. M. Albin Valabrègue est l'auteur de *Durand et Durand* et de ce charmant *Homme de paille*, que quelque théâtre devrait bien reprendre. Il a la verve abondante et drue et, parfois, l'inquiétude du mieux. Il y avait une idée, et sérieuse, et belle, dans cette comédie malheureusement trop imparfaite de *la Femme*, donnée au Vaudeville voilà deux ans. Et dans la *Duchesse de Montélimar*, c'est une maladresse sans doute, mais honorable, d'avoir voulu tout à coup s'élever, a certains moments, du ton du pur vaudeville à celui de la satire sociale...

Malgré mes vœux, cette brave *Duchesse* n'avait pas totalement agréé au public de la « première »

J'apprends, avec plaisir, que le public des jours suivants s'est moins défendu ; qu'il s'amuse très franchement à cette bouffonnerie aisée et bon enfant, et que le Gymnase pourrait bien tenir un succès. L'action nous avait paru un peu simplette et prévue ; car c'est tout uniment, comme vous savez, l'action du *Bourgeois gentilhomme* (les rôles de M. et de Mᵐᵉ Jourdain étant intervertis). On avait trouvé aussi que le revirement moral de la moitié des personnages, à la fin du dernier acte, était faiblement motivé... Mais le dialogue est souvent hilarant. La rentrée du fils de la maison, à neuf heures du matin, en habit, la cravate blanche de travers, le plastron fripé, les mèches du front décollées, est d'une belle couleur... Enfin, j'ai goûté les leçons de convenance, de haute vie et de « vie noble », que la duchesse Bonnardel donne à son mari (« Maintenant que vous voilà duc, il faut prendre une maîtresse... Oui... dans le corps de ballet... C'est l'usage »), et celles que le duc et la duchesse reçoivent tous deux de leur valet de chambre, un drôle qui fut bachelier, mais qui a beaucoup appris depuis ce temps-là.

Certes, ce n'était pas une si mauvaise idée que de refaire le *Bourgeois gentilhomme*, de le « remettre au point ». Voilà plus de cent ans que la noblesse est morte comme classe politique et comme classe sociale ; et, pourtant, il n'y a pas à dire, elle survit comme caste mondaine. Elle survit, par l'attachement respectable aux traditions ou par la vanité de ceux qui en sont, mais plus encore par la vanité et la bassesse d'âme de beaucoup de ceux qui n'en sont pas. Chose admirable : depuis qu'on peut en être comme on veut, en payant ou même sans payer, en d'autres termes, depuis que la noblesse n'est rien, il y a toujours plus d'imbéciles ou qui veulent en être ou qui la révèrent comme si elle était quelque chose. Même usurpée, ou achetée à beaux deniers comptants, elle impressionne les fournisseurs et quantité d'autres citoyens.

La comédie du *Bourgeois gentilhomme* était donc d'autant mieux à refaire que ce snobisme comporte aujourd'hui beaucoup plus de sottise encore que du temps de Molière, où du moins la noblesse était une puissance publique, assurée et concrète, impliquait des droits, des privilèges, un rôle, des devoirs, une éducation, une vie spéciale. La malhonnêteté restant égale à prendre un nom et un titre qui ne vous appartiennent pas, il y a certainement plus de niaiserie et d'infirmité morale dans le cas de Mme Bonnardel que dans celui du bonhomme Jourdain. Et c'est pourquoi je répète, avec plus de certitude, que le sujet de M. Valabrègue était excellent.

Toutefois, il eût peut-être été bon, pour que la manie de nos entêtés de noblesse apparût dans tout son jour, de nous la montrer s'épanouissant en pleine démocratie, et de noter ce que le moment historique ajoute de violemment plaisant à leur pitoyable vanité... On pourrait même nous présenter quelque bourgeois, démocrate et « fils de la Révolution », dans sa vie publique [et dans ses discours de forum — et joignant à son nom patronymique le nom de quelque bicoque, ou s'attribuant le titre de quelque grand'tante de sa femme, ou malade du désir de se muer en baron, fût-ce de la principauté de Gérolstein, ou en comte, fût-ce du Pape ; et conciliant tout cela par un miracle soit d'inconscience, soit d'hypocrisie, qui s'est déjà vu, je vous assure.

Et l'on pourrait encore, en face de cette noblesse achetée, nous faire voir, plus méprisante et plus gourmée que celle de l'ancien régime ou du premier Empire, la noblesse républicaine. Car nous jouissons déjà, n'en doutez pas, d'une aristocratie de la Révolution. On remonte à la Convention, comme d'autres remontent aux Croisades. D'avoir un aïeul qui a voté la mort de Louis XVI, c'est comme d'avoir un ancêtre qui s'est distingué à Marignan. Et les effets moraux de ces souvenirs si opposés sont sensiblement analogues. Ici et là, on vit de traditions. En vain, le temps passe, renouvelant toutes choses, modifiant la « position » des questions politiques et sociales : on demeure figé, ici, dans le jacobinisme étroit hérité du grand-père ; là, dans le culte monarchique hérité des aïeux. Les familles de l'aristocratie républicaine marient entre elles leurs enfants, commencent à se garder des mésalliances. On a vu des petits-fils portés aux plus grandes charges par leur mérite sans doute (qui oserait le nier?), mais aussi par leur nom, — tout comme « sous les tyrans ». Beaucoup de ces familles mènent une vie aussi fastueuse et mondaine que celle de ce faubourg Saint-Germain, qui d'ailleurs n'est plus guère qu'une expression géographique. Bref, la matière est toute prête pour une comédie de la noblesse jacobine et régicide... J'exagère? Entre nous, je crois que oui. Mais pas tant que vous vous le figurez.

GEORGES COURTELINE

Théatre-Libre : *Boubouroche*, pièce en deux actes, de
M. Georges Courteline.

30 avril 1893.

Le premier acte de l'admirable farce de M. Georges Courteline (je dis « farce », et l'auteur ne m'en voudra point, puisqu'on nomme ainsi le *Médecin malgré lui* et même le *Malade imaginaire*) se passe dans le petit café où Boubouroche fait tous les soirs sa partie de manille, avec quelques amis, employés ou petits commerçants, en buvant des « distingués ». (Les « distingués sont, si j'ai bien compris, ou des doubles bocs, ce qu'on appelle des « demis », — entendez des demi-litres, — ou de simples bocks « soignés », autrement dit « bien tirés » et « sans faux-col ». J'hésite entre ces deux interprétations.)
Ce café est, comme j'ai dit, un tout petit café. Une douzaine de tables de marbre, pas plus. Sur les tables du milieu traînent trois ou quatre jour-

naux, mal fixés à leurs planchettes par des tringles dont un bout s'échappe. Un seul garçon, vieux, à favoris blancs, feuillette dans un coin l'*Univers illustré*. La caissière somnole entre ses carafons. A la colonnette enveloppée de velours rouge, qui soutient le plafond couleur Isabelle, pend un écriteau qui annonce de la choucroute et de la salade de museau de bœuf. L'atmosphère est épaisse, tiède et cordiale. On doit être très bien là-dedans.

... M. François Coppée, dans une de ses chroniques du *Journal*, où il exprime avec une élégante et généreuse bonhomie les sentiments d'une âme à la fois délicate et populaire, — car Coppée est en train de « remplir son type » et de devenir tout doucement le Béranger des dernières années de ce siècle,

Et je ne trouve pas cela si ridicule ;

donc le poète des *Humbles* contait dernièrement l'histoire d'un brave homme à qui sa femme avait entrepris vainement de faire perdre « l'habitude du café ». De guerre lasse, l'indulgente et ingénieuse ménagère machinait dans son petit logement le simulacre d'un coin de brasserie : banquette de velours rouge, guéridon de marbre blanc, porte-allumettes de grosse faïence, soucoupes en feutre ou en gros verre, jeux de cartes, de dames et de jacquet, un peu de sciure de bois sur le plancher ; et elle disait à son mari : « Tu auras ici les mêmes consommations qu'au café ; tu pourras amener tes amis. Veux-tu essayer ? » Et le brave homme essayait. Mais bientôt il était pris de tristesse et d'inquiétude. « Qu'as-tu ? lui demandait sa femme. — Rien. — Est-ce que la bière n'est pas bonne ? — Mon Dieu... — Quoi ? — Elle n'est pas mauvaise, mais elle serait meilleure si elle était *sous pression*, voilà. »

Eh oui, voilà ce qui lui manquait, à cet homme : la pompe à bière, le col d'écume pareille à du lait, et aussi ce qui ne s'imite pas : l'odeur, l'atmosphère, les becs de gaz, les glaces et les vitrages de la brasserie, les silhouettes des garçons, le bruit des conversations et des dominos des autres clients ; la vague occupation des yeux et des oreilles, qui, à la fois, trompe l'ennui et favorise les songeries ruminantes. Les gens de petit logis et, encore mieux, ceux qui ont été sans gîte, connaissent bien cela, et me comprendront. Là, autant que dans la campagne, quoique d'autre façon, on peut goûter « les sombres plaisirs d'un cœur mélancolique ».

Toutefois, ce ne sont pas ces sombres plaisirs qu'y va chercher l'excellent Boubouroche, car la brasserie offre également aux gens, suivant leur humeur, les douceurs d'une solitude chaude et animée, ou celle d'une compagnie familière et sans morgue. Chère aux faiseurs de vers, elle ne l'est pas moins aux joueurs de manille. Le café d' « habitués », c'est le cercle des petites gens. Boubouroche y trouve surtout la satisfaction de ses instincts de sociabilité. Sa bonté, très réelle, est une bonté de pilier d'estaminet et de tarisseur de chopes. Célibataire, trente-huit ans, une dizaine de mille francs de rente, je suppose, candide et sentimental, il aime serrer des mains, offrir des « consommations », laisser puiser dans sa blague à tabac, et même, à l'occasion, prêter cent sous à un camarade gêné. Ce gros homme paresseux et inutile est charmant, quand même, de bienveillance adipeuse.

Et qu'il est beau à la manille ! Quel sérieux ! Quelle complaisance grave dans sa maîtrise incontestée ! Au reste, il ne joue pas pour gagner, mais pour son amusement. Il ne se fâche point que les deux joueurs qui ont perdu lui laissent le soin de « régler » leurs absinthes. Resté seul avec son partenaire, il fait revenir deux « distingués » par un geste d'habitude, et bientôt glisse aux confidences, et étale les richesses morales d'un cœur sensible et d'un esprit sans détour. Il raconte comment, il y a huit ans, il rencontra Adèle, et comment il osa se déclarer. « Et huit jours après, conclut l'ami Potasse, tu la mettais dans ses meubles ? » Mais Boubouroche, blessé du terme et rectifiant : « Huit jours après, Adèle et moi, nous associions nos deux existences, ce qui n'est pas la même chose. — Peuh ! dit le sceptique Potasse, tu lui donnes de l'argent. — Il ne manquerait plus que je lui en demande ! réplique Boubouroche. Je lui donne, en effet, trois cents francs par mois et je lui paye son loyer, mais enfin je ne l'entretiens pas. On n'entretient pas une femme parce qu'on fait son devoir d'honnête homme en lui simplifiant, dans une certaine mesure, les complications de l'existence... Mais, mon cher, je l'entretiens si peu que nous ne vivons pas ensemble ! » Et, comme Potasse s'étonne : « Bien mieux ! Je n'ai même pas la clé de l'appartement ! — Pourquoi ça ? — Parce qu'une honnête femme ne doit pas avoir d'amant, et qu'on n'est pas « amant » tant qu'on n'a pas la clé. — Et qu'est-ce qu'on est alors ? demande Potasse ahuri. — Je ne sais pas, répond Boubouroche, un peu embarrassé. On est... un monsieur en visite. »

Tel est Boubouroche, fleur de chevalerie et de délicatesse, nourrie chaque matin de vermouths-grenadine et d'amers Picon, pâte exquise repétrie chaque soir dans la bière de Mars... Mais, tandis qu'il ouvrait son cœur, un vieux monsieur, tapi derrière le paravent du journal *le Temps*, écoutait sa confession avec une vive curiosité.

Potasse parti, le vieux monsieur s'avance vers Boubouroche et lui dit : « Monsieur, Adèle vous trompe. » Boubouroche sursaute ; puis, poliment : « Asseyez-vous donc, Monsieur... Voulez-vous prendre un distingué ? » Et au garçon : « Deux distingués, Amédée... Expliquez-vous, Monsieur, je vous prie. » Et le vieux monsieur s'explique. Il habite sur le même palier qu'Adèle, et, comme les immeubles d'aujourd'hui sont en plâtre et en papier mâché, il entend tout ce qui se passe chez sa voisine... Il donne des détails... Tant que Boubouroche, furieux, après avoir réglé les consommations de la soirée (neuf francs vingt), se rue hors du café en criant : « Nom d'un tonneau ! »

Or, le second acte de *Boubouroche* n'est autre chose qu'une variation sur un des plus vieux thèmes comiques. C'est l'éternelle histoire de la femme accusée et convaincue de trahison, mais se tirant d'affaire à force d'audace et de mensonges, et contraignant même sa victime à lui demander pardon; bref, l'histoire de la lutte

> Entre la *bonté* d'homme et la ruse de femme...

pour parler comme Vigny (et vous pouvez aussi mettre à la place de « bonté » faiblesse, sottise ou quelque chose de pire). C'est la grande scène du quatrième acte du *Misanthrope*. C'est la grande scène du second acte de *Turcaret*. Et vous la retrouverez dans le *Roi Candaule*, et vous la retrouverez dans la *Parisienne*, et vous la retrouverez partout. Mais que la « variation » de M. Georges Courteline est donc, dans presque tous ses détails, imprévue, pittoresque et joyeuse ! Elle se distingue par trois traits : l'énormité d'évidence du délit, l'énormité d'impudence de la coupable, l'énormité de candeur de la victime. Ces trois énormités sont folles : je ne jurerais pas qu'elles soient invraisemblables. La farce de M. Courteline reste quelque chose d'humain, de très humain, et dont la cocasserie extravagante repose sur un vieux fond solide, à chaux et à sable, de bonne grosse vieille vérité traditionnelle.

Donc, nous sommes chez Adèle. Le salon est modeste et décent; au fond, un grand bahut de chêne. Adèle fait de la tapisserie; André, son amant de cœur, étendu sur une chaise longue, lit un volume de vers, tout en fredonnant le *Forgeron de la paix*, l'air favori de Boubouroche... Tout à coup, on sonne; André bondit sur ses pieds, court au bahut, l'ouvre et s'y blottit... Nous avons eu le temps de voir que l'intérieur de ce bahut était ingénieusement aménagé : il y a une petite table, une chaise, un oreiller pour les reins, une bougie allumée sur une planchette. C'est là qu'André passe son temps en lectures utiles ou agréables, durant les visites de Boubouroche.

Il entre comme un fou, Boubouroche. « Qu'y a-t-il? demande Adèle. — Il y a que tu me trompes; que tu es la dernière des dernières, et que tu caches quelqu'un ici. » Mais les dénégations, d'abord tranquilles, puis indignées, d'Adèle ont bientôt raison du pauvre homme. Au bout de trois minutes, c'est lui qui demande pardon. Cela, c'est la scène connue.

Ce serait fini, si Adèle n'abusait de son triomphe, « Je te pardonnerai, dit-elle, à une condition : c'est que tu ne quittes cet appartement qu'après en avoir scruté, fouillé l'une après l'autre chaque pièce...

Il y a un homme ici, c'est vrai. — Mais non » fait Boubouroche, goguenard. Adèle insiste : « Ma parole d'honneur ! » Et indiquant du doigt le bahut où est André : « Tiens ! il est là-dedans !... Va donc voir, je te dis qu'il est là-dedans ! » Et le bon Boubouroche se tord de rire, tant il la trouve drôle.

Adèle, grisée, continue d'insister ; elle met la lampe dans la main de Boubouroche, le pousse vers la porte de la chambre : « Je veux, entends-tu ? que tu visites tout... jusqu'à la cave... Tiens, voilà la clé de la cave ».

Boubouroche, penaud, se dispose à obéir... Soudain, un courant d'air éteint la lampe. Et, en même temps, la lumière de la bougie qui éclaire la cachette d'André se trahit par deux rectangles enserrant de leurs lignes de feu les deux panneaux inférieurs du bahut. Boubouroche court au meuble, l'ouvre tout grand, et recule en poussant un cri terrible : car André lui est apparu, tranquille comme Baptiste, lisant paisiblement son volume de vers à la lueur de son bougeoir.

Nullement troublé, André sort du meuble, son bougeoir à la main. En parfait « homme du monde », il tend sa carte à Boubouroche idiotisé, et se retire, « très chic », après lui avoir fait jurer qu'il ne touchera pas à un seul cheveu d'Adèle.

Et c'est ici qu'Adèle devient sublime.

« Quel est cet homme ? » demande Boubou-

roche. Et elle répond simplement, un peu hautaine :
« Est-ce que je sais ? »

Et, après que Boubouroche l'a renversée sur la chaise longue pour l'étrangler, puis, manquant de courage, est tombé à ses genoux en sanglotant, elle ajoute avec un étonnement candide : « C'est donc sérieux ? Qu'est-ce qui te prend ? Qu'est-ce que j'ai fait ? »

Et, comme Boubouroche la prie de lui expliquer la présence de cet homme dans ce meuble, elle a cette troisième réplique grandiose : « Je ne puis te répondre, parce que c'est un secret de famille ».

Rien ne la fera parler : elle sacrifiera son honneur et sa vie, s'il le faut, pour garder un secret d'où dépend l'honneur d'une autre femme. « Inutile de discuter : ce sont là de ces sentiments féminins que les hommes ne peuvent pas comprendre. Séparons-nous, nous n'avons plus que cela à faire. » Et vous devinez le reste : la gravité mélancolique de l'adieu, et l'évocation attendrie du passé, et Boubouroche, alors, qui ne veut plus partir.... Et c'est ici que se place une quatrième parole d'Adèle, d'une beauté incomparable. Après avoir forcé Boubouroche à dire qu'il lui pardonne : « Eh bien, reprend-elle, je ne t'ai pas trompé. Tu me croiras peut-être, à présent que je n'ai plus intérêt à mentir... Quand as-tu eu à te plaindre de moi ? etc... Et un tel passé s'écroulerait ? etc... Et de tout ce qui fut notre amour, rien ne subsisterait en ta mémoire, parce qu'une fatalité imbécile te fait trouver dans un bahut un homme... *que tu ne connais même pas* ? »

... Donc, Samson-Boubouroche est vaincu une fois de plus par Adèle-Dalila. Mais, tout à coup, Boubouroche bondit et se précipite vers la porte. « Que vas-tu faire ? dit Adèle. — Un compte à régler ; ne t'inquiète pas. » Il sort, laissant la porte ouverte. A cet instant passe sur le palier, regagnant son domicile, le vieux monsieur du premier acte. Boubouroche se jette sur lui et l'empoigne à la cravate en criant : « Et si je vous cassais la figure, maintenant?... Si je vous cassais la figure ? »

En somme, *Boubouroche* est un très remarquable épisode à ajouter aux *Jocrisses de l'amour*. L'exagération des traits y paraît de même qualité que celle des meilleures bouffonneries classiques. *Boubouroche* n'est pas, à proprement parler, un vaudeville. Ce serait plutôt, par la simplicité et la vérité du sujet et par je ne sais quel comique élémentaire et puissant, quelque chose comme l'équivalent moderne des farces de Molière. Joignez qu'on y trouve assez souvent, dans la forme, quelque chose comme l'équivalent du style « burlesque » du dix-septième siècle. Je songe à des locutions comme celles-ci : « Oh ! vous pouvez mâcher de la gomme à claquer et rouler des yeux comme un veau qu'on aurait mené voir *Athalie*... » ou encore : « L'écho des petits scandales d'au-dessous, d'au-dessus, d'à côté, suintent à travers les murailles comme à

travers de simples gilets de flanelle », ou bien :
« La pauvre enfant !... Elle n'a pas plus de sens
qu'un panier à bouteilles ». Une bonne partie de
Boubouroche est écrite de ce style. Et je ne dis
point que cela soit d'un atticisme irréprochable ; je
dis que cela rappelle singulièrement la manière de
Scarron ou de Cyrano de Bergerac. Et, enfin, je ne
sais comment et ces choses-là ne sont guère définissables, mais la bouffonnerie de M. Courteline est
toujours invinciblement gaie. Vous rappellerai-je
Lidoire, le *Train de 8 heures 47*, et les dialogues de
Jean La Butte ?

Je laisse *Boubouroche*, qui est, dans presque tout
le deuxième acte, plus et mieux que « burlesque ».
Mais savez-vous que nous assistons, depuis quelques années, à une éclatante renaissance de littérature bouffonne ? Il serait intéressant de l'étudier
d'un peu près, de noter en quoi elle diffère de celle
même d'il y a trente ou quarante ans, de celle des
Chavette et des Rochefort, et comment les récentes
conceptions ou manies littéraires, naturalisme, pessimisme, cruellisme, mysticisme même, ont contribué (car tout se tient) à la modifier et à la compliquer... Nommerai-je Grosclaude, Alphonse Allais,
Georges Auriol, Willy, Jules Renard, Pierre Veber ?
Je remets à un autre jour de scruter les mystères
de cette suprême et très « artistique » transformation de la vieille gaieté française. Et je ne veux pas
donner de rangs, et j'ignore si Courteline est le

premier de la bande ; mais je vois bien que sa gaieté est la plus copieuse, la plus colorée, et, quoique souvent neuve dans ses formes, la mieux rattachée à la tradition.

GIGOLETTE

Ambigu : *Gigolette*, drame en neuf tableaux, de MM. Edmond Tarbé et Pierre Decourcelle.

3 décembre 1893.

Si j'étais né dans quelque sinistre maison ouvrière de Charonne ou de la Villette ; si la promiscuité du taudis de famille m'avait gâté dès ma petite enfance ; si l'école sans catéchisme, et les fréquentations de boulevards extérieurs et de « fortifs », et les bals où l'on boit des saladiers de vin rouge avaient achevé de me « déshumaniser » ; si le régime de « Biribi » m'avait décidément rejeté en dehors de la société ; bref, si le sort avait voulu que je fusse présentement le Desgrieux casqué de soie d'une Manon sans faste, — et si toutefois j'avais recueilli, dans ma vie hasardeuse, quelques bribes de littérature, il me semble que je me dirais :

— « Les temps progressent ; le bourgeois n'est

pas, au fond, si encroûté que je l'avais cru... Jadis, sous l'ancien régime, mes confrères seuls de « la haute » étaient supportés au théâtre ; ils s'appelaient Dorante ou Moncade ; on les surnommait le « chevalier à la mode » ou l'«homme à bonnes fortunes » ; il fallait qu'ils eussent les façons de la cour, qu'ils fussent jolis et qu'ils sentissent bon ; et leurs « marmites » étaient comtesses ou marquises. Car, non plus que la nôtre, la corporation des « gigolettes » n'était représentée que par son aristocratie. On ne les souffrait sur les planches qu'avec des falbalas, de la poudre et des manières distinguées. Et Dancourt, qui pourtant n'avait pas froid aux châsses, n'osait ni les faire voir dans le vif de leur négoce, ni les appeler par leur vrai nom. Il ne les exhibait que de profil, et les désignait par des périphrases ; il les qualifiait de « coquettes de profession ».

« Mais, peu à peu, mes compagnes se sont installées sur la scène. On les y a vues « truquer », carrément. Déjà, il y a quarante ans, la dame aux camélias portait tranquillement à son corsage des fleurs qui étaient une enseigne, — et un renseignement. Pendant longtemps encore, à vrai dire, les théâtres ne montrèrent que les « gonzesses » pour gens riches. Puis on descendit d'un étage, et puis d'un autre. A l'heure qu'il est, la « gigolette » pure a droit de cité dans le drame et dans la comédie. Et voilà que son vrai nom s'étale sur deux affiches à la fois.

« Et moi aussi, j'ai eu mon tour. Les dramaturges s'en sont tenus d'abord à mes collègues du grand monde, des cercles et des salons. Puis ils ont glissé insensiblement jusqu'à moi. A la suite de Monsieur Alphonse, Alphonse tout court est entré, et Polyte, et la Terreur de Grenelle, et le beau Charles. Le roman naturaliste et le café-concert ont beaucoup aidé à cette heureuse révolution. On a compris mon âme. Des écrivains ont célébré mes joies et mes tristesses, mes révoltes, mes haines, et ma sensibilité, et mon ingénuité, et mon dévouement aux « camaros ». Ils ont insinué que, aimant parfois jusqu'au meurtre, seul je savais encore aimer. Ils m'ont jugé pittoresque, beau à ma façon, — et irresponsable, comme le loup lâché à travers la forêt. Ils ont découvert que j'étais au fond un sentimental et que la pervenche, ignorée des riches, fleurissait intacte dans mon cœur d'arsouille. Ils ont vu en moi une sorte d'*outlaw*, qui a sa morale particulière. Je suis apparu à quelques-uns comme un être trop fier pour se plier aux règles d'une société byzantine, comme un naïf chasseur des âges héroïques, fourvoyé et mal à l'aise dans les cadres étroits des vieilles cités. Ma brutalité, ma férocité, mon obscénité, mon ivrognerie, ma paresse et ma lâcheté enfin, — que je ne secoue parfois que pour assassiner quelque fille qui a le sac (car il faut vivre), pour assommer un pante au coin d'une rue, trois contre un, ou pour bien mourir place de la Roquette (car les copains sont là et les journalistes prennent des notes), — tous mes vices, en un mot, ont rencontré des indulgences et des excuses que je ne demandais même pas. Bref, on me rend justice.

« Et désormais nous triomphons, mes sœurs et moi. La *Lettre de Saint-Lazare*, la *Marseillaise des petits joyeux* et la prière *à Sainte-Galette* ont fait le tour des salons un peu « artistes ». Notre image éclate sur les murs et les palissades, pimpante, aimable, d'une canaillerie élégante, le costume professionnel insensiblement tourné en travestissement d'opéra-comique. Nous semblons très amusants. Les gens du « hije-lif » quand ils veulent se distraire, nous empruntent nos frusques et s'essayent à nos airs.

« L'autre soir, à l'Ambigu, c'est nous qui avons eu le plus clair du succès. Lorsque la sympathique Gigolette, une fille « à la coule », à sa sortie de Saint-Lazare, est revenue au bastringue du père Trinquette et que les camarades lui ont fait fête, le public est parfaitement entré dans l'esprit de ces réjouissances de famille. Un peu plus tard, quand elle « raccroche » son propre père, qui revient, lui, du bagne, on a trouvé la scène piquante ; et, quand elle grise le vieux et lui vole ses économies de Nouméa, le public a bien vu que cette fille-là avait du sentiment, et il ne lui en a point voulu, puisque, ce qu'elle en fait, c'est pour tirer d'embarras son petit homme. Même, on n'a pas trop tenu rigueur au beau Charles, attendu que, s'il s'acharne à la poursuite de la petite sœur, c'est qu'il l'aime pour de bon, le pauvre gars, et que, voyez-vous, le grand amour, c'est toujours respectable. Le public était d'ailleurs très bien préparé à admettre les innocences et les vertus les plus paradoxales. L'auteur lui avait présenté, au premier acte, un digne ouvrier dont la petite fille malade est soignée par une demoiselle charitable, et qui viole la bonne demoiselle parce qu'il la sait fiancée à un magistrat et que ça l'agace, et qui n'en est pas moins un brave homme, sympathique dans tout le restant de la pièce. Vous me direz que, dans un mélodrame comme celui-là, l'auteur ne songe qu'à combiner des événements extraordinaires et qu'il les vide, pour ainsi parler, de leur contenu moral. C'est vrai... Mais je m'égare.

« Je ne retiens que ceci : nous avons plu, moi et mes sœurs, nous avons plu énormément. Mais aussi, comme nos rôles étaient joués ! C'était la vérité même. Les artistes jolies, bien élevées, qui avaient consenti à se charger des rôles des petites lazaristes, y apportaient tant d'intelligence et de bonne volonté qu'elles donnaient l'impression de personnes qui n'imitent point, mais qui retrouvent. On eût dit qu'elles se sentaient bien dans cette nouvelle peau, non pas contraintes, mais délivrées et infiniment joyeuses. Déguisées ? Oh ! sans doute. Mais, malgré moi, je me rappelais le vers de *Ruy Blas :*

Non, je suis déguisé quand je suis autrement.

« O prestige du talent ! La scène grouillait de Polytes et de Phémies qui avaient vraiment l'air de s'amuser et de vivre pour leur compte. Cela était si parfait que l'artifice en était insaisissable. Pascal dit : « On est tout étonné et ravi quand, « s'attendant de voir un auteur, on trouve un « homme. » Ainsi, je m'étais attendu à voir des comédiens plus ou moins habiles, et j'avais tout à coup la sensation délicieuse de reconnaître des gens de mon monde, des amis et des petites camarades que j'avais perdus de vue, et que la police me rendait. J'en aurais pleuré de joie.

« Et partout, dans la salle, au bord des baignoires et des loges, il y avait des dames très chic, et des bourgeoises, et des filles huppées qui étaient, elles aussi, parfaitement heureuses. Elles avaient des yeux brillants, des mines friandes, des figures qui avouaient. Elles avouaient qu'il n'y a plus que ça qui les amuse ; elles avouaient leur secret parentage d'âme, — et de corps, — avec les humbles et sincères créatures qui gigotaient de l'autre côté de la rampe. — Les femmes étaient charmées, les hommes indulgents, et toute la salle communiait dans la crapule.

« Oui, il est des moments où la société *avoue*, où

son hypocrisie tombe, où elle confesse implicitement qu'entre la grande dame ou la bourgeoise adultère et la femme galante qui sait se tenir, il n'y a que l'épaisseur d'un cheveu ; qu'il y a tout juste le même intervalle imperceptible entre la professionnelle du premier rang et celle du second, et ainsi de suite jusqu'à la fille de brasserie et jusqu'à la rôdeuse des fortifications ; que toutes ont la même âme, et que les différences se réduisent à des détails tout extérieurs d'habits et de rites ; que le beau Charles n'est après tout qu'un boulevardier de la seconde enceinte, et qu'enfin la cité presque entière n'est qu'une même chiennerie. Et les temps sont peut-être proches où sera promulgué le fameux décret, qu'« il n'y a rien », avec cette variante au second article, que *tout le monde* est chargé de l'exécution du présent décret, c'est-à-dire que tout le monde est autorisé à faire à sa guise. Et voilà pourquoi, dans les moments où il ne cherche que son plaisir et est, par conséquent, sincère, peut-être à son insu, le bourgeois oublie totalement de me mépriser, tant je l'amuse, et tant je réalise sans doute je ne sais quel idéal, ignoré de lui-même, qu'il porte en lui. Ah ! oui, les bourgeois sont bons. La première fois que j'en surinerai un, ce sera sans haine. »

Sérieusement, ne croyez-vous pas que, tout au fond, — et sauf la littérature dont je lui ai fait cadeau, — Polyte doit raisonner ainsi et qu'il est même impossible que le spectacle des beaux Charles de la fiction inspirent d'autres pensées aux beaux Charles vivants, en chair et en arêtes ? Ah ! qu'on doit être fier d'être souteneur en passant devant les colonnes Morris !

Gigolette a deux tableaux vraiment curieux : le duel au couteau de Mlle Mallet et de Mlle Silviac, étonnant de vérité, — et la romance des *Blés d'or* chantée par Mlle Mallet avec des cadences et des notes portées d'une impayable drôlerie, et dont le refrain est gravement accompagné par les voix attendries des « petits joyeux » et de leurs compagnes. Il y en a une qui, vers le milieu du second couplet, se met à pleurer comme un veau... Vous vous rappelez, au grand dîner des Coupeau, l'effet de la romance de l'*Enfant du bon Dieu*, « envoyée » par Mme Lerat : «... Clémence, très soûle, éclata brusquement en sanglots ; et, la tête tombée au bord de la table, elle étouffait ses hoquets dans la nappe. Un silence frissonnant régnait. Les dames avaient tiré leur mouchoir, s'essuyaient les yeux, la face droite, *en s'honorant de leur émotion*. Les hommes, le front penché, regardaient fixement devant eux, les paupières battantes... »

Le reste du drame est d'assez grosse nourriture, mais très habilement accommodée.

ANNA JUDIC

Eldorado : Rentrée de Mme Judic

8 octobre 1893

Mme Anna Judic s'est remise tout bonnement à chanter des chansons. L'événement a montré qu'elle ne pouvait rien faire de plus spirituel. Le fidèle « Tout-Paris » était là, et rarement l'ai-je vu plus excité.

Les fumeurs en ont laissé leurs cigarettes inachevées, soit déférence, soit oubli, et, dans les deux cas, c'est joliment flatteur pour la chanteuse. Son succès a été triomphal.

Mme Judic a toujours, et malgré tout, ce visage exquis, d'une expression si gentille et si douce. Elle a toujours cette voix d'un timbre si pur, et comme cristallin. Et son charme est toujours le même, avec quelque chose de plus sûr, de plus plein, de plus consommé. Ah ! ces roses d'automne !...

On connaît sa spécialité : c'est celle des nuances, des sous-entendus, des paroles murmurées, des regards ignorants accompagnant les sourires qui savent, ou des clins d'yeux commentant les soupirs, et, pour tout dire en un mot, de la décence dans la polissonnerie. Oui, l'une et l'autre y sont; je ne saurais vous expliquer par quel mystère.

Elle nous a dit une de ses chansons d'autrefois : *Ne me chatouillez pas!* Le texte est, en vérité, une bien humble et assez niaise petite chose. Mais si vous voyiez ce qu'elle en fait! Premier couplet : c'est, je le suppose du moins, une dame très bien, que chatouille un homme du meilleur monde. Deuxième couplet : une toute petite fille chatouillée dans son petit lit par sa jeune maman. Troisième couplet : une naïve bergère chatouillée, dans une meule de paille, par un vacher badin. Quatrième couplet : une dame, soupçonnée de quelque importation frauduleuse, et dont les vêtements sont explorés par la main impersonnelle de notre douane nationale. Il s'agit donc de trouver des intonations, des cris, des rires, des gestes, des mines qui correspondent à ces divers chatouillements, en tenant compte des différences d'âge, de condition sociale et de circonstances. Je ne crains pas de dire que Mme Judic fait de cela quatre petits poèmes de chatouillerie, parfaitement distincts, et dont chacun est une merveille de justesse, de mesure et de vérité. Que voulez-vous? La perfection absolue fait toujours plaisir. De l'ouvrage « bien faite » à ce degré-là, c'est de l'art. *Materiem superat opus.* Oh! combien *superat!*

J'en dirai autant à propos de la *Mousse*, qui appartient au même genre de chansons. Ici, c'est un peu le jeu innocent des « homonymes ». Et cela rappelle aussi, par conséquent, le refrain à calembours du rondeau classique (ne pas confondre avec le rondel). Le même mot, revenant à la fin de chaque couplet, est pris successivement dans des sens différents, et suggère chaque fois quelque petite scène de la vie familière, des sortes de *quadri*. Cela ne signifie rien, mais cela peut avoir encore sa grâce quand le chansonnier sait son affaire, et surtout quand l'interprète, — et c'est ici le cas, — a l'art d'achever et de faire vivre, en dépit de l'insuffisance du texte, à laquelle le public ne prend plus garde, les pauvres croquis du chansonnier. Et donc, dans cette chanson de la *Mousse*, la chanteuse évoque, parmi les scènes de sa vie passée, celles où « la mousse » eut son rôle. Premier couplet : elle se revoit, petite fille, jouant à la lavandière ; et nous y sommes ; et nous assistons aux jolies grimaces qu'elle faisait quand la mousse du savon lui éclaboussait la figure, et nous avons une vision de *chromo* ou de ces marbres italiens fignolés en trompe-l'œil pour l'ébahissement des bourgeois. Troisième couplet : promenade à deux, dans les grands bois, où le pied des arbres est tapissé de « mousse », une mousse sur laquelle on glisse (ohé ! ohé !). Et je ne sais quelles paroles Mme Judic chantait ici ; mais elle les chantait de telle façon qu'elles se muaient d'elles-mêmes, dans mon oreille, au couplet de *Rose*, et que c'étaient les vers de Hugo que j'entendais :

> Une eau courait, fraîche et creuse,
> *Sur les mousses de velours*,
> Et la nature amoureuse
> Dormait dans les grands bois sourds.

Quatrième couplet : la chanteuse nous conte ce qu'elle a vu dans la « mousse » de son premier verre de champagne : de belles robes, une série indéfinie de soupers dans des cabinets très bas de plafond, avec des fenêtres tronquées qui s'ouvrent sur le boulevard, parmi des messieurs mûrs dont la nuque forme un gros bourrelet au-dessus du collet de leur habit noir (ô Forain !) et une voiture au mois, pour commencer. Et je n'ai pas mentionné le second couplet, et je ne puis même vous en indiquer le contenu, n'ayant point la plume dont se servit un jour Théophile Gautier pour exprimer un de ses plus vifs regrets esthétiques... Je me permets cette allusion, d'abord parce qu'elle est excessivement obscure et que vous n'y comprendrez rien ; puis, — au cas où vous auriez prié M. de Spœllberch de Lovenjoul de vous débrouiller cette énigme, — pour que vous puissiez vous faire quelque idée de l'indulgente bonhomie de la censure (je la compare à cette digne Mme Lerat, de l'*Assommoir*, qui avait la figure d'un gendarme, mais n'en avait pas la pudeur) ; et enfin pour que vous vous étonniez moins, tout à l'heure, si j'hésite à partager complètement l'enthousiasme vertueux dont la rentrée de Mme Judic a été l'occasion pour quelques-uns de nos plus éminents moralistes boulevardiers.

Naturellement, l'aimable femme nous a chanté aussi une chanson « socialisse », de l'excellent chansonnier Jules Jouy, qui en a écrit, je l'avoue, de plus originales. C'est, sur un air de complainte populaire, l'histoire d'un pauvre homme qui vole un pain chez un boulanger pour empêcher son enfant de mourir de faim, et que les juges condamnent pour cela à un an de prison, mais à qui le Souverain Juge dit, là-haut : « Tu as bien fait ». Sans doute ce ne sont là que chansons ; et, si d'aventure j'avais des doutes sur la vraisemblance de la condamnation du pauvre homme (car, tout de même, il y a des choses qui ne doivent plus guère se faire, depuis Jean Valjean..... Oui, j'entends bien, il s'en fait d'autres, mais pas celle-là... est-ce que je me trompe?) si, dis-je, ces doutes me venaient, je n'aurais pas la candeur de les exprimer. Mais, voyez-vous, ce qui fait surtout tort aux compositions « littéraires » de ce genre, à ces complaintes farouches ou pleurardes sur le pauv'-peuple, à tout ce tolstoïsme canaille, et ce qui lui donne un air d'insincérité presque saugrenue, c'est le « milieu » où cela se débite. Les gens qui sont venus là pour entendre des gaudrioles en fumant leur cigare, sont si visiblement à mille lieues de ce que nous appellerons « l'état d'âme évangélique » ! Au surplus, Mme Judic a les yeux trop peu mortifiés, le minois trop souriant et la voix trop tendre pour lancer comme il faut ces grosses humanitaireries-là. Sincères ou non, le mieux est de laisser ces bruandailles à Bruand.

La *Chanson d'Eviradnus* allait mieux aux douces lèvres de la caressante « diseuse ». Mais je ne puis approuver entièrement la musique qu'on a faite pour cette glorieuse chanson. Oui, ils sont adorables, ces petits vers lyriques ; vous y trouverez tour à tour de l'emportement et de la grâce, du pittoresque et de la mièvrerie, et des « pointes » à la Gongora, ou, mieux, à la Shakespeare :

> ... Le moineau rit : ce moqueur
> Entend le doux bruit des chaînes
> Que tu m'as mises au cœur.

> ... Les nymphes, penchant leur urne,
> Dans leurs grottes souriront,

> Et diront : « Sommes-nous folles ?
> C'est Léandre avec Héro.
> En écoutant leurs paroles,
> Nous laissons tomber notre eau. »

etc... Mais vous n'y découvrirez pas l'ombre de tendresse ou de mélancolie, — attendu que Victor Hugo n'y en a point voulu mettre. Or, ce rêve chatoyant et tintinnabulant, le musicien y a ajusté je ne sais quelle mélodie de romance passionnée, navrée et soupirante ; du moins la mélodie a-t-elle pris ce caractère par la façon dont Mme Judic l'a distillée. Et il n'y a pas à dire, ce n'était pas cela, mais pas cela du tout.

En résumé, ce qui semble le mieux son fait, c'est la chanson voluptueuse et coquine : un libertinage élégant, gentil, — sournois, — sous un léger voile de sentimentalité. Là, elle est sans rivale.

D'honnêtes gens disaient, en sortant, que nous allions devoir à Mme Judic ce bienfait, d'être enfin délivrés des chansons d'Alphonses et de Gigolettes, et des complaintes de « fortifs » et de Saint-Lazare, et des casquettes à trois-ponts, et des coups de surin sentimentaux, et de la « poésie » des boulevards extérieurs, et qu'il n'était que temps, et que cette heureuse révolution allait élever considérablement le niveau moral de nos plaisirs. La vertueuse allégresse de ces observateurs, certes je la ressens, moi aussi ; mais je la modère en moi, et je la précise. La question est de savoir ce qui, de l'obscénité voilée ou de l'ordure brutale, est le plus « digne d'un grand peuple ». J'ai idée qu'au fond c'est *kifkif*. Peut-être même le genre Anna permet-il d'en insinuer de plus fortes que le genre Yvette, ainsi qu'en témoigne le second couplet de la chanson de la *Mousse*. Car, en ces matières, rien n'est plus expressif que la périphrase. Toutefois, et réflexion faite, je me range à l'opinion de nos moralistes. Et ma raison, c'est que, — étant donné d'ailleurs que le monde est bien obligé d'aller comme il va et que l'impureté foncière des divertissements urbains est une nécessité de nature, — un reste d'hypocrisie publique devient sans doute la vertu de ceux qui n'en ont plus d'autres

AU CIRQUE D'ÉTÉ

3 septembre 1893

J'ai eu le plaisir de retrouver la province au Cirque d'Eté. On y voit, d'ailleurs, diverses jolies choses. Oh ! le bon petit âne, si brave, si adroit et si gai ! La scène est d'un comique élémentaire et sûr. Le jovial bourricot poursuit à travers la piste Auguste éperdu. Il le saisit avec les dents par le dos de son ample habit; et les affres d'Auguste, et sa dignité dérangée, nous donnent, un peu, l'espèce de plaisir que nous prenons infailliblement à voir un personnage solennel dans une situation ridicule. Mais le symbolique clown en habit noir, le Prudhomme du Cirque, est de ceux qu'on ne démonte pas pour longtemps. « Il m'a giflé, mais je lui ai bien rivé son clou », comme dit l'autre. A peine réfugié derrière la banquette, il faut voir de quel air Auguste se redresse, croise ses bras sur sa poitrine et, — tandis que ses basques décousues pendent lamentablement sur ses talons, — laisse tomber avec plus de mépris encore

que de rancune : « Sale bourrique ! sale bourrique ! »
Il y a de très bons comédiens parmi ces clowns.

Cette scène d'Auguste et de l'âne fait un plaisir sans mélange, parce qu'on n'y sent nulle souffrance, soit de l'homme, soit de la bête. L'âne a vraiment l'air de s'amuser pour son compte. Sans doute il a fallu lui donner des leçons et, j'en ai peur, le morigéner quelque peu du bout de la cravache, pour le rendre si savant ; mais, enfin, on n'a fait que perfectionner et régler, chez ce jeune baudet joueur, un « geste » tout instinctif. On n'a pas forcé en lui la nature.

Hélas ! je n'en dirai pas autant des stupides exercices où nous voyons ensuite peiner un pauvre joli cheval, sous le fouet menaçant d'une sèche écuyère, dont je ne sais pas, dont je ne veux pas savoir le nom, et qui n'a d'autre mérite que d'être délicieusement habillée en moujik d'étagère, houppelande de velours bleu sombre étranglée à la taille et culottes bleu de ciel bouffantes au-dessus de bottes minuscules. Je m'insurge une fois de plus contre cet abominable travail du « cheval dressé en liberté ». « En liberté » est ici d'une cruelle ironie. Rien de plus disgracieux, d'abord, que ces mouvements imposés au « noble animal », qui ne lui sont point conseillés par la nature, et auxquels répugnent toutes ses habitudes : agenouillements, marche sur les pieds de derrière, pendant que les pieds de devant battent gauchement le vide... Puis, ces fâcheuses gentillesses supposent tant de coups, tant de souffrance muette, tant de terreur, un si long martyre ! Au moins qu'on nous en épargne la pensée ; qu'on ne nous présente la victime que lorsqu'elle sait parfaitement son rôle et quand elle le joue si bien que l'effort n'y est presque plus sensible ! Mais le pauvre joli cheval de l'autre jour savait mal son affaire. Son épouvante, visible dans ses yeux, ne combattait qu'à demi le légitime désir qu'il avait de marcher sur ses quatre pattes ; et alors la bourrelle aux culottes bleu tendre lui cinglait férocement le poitrail et les naseaux d'un long fouet, tant qu'elle pouvait, à tour de bras. C'était apparemment une de ces personnes qui ne dressent pas elles-mêmes leurs chevaux, à qui on les livre tout éduqués, et qui, ne les connaissant point, ne peuvent rien obtenir d'eux que par la rigueur, et les gâchent, et les abîment.. Et peut-être que je me trompe sur ce point. Mais cette écuyère bleue, dont j'ignore le nom, reste pour moi « la méchante écuyère ».

Elle savait du moins nous dérober ce qu'il y a de cruauté dans ce dressage d'une malheureuse bête contre les vœux de la nature, la tragique petite centauresse, funeste aux Lapithes dévorés de désirs, qui a tant fait parler d'elle ces jours derniers. J'ai eu la curiosité de rechercher ce que je disais d'elle, il y a trois ans, quand elle parut au Nouveau-Cirque Voici :

« ... Nous avons vu une très originale et très

prenante écuyère, Eugénie Weiss, baronne de Rahden. Très mince et très souple : un fil noir ; une petite tête élégante et sèche, une chevelure d'un blond pâle, relevée en casque, avec de longs accroche-cœurs qui couvrent la moitié des joues et descendent jusqu'au bas des oreilles, et donnent à cette figure pointue un air bizarre et inquiétant. Elle monte un grand cheval également bizarre, pie comme on ne l'est pas, semé de vilaines taches pareilles à des ulcères, et qui semble être en carton mouillé. *C'est l'écuyère baudelairienne.* Je ne sais pas si ce qu'elle fait est difficile, mais c'est très saisissant. A un moment, le grand cheval se lève tout droit, et la fine écuyère se renverse entièrement et pend la tête en bas... Puis, quand on la rappelle, elle a une façon de saluer, très bizarre aussi : un composé de la révérence féminine et du salut masculin. Allez voir cela. Bref, elle est très fin de siècle. Je ne sais pas au juste ce que ça veut dire, mais elle l'est. »

Il faut croire qu'il y avait, en effet, dans cette artificielle personne, comparable à certaines figures de Félicien Rops, un charme assez étrange et assez fort, correspondant, si vous voulez, à un sentiment que je vois fâcheusement développé chez quelques-uns de nos contemporains et que je vous demande la permission d'appeler le snobisme satanique... Car, depuis, deux hommes se sont d'abord battus au sabre pour elle ; et, pour elle, finalement, l'un a tué l'autre d'un coup de revolver. Et vous savez que cette aventure a follement excité l'imagination des Auvergnats et des officiers, leurs hôtes, et que, lorsque la baronne de Rahden reparut sur la piste quelques jours après le meurtre, on lui fit une ovation frénétique, — tout comme si le sang avait coulé sur l'arène même, et comme si le grand cheval tacheté d'ulcères avait marché dedans.

Les moralistes parisiens se sont élevés, à cette occasion, et contre la rentrée prématurée de l'artiste, et contre l'indécent enthousiasme des spectateurs. Les moralistes parisiens s'étonnent de tout. Ils font continuellement des gestes vertueux, — et même chrétiens. C'est toujours cela. Mais je ne puis m'empêcher de remarquer que ce qui s'est passé l'autre soir à Clermont était très naturel et très humain, ce qui d'ailleurs n'est pas nécessairement synonyme de ragoûtant.

Sur le premier point, je me contenterai de rappeler une anecdote contée par Louis Veuillot dans les *Odeurs de Paris* : « Une actrice venait de perdre sa mère, qu'elle « adorait ». On lui envoie du théâtre l'ordre de paraître à une répétition. Elle écrit une lettre « touchante » pour obtenir quelques jours qu'elle voudrait donner à sa douleur. Le directeur, furieux, la fait mettre à l'amende. « Est-ce qu'elle compte ne pas jouer, dit-il, tant que sa mère sera morte ? »

Le second point, c'est l'enthousiasme « inconvenant » des Arvernes. Leur excitation est pourtant bien facile à comprendre. L'indiscrétion du public à l'endroit de ses amuseurs est sans limites. On veut qu'ils nous livrent le plus possible, soit de leur corps, soit de leur personne intime et privée. On a vu des salles en délire pour un morceau de peau entrevu par hasard et auquel le programme du spectacle ne leur donnait pas droit. — Or donc, lorsque la baronne de Rahden est rentrée dans l'arène, ce n'était plus, aux yeux de la foule, l'écuyère habile, c'était une femme follement aimée par deux hommes dont on savait les noms, pour qui ces deux hommes avaient voulu s'entr'égorger, et pour qui l'un des deux était mort. Son cheval était suivi de deux spectres ; son mari et son amant étaient entrés en même temps qu'elle, et l'on croyait voir des taches de sang sur son amazone. Ces taches de sang étaient ici l'équivalent de ce que sont, dans des spectacles plus spécialement folâtres, les morceaux de peau non promis par l'affiche. Toute la salle déshabillait l'écuyère, plus complètement que les autres soirs. De là cette joie.

Mais retournons au Cirque d'Été. Vient ensuite un peu de sorcellerie. Deux hommes et une jeune fille sont assis sur une estrade, les yeux bandés. L'un des deux hommes tient un morceau de craie, et il y a derrière lui un tableau noir; l'autre porte une mandoline; la jeune fille ne porte rien. Le sorcier, un monsieur assez replet, en culotte noire, l'aspect

d'un Italien gras, dit à peu près aux spectateurs :
« Messieurs, je vais parcourir vos rangs. Vous me
direz tout bas à l'oreille le nom du personnage
connu dont vous voudriez voir reproduire les traits
sur ce tableau noir, et le morceau de musique qu'il
vous plairait d'entendre jouer sur cette mandoline.
Vous me direz aussi ce que vous désirez que fasse
Mademoiselle. » Et, à chaque confidence reçue, le
sorcier, de loin, étend le bras vers le dessinateur,
ou vers le mandoliniste, ou vers la jeune fille ; et,
tout aussitôt, le dessinateur esquisse à grands traits
la figure désignée ; le musicien exécute le morceau
indiqué, et la demoiselle fait justement ce qu'on
souhaitait d'elle. Tout cela, les yeux bandés. Et
ainsi, autant de fois qu'on veut.

C'est très amusant et très bien fait. Mon Dieu, je
veux bien croire au magnétisme, à la communication de la pensée et de la volonté à distance et sans
paroles, c'est-à-dire au mystère. Mais combien
j'aime mieux croire à un système de signes convenus entre le montreur et ses complices, et combien je lui fais plus d'honneur en y croyant ! Système infiniment ingénieux, totalement insaisissable
aux spectateurs, et que je ne me charge pas de vous
dévoiler, — encore que l'éminent prestidigitateur
Dicksonn nous ait donné, l'an dernier, l'explication,
renversante de simplicité, de certains sortilèges
analogues. Mais si je ne devine rien du « langage »
employé par le sorcier du Cirque, je constate du

moins que les pensées qu'il peut avoir à signifier sont, en général, faciles à prévoir. La science et l'imagination des spectateurs sont médiocres. Sans compter que le sorcier qui les interroge peut quelquefois les *aider* sans en avoir l'air, et leur suggérer, plus ou moins, quelques-unes des réponses qu'il attend. Et, en effet, les souhaits du public, à la séance que j'ai vue, tournaient dans un cercle assez restreint de choses connues et courantes. Les portraits demandés ont été ceux de Gambetta, de Vercingétorix, de Louis XI, de Jules Ferry et de Richard Wagner. Pour la musique, on a réclamé les airs les plus populaires de *Carmen*, de *Zampa*, de *Faust*, un morceau, au choix, de *Lohengrin* et de *la Valkyrie*, plus *la Marseillaise* et *Au clair de la lune*. Enfin, un spectateur avait souhaité que la jeune fille l'embrassât ; un autre qu'elle lui prît sa lorgnette ; un troisième, qu'elle lui passât la main dans les cheveux ; un quatrième, qu'elle se coiffât du képi du municipal. Ce sont là des fantaisies dont l'inattendu n'a rien d'exorbitant. Ai-je besoin d'ajouter que les bandeaux, mollement appliqués sur les yeux, ne coupent peut-être pas toute communication visuelle entre le « magnétiseur » et ses « sujets » ? Et, encore une fois, je ne crois pas diminuer, par ces observations, la gloire de l'artiste. Au contraire : c'est dans le cas où il serait réellement sorcier qu'il n'y aurait nul mérite. C'est évidemment un spécialiste d'une rare intelligence. Je voudrais bien vous dire son nom, mais je n'ai pu me procurer le programme.

Ensuite, nous avons vu quatre danseuses espagnoles. Elles m'ont paru extrêmement jolies et d'un charme qui n'a rien du tout d'immatériel. Mais ce ne sont plus les violentes danseuses de la dernière Exposition, encore toutes chaudes de leur Espagne. Les costumes, d'abord, se sont modifiés. Plus de ces jaunes ni de ces rouges qui éclataient si crûment aux yeux ; plus de ces lourdes roses écarlates piquées dans les cheveux bleuâtres. Les Espagnoles du Cirque sont vêtues de couleurs tempérées, assorties avec un goût délicat et sûr. Et leur danse aussi s'est modérée ; elle a perdu de la hardiesse de ses torsions et de la dureté de son rythme qui semblait le rythme même de l'assaut bestial. Bref, Paris a passé par là. Ce sont, si je puis dire, des Espagnoles « adaptées ». Elles ont plus de grâce et moins de piment. Telle s'amollit et s'éteint à demi, dans une traduction française, l'âpre couleur d'une comédie de Calderon. — Après avoir dansé, elles chantent, — du nez. La voix proprement féminine, la délicieuse voix de cristal, d'or ou d'argent, est, comme on sait, et sauf exceptions, chose du Nord.

Mais deux gymnastes noirs, deux faux négrillons, m'ont particulièrement ravi dans cette soirée. Costume simple : des bretelles blanches, soutenant leurs blanches culottes, coupaient joyeusement leur noirceur artificielle. Et ces deux nègres flânaient, les mains dans leurs poches, le nez en l'air, avec l'indolence des bons bamboulas amis du soleil. Ils semblaient rêver. Puis, tout à coup, comme par une poussée intérieure et qu'on sentait irrésistible, c'était un saut de carpe, ou un bout de promenade sur les mains, pour changer, ou, sur une longue table, un glissement rapide de reptile qui a vu remuer les feuilles. Ou bien, ils saisissaient une chaise, se l'accrochaient au cou, et, après d'éperdus tourbillonnements, retombaient assis sur cette chaise, tranquilles comme Baptiste... Et ce qui était charmant, c'est que ces deux animaux agiles et noirs semblaient, en se livrant à ces acrobaties silencieuses, continuer simplement et traduire au dehors une songerie commencée et exprimer, par ces souples séries de mouvements bizarres et harmonieux, leurs rêves de sapajous, aussi spontanément que nous exprimons les nôtres par des paroles articulées. Ils donnaient l'impression que cette folle gymnastique était leur langage naturel, qu'elle leur servait à manifester la joie profonde de vivre et d'être chauffés par le bon soleil, et qu'ils enchaînaient les culbutes comme d'autres chantent une romance, pour soulager leur cœur... Je n'ai jamais mieux compris les vers de Victor Hugo, dans la *Fête chez Thérèse*, sur les « *rêveuses* gambades » d'Arlequin. Et j'ai beaucoup aimé ces deux poètes du saut périlleux, ces frères Zemganno noirs...

Enfin, le clou : la « danseuse serpentine équestre ».

On étend sur l'arène un grand voile noir; on drape de noir la banquette qui entoure la piste, et par des échelles noires, des hommes grimpent dans les frises pour y disposer des appareils de lumière électrique diversement colorée. Puis, la nuit se fait, et, sur le cheval noir qui tourne, pareil à un cheval de catafalque, tourne aussi le lumineux cyclone des étoffes éployées (tels, ces petits tourbillons polychromes qu'on voit dans les planches des traités d'astronomie), en zigzags, en spirale, en S, en vaguettes symétriques, en fromage, en tulipe renversée, en ailes de Psyché, en ailes de chauve-souris, — avec un corps de femme qu'on entrevoit au milieu, — le tout baigné tour à tour de jaune safran, de rose auroral, de bleu de sulfate de cuivre, de mauve défaillant, de blanc fantomal, et de toutes les teintes de l'arc-en-ciel... Seulement, voilà, on est trop près du tourbillon; on voit trop les bâtons à l'aide desquels l'écuyère élargit l'envergure de son fantastique linceul, et le câble noir qui la rattache aux frises. C'eût été spectacle d'hippodrome plutôt que de cirque. Ces réserves faites, la vision est charmante. L'habileté de Mlle Hélène Gérard ne le cède guère, — et dans des conditions beaucoup plus difficiles, — à la science de Mlle Loïe Fuller elle-même; et l'on doit la féliciter de garder tant de grâce dans un tel déploiement de force musculaire.

LA FOIRE DE NEUILLY

La foire de Neuilly ; l'épigraphie foraine.

2 juillet 1893

Voilà plusieurs étés que je ne vous ai parlé de cette excellente foire de Neuilly. C'est sa faute : elle se renouvelle peu. Je ne puis vous entretenir éternellement des jeux olympiques de la maison Marseille, un de nos derniers Salons ; ni des tableaux vivants de chez Volpette, où triomphe l'art de David et de Girodet-Trioson ; ni de la métamorphose, parmi les fleurs, de la belle Galatée en squelette, exacte « illustration » des vers de Baudelaire (*Danse macabre*) :

> Ses yeux profonds sont faits de vide et de ténèbres,
> Et son crâne, de fleurs artistement coiffé,
> Oscille mollement sur ses frêles vertèbres.
> O charme d'un néant follement attifé !...

> Le gouffre de ses yeux, pleins d'horribles pensées,
> Exhale le vertige, et les danseurs prudents
> Ne contempleront pas sans d'amères nausées
> *Le sourire éternel de ses trente-deux dents.*
>
> Pourtant qui n'a serré dans ses bras un squelette
> Et qui ne s'est nourri des choses du tombeau ?...

Donc, rien d'inédit, si ce n'est, peut-être, un « manège » énorme et flamboyant, à la fois chevaux de bois et montagnes russes, et qui combine les plaisirs du tangage avec ceux de la locomotion circulaire. Remarqué aussi de grandes poupées lumineuses en papier de soie, pierrots et dames, éclairés par une chandelle intérieure, à la façon des lanternes vénitiennes. Quoi encore ? Beaucoup de « danseuses serpentines » ; une d'elles s'intitule avec bonne humeur : « Louise Foul'l'air. » Enfin, dans un petit manège familial, l'orgue mécanique fait tourner les enfants aux sons de : *Ma gigolette, elle est perdue.* Et voilà tout ce qu'il y a d'un peu neuf.

L'avenue s'étale, longue et plate ; le soleil se couche à l'horizon dans une poussière d'or ; les baraques s'alignent, férocement peinturlurées, inégales, bossuées, avec des airs de tentes ou de huttes ; d'âcres odeurs flottent ; des musiques stridentes déchirent l'air... On n'est pas maître de ses associations d'idées : je crois entrer dans un grand village nègre, un jour de fête.

Je vous dirai simplement ce que j'ai vu, sans grands commentaires. La notation de ce qui est, même quand c'est n'importe quoi, a son intérêt, croyez-le bien. Ce fut, il y a dix ans, celui des romans naturalistes. Homère constate régulièrement que la mer est « poissonneuse » et ne nomme jamais une île sans faire remarquer qu'elle est « entourée d'eau. » Pourtant, ses contemporains le savaient déjà.

Voici d'abord, près de la grille de l'octroi, un groupe de musiciens ambulants : un violon, une espèce de petit orgue portatif, tenu par un homme à longs cheveux et à moustaches tombantes, l'air « artiste », peut-être un ancien prix du Conservatoire, et une contrebasse que râcle une femme en camisole de coton bleu. Un vieux chapeau de paille est accroché au manche de l'instrument. C'est un tableau pour Pelez. Ces gens jouent et chantent avec des notes portées, — comme font les peintres en bâtiments, — des romances de café-concert : *Pauvres amoureux !... Amour et Pâquerette...* Des bonnes, des filles en cheveux, des gamins chantonnent l'air en même temps que les artistes. Ils sont très graves, très pénétrés, comme à l'église. Ils me rappellent ceux qui chantaient la complainte sur la mort de Victor Hugo, durant la nuit fantastique de sa veillée funèbre...

Voici une petite boutique de ces cochons en pains d'épice sur lesquels sont écrits en sucre rose des noms propres : « Jules, Ernest, Berthe, Adèle, » ou encore : « Ma belle-mère, » et que l'on s'offre entre gens du monde. Un écriteau porte cet avis : « On fait les noms à la minute. » Cela me donne l'idée d'étudier l'épigraphie de la foire.

Au fronton d'une baraque, le « Grand Musée du Progrès », je lis cette inscription déconcertante : « La métempsychose a lieu à toutes les explications (*sic*) ». Cela signifie-t-il peut-être : « Chaque séance de métempsychose est accompagnée d'explications » ? Mystère.

Non loin, une pauvre petite baraque étroite et basse, de deux mètres de façade, la plus minable, la plus lépreuse de toute l'avenue, porte ce mot en lettres énormes : « Attractions ! ! » Rien de plus. C'est simple et grandiose. Quelles attractions ? géante ? serpents ? veau à deux têtes ? ou la tour Eiffel dans une carafe ? Je ne le saurai jamais, car l'« établissement » est fermé.

« Au *Panopticum*. — Le plus grand phénomène du siècle. — Kabowls boit 80 bocks en 15 minutes. » Cela se lit juste au-dessus d'un « tableau » qui représente le naufrage du *Vengeur*. Et sur une pancarte : « Bocks bus depuis le commencement de la foire : 9,260. » Cela doit faire une moyenne de 600 bocks par jour.

Je passe devant les « Sirènes vivantes, reines de l'Océan », et je m'arrête au « Théâtre des artistes connerréens ». Connerréens ? qu'est-ce à dire ? Un cartouche nous l'explique. Les artistes connerréens sont deux nains « natifs de Connerré, — Sarthe. — Patrie ! » Un autre cartouche nous affirme qu'ils sont sujets *français*. — Exhibition unique. — France.

Je retrouve ce souci patriotique dans le boniment qui nous annonce les hideuses merveilles du « musée Dupuytren, de Paris, seul musée d'anatomie de France ne contenant aucune pièce allemande ». Et j'y recueille ce morceau de style : « Puisque nous ne pouvons saisir l'âme, essayons au moins de connaître l'esprit de la chair. Essayons de remonter aux sources constitutives de cette vie, qui tantôt se manifeste en nous par l'expression presque inexprimable (*sic*) de mystérieuses jouissances qui font délicieusement frissonner tout l'organisme, ou brusquement le font se tordre pantelant sous l'action d'insaisissables souffrances qui font monter aux lèvres de la créature les cris affolés de la douleur. »

N'est-ce pas que ça a l'air d'être écrit par « l'un de nos plus brillants chroniqueurs » ? — « C'est envoyé ! » comme disait l'ordonnance du colonel, après avoir vu *Athalie*.

Ceci n'est pas mal non plus : « Miss Yongka Papanax (?) — Elle ! — La mystique, la surprenante merveille. — L'inexplicable, la mystérieuse Enigme. — Amateurs du beau, du curieux et de l'étrange, — Entrez et gardez le souvenir ! »

Je suis entré, et certainement je « garderai le souvenir ». J'étais seul, tout seul ; Miss Yongka Papanax, une fille en robe rouge, blonde, pas trop laide, mais fâcheusement enrouée, me dit : « Ça ne fait rien, je travaillerai tout de même ». Elle ajouta : « Avez-vous des allumettes ? » J'en avais. Elle me dit : « C'est pour allumer les lampes ». Elle disparut derrière un rideau. Un instant après, le directeur de l'établissement ouvrit le rideau, et je vis « la décapitée parlante ». Elle disait, je crois : « Bonjour, Messieurs et dames ; j'ai seize ans et je suis née en Sicile ». Le rideau tiré, elle rentra dans la salle, et me dit textuellement : « Et maintenant je vais faire le *tour de la société* pour mes petits bénéfices ». Je vous rappelle que j'assistais seul au spectacle, tel le roi Louis II... Je sortis un peu mélancolique.

Autres inscriptions. Dans un diorama : « Vues réservées. *Mœurs de l'Orient* » (diable !). « Les enfants ne sont pas admis. » — « Les Hommes de bronze. 10 personnes *vivantes* entièrement métallisées. » — « Juliano et ses fauves. Le plus JEUNE dompteur de l'Europe. » — « Spectacle prodigieux. Apprenez que ! ! ! (les trois points d'exclamation ne sont pas de moi) l'innovateur a choisi des natures de jeunes filles exceptionnelles pour donner plus d'importance à son œuvre. » — Et cette annonce bon enfant : « Temple de la Gaîté. 1 sou pour rire. Venez voir les plus beaux et les plus laids personnages de la nature. Ils sont vivants. » (Il s'agit de petits tableaux automatiques.) — Et cette annonce scientifique : « Miss Warheda. Sciologie, ombremanie (sic) ». (Il s'agit, je pense, de ces silhouettes que l'on forme avec les doigts derrière un transparent.)

N'oublions pas une « nouveauté » : le Concert dahoméen, qui, d'ailleurs, ressemble exactement aux concerts algériens, égyptiens, tunisiens et marocains. Deux ou trois nègres, une mulâtresse assez jolie, une femme albinos, jeune avec des sourcils et des cheveux blancs, très bizarre. Les autres Dahoméennes sont évidemment Montmartroises. Une d'elles, costumée en vague odalisque, danse le « chahut » et fait le grand écart, exercices éminemment parisiens. Au reste, peut-être bien qu'elles en sont toutes, de Paris, et même la mulâtresse ; et peut-être que les nègres en sont aussi. Avez-vous remarqué la variété stupéfiante de l'ethnographie parisienne ? Tant de sangs se sont mêlés dans la grand'ville, et venus de partout, et tant de femmes y ont « eu des regards », que tous les types s'y rencontrent, je dis parmi les gens nés de Parisiens de Paris. Vous rappellerai-je l'amie de Mlle la Goulue, cette étonnante Japonaise de Montmartre, plus essentiellement Japonaise que Mme Chrysanthème elle-même, et que M. Téodor de Wyzewa a transportée, — si ce n'est elle, c'est donc une autre, — dans ses délicieux et si adorablement sincères *Récits d'un jeune homme* ?

A la fin de la séance, un homme m'aborda, qui me parut être quelque chose comme le régisseur. Je me disposai à lui remettre le prix de ma place ; mais il m'arrêta d'un geste noble et courtois. Il m'avait vu, durant la représentation, écrire quelques notes sur un carnet. Il me dit : « Vous êtes journaliste ? — Mais pas du tout. — Alors vous êtes artiste ? — Non plus. » Et j'insistai pour payer ma place. Mais lui, avec une douce fermeté : « Non, Monsieur. Nous tenons à faire plaisir aux personnes qui nous sont sympathiques. — Alors, Monsieur, lui dis-je, il me reste à vous remercier. » Et, pendant qu'il appelait « le directeur » qui jouait de la grosse caisse sur le devant de la baraque et à qui il voulait absolument me présenter, je me dérobai rapidement. Ce fut pure modestie. Mais, avec tout cela, je me trouve avoir eu « mes entrées » au Concert dahoméen. En vous recommandant cet établissement distingué, je ne fais que payer ma dette au parfait gentleman qui me traita avec tant d'obligeance.

MAURICE BOUCHOR

Petit-Théatre des Marionnettes : *les Mystères d'Eleusis* (1), pièce en cinq tableaux, en vers, de M. Maurice Bouchor.

21 janvier 1894.

Si l'on ne nous avait dit que les délicieuses marionnettes du sage Bouchor nous donnaient leur dernier spectacle, je me serais permis quelques critiques, non sur le poème, que j'aime et que j'admire sans réserve, mais sur quelques détails de la représentation. J'aurais dit que l'accord n'est pas toujours parfait entre les paroles et les gestes des ingénieuses poupées ; qu'on voit trop, d'ailleurs, que ce ne sont pas elles qui parlent ; que, comme d'autres acteurs prennent leur voix dans leur poitrine ou leur gorge, elles la prennent un peu trop tranquillement dans la coulisse, côté cour ou côté jardin, à plusieurs mètres d'elles ; et qu'enfin, si

(1) 1 vol. in-18 jésus, br., 2 fr. (Lecène, Oudin et Cie, éditeurs).

MM. Bouchor, Richepin et Ponchon ont tous trois, avec des timbres diversement agréables, une excellente diction, et se font aisément entendre, on n'en saurait dire autant des autres lecteurs... Mais, puisque les chères figurines, graves truchements des hommes et des dieux, vont nous quitter, je ne me sens pas le cœur de leur faire des reproches,

Donc, M. Maurice Bouchor continue d'extraire l'âme des religions, c'est-à-dire de les ramener, par des sollicitations délicates et de généreuses interprétations, à l'idée chrétienne dont elles sont toutes, plus ou moins, des images et comme des approches. La pensée qui est au fond de son nouveau poème, c'est que le secret du progrès et du bonheur humains est dans la justice par la pitié et le renoncement ; disons simplement : par la charité. Quant au progrès particulier dont il s'agit dans les *Mystères d'Eleusis*, c'est, si je puis dire, la « moralisation » du dogme de l'immortalité de l'âme. Cette œuvre s'accomplit par le changement du cœur de Hadès, devenu capable d'amour ; par l'amour et la compassion de Perséphone, et par le sacrifice miséricordieux de Dèmèter. Voici comment.

Tandis que les méchants souffrent dans les anciens Enfers (ce qui ne fait plaisir qu'au grossier roi Hadès, car Minos lui-même est dégoûté de sa tâche d'impitoyable justicier), les bons s'ennuient de leur pâle, monotone et immobile bonheur. Immobile ! c'est cela surtout qui est insupportable et, au surplus, difficile à concevoir... Les morts gardent éternellement leur âge. De là de douloureux mécomptes : ceux qui se sont aimés sur la terre se rencontrent sans se « retrouver ».

Ecoutez la plainte de Myrto :

> J'avais un jeune frère, et, presque maternelle,
> Je voulus l'élever, le couver sous mon aile.
> Mon cœur saigna longtemps lorsque je le perdis.
> Or, je viens de le voir ; tremblante, je lui dis :
> « Ne me connais-tu pas ? » Il me tendit sa joue ;
> Puis, comme il a toujours l'âge aimable où l'on joue,
> Il glissa de mes mains et s'enfuit en chantant.
> Une éternelle enfance est donc ce qui l'attend ?

Ecoutez la plainte de Tellis, mort après sa mère :

> Hier je reconnus ma mère vénérée.
> « Te voilà donc enfin, toi, que j'ai tant pleurée »,
> Lui dis-je. Elle doutait. « C'est moi, mère, c'est moi ! »
> Alors, avec des yeux pleins de trouble et d'émoi :
> « Toi, dit-elle, mon fils ! Oui, je sais que tu m'aimes ;
> Mais, après si longtemps, vous n'êtes plus les mêmes.
> Ah ! j'aurais bien voulu te retrouver moins grand... »
> Puis elle m'étreignit dans ses bras en pleurant.

(Mais je ne veux plus faire de citations, ou presque plus : tout y passerait, si je ne me surveillais pas.)

Iacchos alors, le conducteur des âmes, annonce à ces ombres si tristement « bienheureuses » un meilleur avenir. Elles le devront au triple avancement de Hadès, de Perséphone et de Dèmèter dans la bonté. Hadès, errant un jour sur la terre, a enlevé et emporté avec lui dans son royaume la vierge

Perséphone qui cueillait des fleurs. D'abord, il veut faire d'elle à sa guise : mais la fière résistance et la pudeur de la jeune fille changent en amour son désir brutal. Ce sentiment nouveau transforme tout le cœur du roi croquemitaine. Il consent à ne tenir Perséphone que d'elle-même. Si elle se donne librement à lui, il ouvrira aux mélancoliques élus les portes de l'Enfer, et les laissera émigrer dans les îles Fortunées, où leur immortalité sera vraiment heureuse, étant vivante et active.

Leur sort est donc entre les mains de Perséphone, mais non pas d'elle seule. La vierge, touchée enfin par l'amour de Hadès, se résignerait à être sa femme et à ne plus revoir la lumière du ciel, puisque, de son sacrifice, doit sortir pour les hommes un si grand bien, et puisqu'enfin elle ne déteste plus le roi des Enfers. Mais Dèmèter, outrée de fureur et de désespoir, cherche partout sa fille. Le récit d'un navigateur lui apprend que Perséphone fut enlevée par Hadès. Elle vient aux Enfers la réclamer à grands cris. Hadès, se piquant de générosité, lui dit : « Prends-la », Mais Iacchos ajoute : « Si tu l'emmènes, tu prives les pauvres hommes d'un grand avantage : tu les rends à l'immortalité lamentable et immobile. Mais si tu renonces à ta fille, les hommes qui furent vertueux te devront, après leur mort, une destinée plus juste ».

> Les hommes te sont chers : parle, ne veux-tu pas
> Que les meilleurs d'entre eux, affranchis du trépas,

Au-dessus de la mer volent sans épouvante
Vers l'immortalité bienheureuse et vivante ?

Dèmèter hésite. Le sacrifice qu'on lui demande est plus dur et plus complet que celui de Perséphone, car celle-ci a son amour pour se consoler de la lumière perdue. Enfin, la bonne déesse se décide à accepter l'arbitrage de Zeus.

Zeus est, dans la pensée du poète (*Préface*), « la plus haute conscience du monde et comme l'incarnation de la loi morale ». Il siège entre la Justice et la Pitié. Et, désignant cette sœur de la Justice à Dèmèter encore incertaine, le maître des dieux et des hommes prononce ces « vers dorés » :

O reine, celle-ci,
Qui te regarde avec le plus tendre souci,
Nuit et jour à tarir des larmes occupée,
Voudrait que la justice eût brisé son épée.
C'est une vierge au cœur saintement maternel,
Qui, pour plaindre et bénir même le criminel,
Tient à garder toujours sa pieuse ignorance
De toute chose au monde, excepté la souffrance.
Elle est le pur amour, l'oubli profond de soi.
Les hommes, Dèmèter, pourraient vivre sans loi,
S'ils pratiquaient enfin les choses qu'elle enseigne
Par les pleurs de ses yeux et par son cœur qui saigne.
Mais un peuple vivant dans la stricte équité,
Sans la vierge divine assise à mon côté,
Respirerait un air mortel de sécheresse.
C'est pourquoi mon regard attendri la caresse.

Et plus loin :

> Pas un être, brisant d'une main téméraire
> L'étroit lien d'amour qui l'attache à son frère,
> N'a le droit de penser : « Mon bonheur est à moi ».
> Toujours le sacrifice est l'inflexible loi.
> Le fruit que tu portas dans une heure féconde,
> Sois prête à le donner pour le salut du monde.

Déméter ne résiste plus ; elle accepte dans son cœur le sacrifice total :

> Je ne murmure pas. Prononce ton arrêt.

Alors, Jupiter, pour la récompenser de son effort, n'en acceptant que la moitié : « Chaque année, au commencement de l'hiver, tu laisseras ta fille descendre chez son époux souterrain. Mais elle te reviendra au printemps. Chaque année, elle emportera avec elle la beauté de la terre et sa joie, et, chaque année, elle les rapportera. Et, en même temps qu'elle, sortiront de l'Enfer les âmes justes, pour aller, dans les îles Fortunées, achever leur destin. Là, elles seront heureuses et de plus en plus parfaites par l'effort ininterrompu. Si quelques-unes fléchissent, si elles glissent à la paresse ou au regret des voluptés brutales de l'orgueil ou de la chair, elles redescendront sur la terre, afin d'y recommencer l'épreuve. Mais celles qui auront triomphé de l'aveugle matière, je les attirerai d'un souffle jusqu'à moi et je les mêlerai aux dieux..... Je parle ainsi, car moi-même, je vaux mieux aujourd'hui que je n'ai valu.

Le poète Eschyle le savait bien. L'effort, le progrès laborieux dans la bonté, c'est la loi des dieux aussi bien que des hommes... »

Amen. — Tout de même nous n'avons pas de chance. Nous cherchons invinciblement le bonheur; et, finalement, les plus clairvoyants d'entre nous ne le découvrent que dans une certaine quantité de souffrance acceptée. Car les plaisirs aigus qui viennent des sens ou de la vanité ne durent pas, et se payent toujours après. Un plaisir un peu plus sûr consiste dans le sentiment qu'on a du bon fonctionnement de sa vie animale, dans un torpide bien-être physique accompagné de vague rêverie. Cela n'est certes pas à dédaigner; mais cela se dissipe aussi au bout de quelques heures, et si, par impossible, cet état devait être éternel, nous trouverions bientôt que ça n'en vaut plus la peine. Les magistrats et les aumôniers de prison nous disent que rien n'est comparable, même de loin, au bonheur du condamné à mort apprenant que sa peine est commuée. Mais, dès le lendemain, cette joie est évanouie; et puis, c'est un de ces hasards qui ne se rencontrent pas dans toutes les vies humaines. Reste ceci, que la seule félicité durable, étant celle qui s'accroît en se renouvelant, est dans l'effort, dans le sacrifice de soi aux autres, ou à ce que l'on considère comme la Volonté divine. Et l'on arrive à cette bizarrerie : « L'homme heureux est celui qui, acceptant d'être malheureux, ne l'est plus. » C'est absurde, et c'est vrai. (Toutefois, nous exceptons le cas d'excessive torture physique, et quelques autres...) C'est vrai, dis-je, d'une vérité inexplicable. Il faut supposer qu'il y a en nous, outre l'instinct égoïste, dont la satisfaction est précaire et douteuse, et nous lasse, et, en tout cas, jamais ne nous *contente*, un autre instinct, contraire à nous, tel pourtant que, lorsque nous nous efforçons d'y obéir, nous nous sentons (c'est étrange) augmentés de valeur, et il nous semble que notre existence devient quelque chose de moins incompréhensible, de plus *justifié*. C'est je ne sais quoi qui, étant en nous, n'est peut-être pas nous, et qui tend par nous, au mépris de notre plaisir proche, à des fins supérieures à nous-mêmes, que nous entrevoyons, mais que nous serions fort empêchés de définir avec exactitude. Il faut toujours revenir au mot de Pascal : « Le cœur a ses raisons, etc... Je dis que le cœur *aime l'être universel naturellement, et soi-même naturellement*, selon qu'il s'y adonne ; et il se durcit contre l'un ou l'autre, à son choix... »

Dans son admirable préface, à laquelle je vous renvoie et qui aurait dû me dispenser de tous ces chétifs commentaires, M. Bouchor nous dit : « J'ai suivi mon hypothèse » (immortalité bienheureuse par l'effort, donc souffrante, et bienheureuse pourtant,) « jusqu'à ses extrêmes conséquences. Aussi bien est-il admissible que la constante pratique d'une vertu supérieure, sans détruire la réalité du sacrifice, permette d'y trouver une joie toujours plus vive, si la souffrance d'autrui diminue en même temps que notre égoïsme. » Mais, si cette joie ne diminue pas avec la « réalité du sacrifice », ce n'est donc pas sur le sacrifice qu'elle est fondée ? Ou si le sacrifice, par sa persistance, tend à n'être plus douloureux, le jour où il ne le sera plus du tout, ou bien encore le jour où, tout le monde étant heureux, il n'y aura plus matière à sacrifice, nous retomberons donc dans cette béatitude « immobile » que M. Bouchor répudie et dont il nous montre les âmes des justes absolument excédées ?. Ce jour-là, le cycle du bonheur étant parcouru, les basses jouissances reprendront sans doute leur prix, et tout sera à recommencer ? Avouez qu'on s'y perd. Rassurez-vous néanmoins. Ce détestable monde est bien jeune encore, et, aux assoiffés de sacrifice, les forces manqueront, je pense, plus tôt que les occasions.

... N'allez pas croire, maintenant, que le drame de M. Maurice Bouchor ait rien d'abstrait. D'abord, les dieux mêmes y ont des sentiments humains.

Zeus nous le dit avec une grâce charmante :

> Les rois olympiens, comparés aux mortels,
> Sont comme un frère aîné près de son jeune frère ;
> Notre cœur a besoin de votre humble prière,
> Ainsi que, pour gravir un périlleux chemin,
> Il vous faut le secours puissant de notre main.

Puis, l'idée morale y est toujours enveloppée de beaux symboles. Le séjour de Perséphone sous la terre, puis sa délivrance, expriment le sommeil des germes durant l'hiver et leur essor au printemps ; et la floraison des plantes accompagne et exprime, à son tour, la fuite heureuse des âmes, hors des limbes inertes, vers le pays de l'immortalité active et épanouie. Et ce n'est pas sans raison que la déesse Terre a été choisie pour être la bienfaitrice des hommes, même après leur mort, puisque ce sont, en somme, leurs vertus qui leur permettront l'accès de la vie meilleure, et que ces vertus leur ont été, avec le travail, enseignées par la Terre maternelle :

> Le peu que nous valons, Déesse, vient de toi.
> Jadis, on nous l'a dit, la terre était sans loi...
> Mais, lorsqu'il eut appris à féconder la terre,
> L'homme, ne vivant plus farouche et solitaire,
> Aima d'un fier amour le champ de ses aïeux,
> Sa femme, ses enfants, sa patrie et ses dieux.

Enfin un petit drame humain est mêlé assez intimement à cette « Divine Comédie ». Le laboureur Daïphante a perdu son fils Tellis, mort en voulant arracher des enfants à de méchants pirates. Daïphante est un juste et un résigné. Bien que Dèmèter, dans un premier mouvement de fureur, ait desséché les moissons des hommes afin de priver les dieux de leurs offrandes, le bon Daïphante offre à la Mère désespérée une hospitalité qu'elle accepte silencieusement. Et c'est, plus tard, un peu en souvenir de ce bienfait, que Dèmèter consent à un sacrifice dont bénéficiera, avec les autres morts, le fils de l'homme pieux qui l'a reçue dans son humble maison. Elle permet que Tellis, avant d'émigrer aux îles Fortunées, apparaisse à son père et à sa fiancée et leur annonce la « bonne nouvelle » : « Père, dit Tellis au vieux paysan, l'homme juste peut maintenant espérer ; les choses que l'on dit sur la mort ne sont plus vraies. — Qui donc a tout changé ? » demande Daïphante à Tellis :

> L'immuable dessein,
> Que depuis très longtemps Zeus porte dans son sein,
> D'attirer jusqu'à lui les moindres créatures ;
> L'accord de tous les dieux immortels ; les tortures
> Que souffre Dèmèter, comme tu l'as appris,
> *Et le vouloir obscur d'innombrables esprits :*
> Les portes de l'Enfer s'ouvriront pour les justes...

Les adieux de Tellis et de sa fiancée Lysilla sont exquis. Une question y est agitée : « Retrouverons-nous nos aimés, après la mort, tels que nous les aurons connus ? Les « reconnaîtrons-nous ? » — Une autre question se poserait : « Les hommes qui ont vécu et qui sont morts dans les siècles antérieurs au sacrifice de Dèmèter et quand Zeus n'était pas encore parfaitement bon, ne se trouvent-ils pas incurablement lésés ? Et toute explication évolutive de l'univers et de Dieu ne comporte-t-elle pas une part d'irréductible iniquité ? » Et cette autre question encore : « Dans quelle mesure le poème de M. Bouchor reproduit-il en effet les idées que symbolisaient les mystères d'Eleusis ? » — Mais où tout cela nous entraînerait-il ?

A peine ai-je le temps de louer, en finissant, la délicieuse poésie agreste et rurale, dont le second et le quatrième tableau du drame de M. Bouchor sont tout imprégnés. Toute la saveur et la couleur d'Hésiode et de Théocrite ont passé dans les dialogues du patient et religieux Daïphante, de l'avare et jovial Lycophron, du bavard et industrieux Eubule. Cela sent bon la terre et la vie naturelle. C'est d'une « prudhomie » large, pittoresque, presque auguste. M. Bouchor a traduit là, avec un singulier bonheur, les « lieux communs », — idées ou images, — de toute poésie primitive, soit authentique, soit retrouvée par un effort de l'art. Ecoutez seulement ceci, qui est, je crois, de Théocrite, et que M. Bouchor a fait sien. Daïphante parle de son fils :

> Parmi les moissonneurs, sous le soleil qui flambe,
> Il n'était pas de ceux qui vont traînant la jambe,
> Comme on voit s'attarder, derrière le troupeau,
> Malgré le chien hargneux et le son du pipeau,
> Quelque chèvre blessée au pied par une épine...

Il faut bien s'arrêter... Mais que j'aime, après les discours qu'il vient de tenir à sa fiancée sur les plus hauts objets, ce simple regret du fantôme de Tellis, le jeune laboureur :

> Que ne puis-je avec toi, père, couper nos blés !

Supérieurs par l'effort de la pensée au drame de

la Nativité, les *Mystères d'Eleusis* l'égalent au moins par la forme. Cela est d'une pureté, d'une fluidité, d'une harmonie et d'une sérénité que nous ne rencontrons, à cette heure, chez aucun autre poète. J'ajoute, au risque de faire de la peine à M. Bouchor, que cela est bien fort pour des marionnettes ; qu'il y a là des idées et des sentiments dont je crois que des acteurs, même très imparfaits, nous déroberaient une moindre part que ces roides poupées. « Si j'étais la Comédie française... » ; mais je suis sûr, bien sûr, que la Comédie française n'y songera pas.

TABLE DES MATIÈRES

Pages.

HÉRONDAS

Les Mimes d'Hérondas : traduction française précédée d'une introduction par M. Georges Dalmeyda. 1

CORNEILLE

ANNIVERSAIRE DE LA NAISSANCE DE CORNEILLE

Odéon : *La mort de Corneille*, un acte, en vers, de M. Gaston Alphonse Guérin 11
Un sujet d'à-propos pour le prochain anniversaire de Pierre Corneille 25

SCARRON

Comédie-Française : *Don Japhet d'Arménie* 41

MOLIÈRE

Comédie-Française : *Georges Dandin, les Femmes savantes* 53

RACINE

Comédie-Française : *Bérénice* 65
Renaissance : *Phèdre*. 73

SOPHOCLE

Comédie-Française : *Antigone*, traduite en vers par MM. Paul Meurice et Auguste Vacquerie, musique de M. Camille Saint-Saëns 81

CASIMIR DELAVIGNE

Pages.

Odéon : *Louis XI*, conférence de M. Henri Chantavoine. . 87
La Popularité. 95

ALEXANDRE DUMAS

Porte-Saint-Martin : *Monte-Cristo*, version nouvelle en cinq actes et quinze tableaux, de M. Emile Blavet . . 101

IBSEN

L'Œuvre : *Solness le Constructeur*, pièce en trois actes de M. Henrik Ibsen, traduite par M. Prozor. 107

BIŒRNSON

L'Œuvre : *Au-dessus des forces humaines*, pièce en deux actes de M. Biœrnstierne Biœrnson, traduction de M. Prozor. 117

GERHART HAUPTMANN

Théatre-Libre : *Les Tisserands*, drame en cinq actes, en prose, de M. Gerhart Hauptmann. 125

MAURICE MÆTERLINCK

Bibliographie : *Alladine et Palomides ; Intérieur ; la Mort de Tintagiles*, trois petits drames pour marionnettes par M. Maurice Mæterlinck (chez Edmond Demaux, à Bruxelles). 139
Id.   id 153

THÉATRE-LIBRE

La Belle au bois rêvant, un acte en vers, de M. Fernand Mazade ; *Ahasvère*, un acte en prose, de M. Hermann Heyermans 161

HENRY FOUQUIER

Matinées des Variétés : Conférence de M. Henry Fouquier sur Bouffé et Déjazet 173

TABLE DES MATIÈRES

L'HOMME A L'OREILLE CASSÉE

Pages.

GYMNASE : *L'Homme à l'oreille cassée*, conte en trois actes et en deux époques, tiré du roman d'Edmond About, par MM. Pierre Decourcelle et Antony Mars. 179

VICTORIEN SARDOU

VAUDEVILLE : *Madame Sans-Gêne*, pièce en quatre actes, dont un prologue, de MM. Victorien Sardou et Emile Moreau. 187

UNE PAGE D'AMOUR

ODÉON : *Une page d'Amour*, pièce en sept tableaux, tirée du roman de M. Emile Zola, par M. Charles Samson. . 199

VAUDEVILLE : *Drames sacrés*, un prologue et dix tableaux de MM. Armand Silvestre et Morand, musique de M. Charles Gounod. 203

PIERRE LOTI

GRAND-THÉATRE : *Pêcheur d'Islande*, pièce en cinq actes, neuf tableaux, tirée du roman de MM. Pierre Loti et Louis Tiercelin 213

VAUDEVILLE : *Flipote*, comédie en trois actes, de M. Jules Lemaître 221

TIBÈRE A CAPRÉE

PORTE-SAINT-MARTIN : *Tibère à Caprée*, drame en cinq actes, sept tableaux, de M. Stanislas Rzewuski. — Bibliographie : *Tibère*, drame en cinq actes, huit tableaux, de M. Ferdinand Dugué, dans le 5ᵉ volume de son théâtre complet (chez Calmann Lévy). 227

EDOUARD PAILLERON

COMÉDIE-FRANÇAISE : *Cabotins !* pièce en quatre actes, de M. Edouard Pailleron 241

LES ROMANESQUES

COMÉDIE-FRANÇAISE : *Les Romanesques*, comédie en trois actes, en vers, de M. Edmond Rostand ; *Le Voile*, pièce en un acte, en vers, de M. Georges Rodenbach ; *Le Bandeau de Psyché*, comédie en un acte, en vers, de M. Louis Marsolleau. 251

M. BRIEUX

	Pages.
LES ESCHOLIERS : *L'Engrenage*, comédie en trois actes, de M. Brieux	265

ALBIN VALABRÈGUE

GYMNASE : *La Duchesse de Montélimar*, comédie en trois actes, de M. Albin Valabrègue 277

GEORGES COURTELINE

THÉATRE-LIBRE : *Boubouroche*, pièce en deux actes, de M. Georges Courteline. 283

GIGOLETTE

AMBIGU : *Gigolette*, drame en neuf tableaux, de MM. Edmond Tarbé et Pierre Decourcelle. 295

ANNA JUDIC

ELDORADO : Rentrée de Mme Judic 303
AU CIRQUE D'ÉTÉ 311

LA FOIRE DE NEUILLY

LA FOIRE DE NEUILLY : L'épigraphie foraine 323

MAURICE BOUCHOR

PETIT-THÉATRE DES MARIONNETTES : *les Mystères d'Eleusis*, pièce en cinq tableaux, en vers, de M. Maurice Bouchor. 331

Poitiers. — Typographie Oudin et Cie.

www.ingramcontent.com/pod-product-compliance
Lightning Source LLC
Chambersburg PA
CBHW052239220526
45471CB00001B/104